よくわかるACT（アクセプタンス&コミットメント・セラピー）〈改訂第2版〉

下

明日から使えるACT入門

著
ラス・ハリス

監訳
武藤 崇，嶋 大樹，坂野 朝子

訳
武藤 崇，嶋 大樹，川島 寛子

星和書店

ACT Made Simple
Second Edition
An Easy-to-Read Primer on Acceptance and Commitment Therapy

by

Russ Harris

Translated from English

by

Takashi Muto

Taiki Shima

Asako Sakano

Hiroko Kawashima

本文デザイン：林利香

『よくわかるACT（アクセプタンス&コミットメント・セラピー）〈改訂第２版〉』

上巻の内容

下巻の目次

第16章

「テクニックの詰め込みすぎ」とその他の危険

過ぎたるはなお及ばざるがごとし

あなたは「テクニックの詰め込みすぎ」を経験したことがありますか？それには、まったく、どうしようもありません。セッション中、頭の中に途方もない数のテクニックが浮かんできて、どれを使ったらよいのか分からなくなります。セッションは、どんどんぎこちなくなっていき、マインドは「私は、なんてお粗末なセラピストなんだ。どうしたらいいんだろうか。セッションが台無しだ」と言い始めます。この段階で、多くのセラピストはACTを諦め、支持的カウンセリングなど他のもっとやりやすいセラピーモデルに戻っていきます。

この章は、「テクニックの詰め込みすぎ」を避けるための素晴らしい方法を紹介することから始めたいと思います。その後、あらゆる体験的エクササイズやマインドフルネスの練習に当てはまる実践のためのヒントをたっぷり紹介します。しかし、そうしたヒントを各章につけると、繰り返しが多くなり、分厚い本になってしまいます（ちょっと「私みたいだ」と思う人もいるかもしれませんね）。そこで、全部をこの章にまとめて紹介することにします。

ではまず、「テクニックの詰め込みすぎ」をどうにかしましょう。私は、ACTの先駆者の一人、カーク・ストローサルから、素晴らしいコツを学びました。そのコツとは、次のようなものです。6つのコアプロセスのそれぞれについて、3つのメインテクニック（ツール、ワークシート、エクササイズ、メタファー、実践、質問など）を選びましょう。そして選んだテクニックを何度も繰り返し使って、それをあなたにしっかりとなじませましょう。そうすれば、18 個のテクニックから成るコア・セットが出来上がり、数限りない多様な問題に合わせて混ぜたり、組み合わせたり、適用したり、取り込んだりすることができます（少し想像力を使えば、ほとんどのテクニックは複数の異なるプロセスで利用可能です）。つまり、この 18 個のテクニックがあなただけのオーダーメイドな ACT ツールキットとなってくれるのです。

以下では、私自身のツールキットを紹介します。しかし、それが正しいとか、他の人のキットと比べてより良いと言いたいわけではありません。純粋に、一例として挙げるだけです（この本のここまでで、まだ紹介していないテクニックも含まれています。しかし、心配はいりません——この本を読み終える頃には、すべて頭に入っているはずですから）。

コアプロセス	**テクニック**		
脱フュージョン	物語に名前をつける	両手を思考や感情に見立てる	「私は〜という考えを持っている」
アクセプタンス	紙を押しやる	観察する、呼吸する、広げる、そして許す	思いやりのある手
「今、この瞬間」との接触	X に気づく	手のマインドフルネス	碇を下ろす
文脈としての自己	人生という舞台	空と天気	意識している自分に気づく
価値	味つけをしてあじわう	価値の的	価値カード
コミットされた行為	SMART（スマート）なゴール	チョイスポイント	進（すすむ）ムーブ

あなたも自分バージョンのこのような表を作ってみてください。本書を読み進めながら 6 つのコアプロセスそれぞれについて、好きなメタファー、ワークシート、エクササイズを見つけ、テクニックの 18 個の枠に記入します。きっと何度も気が変わるので、紙よりもパソコンで作成するほうがよいと思

います（Extra Bits には、印刷用の表を用意してあります）。そうしたら、少なくとも数週間は、仕事で使うテクニックは、選んだ 18 個だけに制限し、あれこれ試行錯誤してみて、その 18 個がよくなじみ、自然に滑らかにできるようになるかどうかを検討してみてください。

一度そこまでできてしまえば、自分のレパートリーに自由に新しいテクニックを足してもらってかまいません。一度に 1 つずつ追加し、そのテクニックはどんな感じか、自分はそれについてどう思うか、確認していきましょう。ACT の良いところは、数え切れないほどのオプションが用意されているので、特定のツールやテクニックに飽きることがない、というところです。

体験的エクササイズのための実践的なヒント

以下では、実践的なヒントを紹介します。そのヒントは、あなたが行う可能性のある、あらゆる体験的エクササイズのほぼすべてに関連しています。体験的なワークで問題に遭遇したときは、そのたびに、すぐに、この第 16 章に戻ってきてください。

クライエントの様子を確認する

クライエントと 1 対 1 でエクササイズを行っているときは（とくに長いエクササイズを行っているときは）、ときどきクライエントの様子を確認しましょう。「いかがですか？　どんな考えや気持ちが現れてきましたか？　マインドは協力的ですか？　邪魔してきますか？　続けても大丈夫ですか？」。もし、クライエントが苦労していたら、エクササイズをやめて、クライエントの反応を掘り下げてみましょう。詳しくは、この章の「うまくいかないとき」のセクションで触れます。

ゆっくり進む

クライエントを先導してエクササイズを行っていると、速く進めすぎてしまうことがよくあります。しかし、とてもゆっくりと進めるのは不可能に近いものがあります。そのため、自分で必要だと思うよりもゆっくり進めましょう。心配になったときは、クライエントに尋ねてみましょう。「速く進めすぎていませんか？　ゆっくりすぎますか？　それとも、だいたいちょうどよいくらいでしょうか？」

遊ぶ、適応させる、創造する

新しいACTスキルを学ぶときは、それを使って楽しんでください。私の心からの願いです。考え方としては、そうしたテクニックで遊ぼうということです。適応させて、変更・修正を加え、再発明しましょう。言葉を変え、イメージを変え、使うモノを変えましょう。マインドフルに呼吸に集中するのが好きでなければ、代わりに集中できるものが1万個くらいはあるはずです。私はACTに一目惚れしました。しかし、古典的（つまり、最初期のACTプロトコルで使われた）テクニックの多くとは恋に落ちませんでした。たとえば、まだACT初心者だった私は、「穴の中の人（Man in the Hole）」や「バスの乗客（Passengers on the Bus）」のような古典を使うのをすぐにやめました。理由はシンプルでした。これらのメタファーは、私の好みよりも長く複雑すぎたからです。しかし、それは、あくまで私の場合でしかありません。ACTの世界には古典的なACTテクニックを好む人が大勢いますし、大多数のテキストやプロトコルではそうした古典が紹介されています。だからこそ、私たち一人ひとりが自分にとってうまくいくものを見つける必要があるのです。私は古典を使う代わりに、自分自身のテクニックを作ることにしました。すでにあるものを改造したり、他のセラピーモデルからテクニックだけを借りてきて、ACTに適合するように改良したりもしました。自分の話し方と自分のセラピースタイルに合うよう、すべてに変更・修正を加えました。あなたも同じようにすることを、本当に、本当に、本当にお勧めします（そう、本当に！）。

（ところで、実のところ、私は、最初の著作『幸福になりたいなら幸福になろうとしてはいけない』〔*The Happiness Trap*〕の初版で、「バスの乗客」

を使っています。その理由は、短く分解して、本の全編を通して少しずつ紹介していくと、長いとも複雑とも感じられなかったからです。しかし、そのときでさえ、創造的に楽しもうと、「バスの乗客」を「ボートの悪魔〔Demons on the Boat〕」に変えました。同様に、クライエントを「障害物ではなく、虹として見る」は、〔ACTの先駆者の一人である〕ケリー・ウィルソンの古典的なメタファーである、クライエントを「数学の問題ではなく、夕焼けとして見る」のマイ・バージョンなのです。つまり、好きなだけ変更・修正を加えてください）

即興的に

どんなACTのテキストにも、エクササイズのスクリプトが載っています。しかし、どうかスクリプトを一言一句読み上げるようなことは絶対にしないでください。それでは堅苦しく、不自然で人工的に聞こえてしまうからです。スクリプトを基に即興で実施しましょう。参考にするだけで、後はすべてを自分の言葉で表現しましょう。スクリプトに書いてあるものよりも、自分にとって自然だと思えるようなフレーズ、言葉、イメージ、メタファーが浮かんだら、そちらを使いましょう。

混ぜて組み合わせる

あるエクササイズやテクニックの一部を取り出して、他のものに付け足すこともできます。たとえば「碇を下ろす」エクササイズでは、「AとBとCとDとEに気づいてください」といった教示の後に「それが、○○さん［クライエント名］の中の、すべてに気づくことができる部分ですね」と加えれば、未来の「文脈としての自己」ワークに向けた「種を蒔く」ことができるのです。同様に、長めのマインドフルネス・エクササイズを行ったときは、最後に少しだけ「碇を下ろす」あるいは「価値とのつながり」のエクササイズを入れると効果的である場合が多いです。

エクササイズを録音する

クライエントに渡して使ってもらうためのマインドフルネス・エクササイズや価値に関するエクササイズの「録音された音声」は、簡単に見つけることができます（たとえば、スマートフォンアプリ「ACT Companion」には無料で聴ける音声をたくさん用意しました。さらに http://www.actmindfully.com.au にも豊富な MP3 データを載せているので、そこから購入することも可能です〔英語〕)。しかし、もっと良いのは、自分のエクササイズを録音して、クライエントに渡すことです。というのも、会ったこともない人の声と、あなた自身の声を比べたとき、クライエントがより深いつながりを感じるのは後者だからです。セッション以外で「前もって」録音しておいてもよいですし、セッション中にエクササイズを行いながら録音するのでもかまいません。どんなスマートフォンやパソコンでも簡単に録音できるはずです。Google で、自分の使っている機器の名前に続けて「音声録音」と入力して検索すれば、録音方法がすぐにわかると思います。音声を用意できたら、E メールかテキストメッセージか USB メモリ経由でクライエントに渡しましょう（本書や *ACT Made Simple : The Extra Bits*〔英語〕に出てくるどのスクリプトも、録音音声の土台として自由に使ってください)。

きちんと理解してから使う

ここまで、私が「クリアにしていくこと（透明性)」の重要性を繰り返し伝えてきたことに気づいたでしょうか。それがなぜ重要なのかというと、ACT 初心者の間でも、ベテランの間でも、等しく大きな課題となるからです。セラピストはあまりにも頻繁に、クライエントに論理的根拠をはっきり伝えないまま、風変わりな（そして、たいていは難しく挑戦的な）エクササイズに取り組むように求めがちです。しかし、今やろうとしているテクニックとクライエントの抱える具体的な問題とを明確にリンクさせることには、時間をかけるだけの価値があります。そうすれば、クライエントは、そのテクニックが自分の問題解決とセラピーのゴール達成にどのように関係し、役立つのかを実際に理解することができるからです。

自分が使おうとしているどんなテクニックについても、次のようなことを確認しましょう。「自分は、その目的をはっきり理解しているだろうか？　クライエントのゴールのなかで、具体的に、どれに、どのように役立つだろうか？　もしクライエントから、こうした質問をされたら、それに答えられるだろうか？」。もし答えられないと思ったら予習が必要です。あなた自身が十分な理解を養うまで、そのテクニックは使うべきではありません。

同様の注意がメタファーにも当てはまります。「クライエントは、具体的に、どのような洞察を得ることを期待しているのだろうか？　それは、どのようにクライエントのセラピーのゴールと結びつく（リンクする）のだろうか？」。「メタファーの乱用」と呼ばれる、セラピストがよくはまる落とし穴に注意しましょう。「メタファーの乱用」とは、セラピストが、何を達成しようとしているか自分でもよくわからず、「どれか１つでも刺さりますように」と願いながら、クライエントに向かってメタファーを連投する状態です。そこから何か有効な状況へつながることは、まずありません。メタファーは、クライエントが持っているセラピーのゴールに適合させて、控えめに、そして的確に使いましょう。

エクササイズを振り返る

体験的エクササイズが終わったら、それを振り返ることが非常に重要です。たとえば、次のような質問が効果的でしょう。

- どんな感じでしたか？
- どのようなことが起こりましたか？
- どのような気持ちが湧いてきましたか？　その気持ちと戦いましたか？　その気持ちに釣られましたか？
- マインドは何をしましたか？　何を言いましたか？　それは役に立ちましたか？　それとも邪魔でしたか？

- いつ釣り上げられましたか？　○○さんを釣り上げたのは何でしたか？　そのとき、何が起こりましたか？　どうにか自分を「釣り針からはずす」ことができましたか？　どうやって自分をはずしましたか？
- 今のエクササイズのなかで、何が有益でしたか？　何が役に立ちましたか？
- このエクササイズとABCとのつながりは把握していますか？（ABC＝クライエントの課題、問題、あるいは事前に特定したセラピーのゴール）
- これが、どのようにABCの助けになると思いますか？

この最後の質問――「これが、どのように～（特定の課題、問題、あるいはセラピーのゴール）の助けになると思いますか？」は非常に重要です。もし、クライエントが「わかりません！」と答えたら、時間を割いてでも、それを明確にする必要があります。

エクササイズを「ホームワーク」にする

思い出してください。クライエントに対して「ホームワーク」や「宿題」という言葉は使わないようにしましょう。ホームワークや宿題という言葉が好きな人はほとんどいないからです。そのため、「練習」「試してみる」「実験」「あれこれやって遊んでみる」「挑戦してみる」といった表現を使いましょう。さて、いつものように、セッションで体験的エクササイズを行ったら、それを振り返ります。「これが、どのようにABCの助けになると思いますか？」と尋ねます。クライエントから良い返事があり、エクササイズのねらいと、それがセラピーのゴールに役立つ可能性を理解してもらえたことが伝わってきたら、次は、多くの場合、そのエクササイズか、それに似たものをホームワークとして設定します。たとえばセッションで行ったエクササイズがマインドフルな呼吸、ボディスキャン、あるいは「流れに漂う葉っぱ」だったとしたら、次のように話してみてください。

「では、これがABCの助けとなる可能性があるのだとしたら、このセッション以外の場でも練習してみようと思えそうですか？」。答えがイエスだったら、さらに掘り下げていきましょう。たとえば「いつ練習できそうですか？　どこで練習できそうですか？　どのくらいの長さで？　どのくらいの頻度で？」などなど。そして、（クライエントがやってもよいと言ったら）ワークシートか日記に、練習の記録をつけてもらうのもよいでしょう。

実験と好奇心の文脈を創り出す

体験的エクササイズを導入するときは、「実験」という言葉を使うとよいでしょう。現実問題として、あるエクササイズやテクニック、実践からどんな結果が生まれるか、確実なことは何もわかりません。そのため、クライエントに対しても、その点にオープンでいてください。エクササイズの前に、たとえば、次のように言ってみてください。「これを試してみていただきたいのは、これがABCに役立つだろうと思っているからです。しかし、実際に何が起こるかを確実に知る方法はありません。だから、いつも実験なんです。試しにやってみて、どうなるか見てみる、というのでも、よろしいですか？」。こうした語りかけが（クライエントとセラピストの両者にとって）オープンで、好奇心に満ちたマインド・セットにつながります。そして「実験」という言葉を自由におおらかに使うことができていれば、次のような残念な状況への対応も、かなり楽になるでしょう。

うまくいかないとき

遅かれ早かれ、あなたが脱フュージョン、アクセプタンス、あるいは柔軟な注意に関するワークを行っていると、「このエクササイズは効果がない」とクライエントから文句を言われるときが来るでしょう。さらにひどい場合、あなたのテクニックは完全に逆効果になることもあります。しかし、心配しなくても大丈夫です。そんな状況が訪れたときは、学習の機会として利用することができますし、その後はすぐに本題に戻すこともできます。では、この２つのシナリオを順番に詳しく見ていきましょう。

効果がないとき

クライエントが「効果がありません」と訴えてきたときは、必ずオープンになって、好奇心をもって、対応しましょう（通常それが意味するのは「碇を下ろし」、自分自身の不安を置いておくスペースを作り、自分自身の役に立たない思考の釣り針からはずれるということです）。たとえば、こんなコメントができるでしょう。「そうでしたか、それはつらいですね。何が起こっているのかを教えていただけますか？」

するとクライエントはたいてい、明らかに感情コントロールのアジェンダだとわかる答えを返してくれます。たとえば「全然、気分が良くなっていません」「その考えが消えそうにありません」「不安感がひどくなっています」「変わらず、怒りを感じています」「あの記憶は変わらず、そこにあります」「全然、リラックスできません」「今も、気持ちは動揺しています」といったものです。

そのような答えに対して、セラピストは、優しく尋ねます。たとえば「つまり、私が○○さんの言葉を正しく理解できているとしたら、○○さんはこのエクササイズを通してその記憶／考え／気持ち／感覚が消えてなくなることを期待されていたでしょうか？」。クライエントはだいたい「そうだ」と答えます（多くの場合、多少のいらだちやフラストレーションが含まれています）。セラピストは、それに対して、次のように答えられるでしょう。「申し訳ありません。私が、このエクササイズの目的をうまくお伝えできていませんでした。これは、望まない考えや気持ちを取り除く／気持ちをコントロールする／リラックスする／気分を良くする手段ではないんです」。そして、エクササイズの目的を「おさらい」します。私の知るもっとも良い復習方法は、脱フュージョンや柔軟な注意のテクニックであれば「両手を思考や感情に見立てる」メタファー（第11章）、アクセプタンスやセルフ・コンパッションであれば、「紙を押しやる」エクササイズ（第9章）か「抵抗スイッチ(Struggle Switch)」メタファー（第22章で紹介します）です。メタファーの要点を伝えるなかで、とくに強調したいのは、問題となっている思考／感情／記憶は消えてなくなりはしない、という点です。その代わりに、思考や感情への新しい対応を学ぶことで、そこから自由になり、自分の人生に注意を向けて関与し、有意義なことをするためにエネルギーを注げるようになるのです。

さらに、次のように言ってもよいかもしれません。「こうしたエクササイズを行っていると、そういった考え／気持ちが急に変化したり、減ったり、消えたりすることもあると思います。そうなったときは、ぜひとも、その恩恵を享受してください――しかし、どうか、いつもそれが起こるとは期待しないでください。それは、あくまで嬉しいボーナスのようなもので、メインの目的ではありません。このテクニックが気分をコントロールする手段になってしまうと、あるいは望まない考えや気持ちを排除する手段にしてしまうと、またここに戻ってきて『効果がありません』と訴えることになると思います」

クライエントがこのコメントに対してネガティブな反応を見せた場合は、もちろん、創造的絶望を再び実施する必要があるでしょう（あるいは以前、飛ばしていたなら、ここで導入する必要があります）。

かなり悪い方向に進んでしまったとき

もし、エクササイズが失敗してしまったときや、逆効果になってしまったときは、どうすればよいでしょうか？　もちろん、エクササイズの目的を明確にすることで（つまり、セラピーのゴールとリンクさせることで）、そしてエクササイズを「実験」として提示することで、そのようなリスクは減らすことができます。しかし、遅かれ早かれ、どんなに経験を積んでも、スキルに熟達しようとも、テクニックが悪い方向に進んでしまうときは必ずあります。

そうなったときのために、いくつかアドバイスしておきましょう。セラピー・セッションにおいて、何かがうまくいかなかったとき、失敗したとき、あるいは逆効果になってしまったときは、冷静でいましょう！　もちろん、**気持ち**は冷静でいられるはずがありません。しかし、冷静に**行動**することはできます。そういう状況では、不安や悲しみ、いらだち、罪悪感、恐怖、怒りを感じるかもしれません。自分自身やクライエントについて、そのエクササイズについて、あるいはさらに、ACTモデルそのものについて、あらゆる種類の助けにならない思考が浮かんでくるかもしれません。しかし、そうした思考や感情がそこにあっても、それでもなお冷静に行動することはできるのです。

言い換えると、そのような状況ではACTを自分自身に使ってください。「しくじった」という思考から脱フュージョンし、不安を置いておくためのスペースを作り（第22章）、「碇を下ろし」て、「今、この瞬間」としっかりつながりましょう。そして、たとえ気持ちは冷静になれなくても、声や言葉、姿勢、行動を通じて、冷静さという質を作り上げることはできます。

さらに、自分自身が「碇を下ろす」だけでなく、クライエントも「碇を下ろせる」ように手助けしましょう。クライエントが、何らかの形で――悲しみ、怒り、恐れ、狼狽（ろうばい）、落胆、いらだち、解離、気後れなど――動揺していたり、フュージョンしていたり、もがいていたりしたら「碇を下ろす」手伝いができます（もし、ここまでに導入していなければ、今がそのタイミングです）。グラウンディングした後は、いま何が起きたのかを探索しながら、オープンさと好奇心のモデルを示しましょう。先に、このエクササイズは「実験である」と提示していた場合は、ここで、次のように言えるでしょう。「今回の実験は、私が願っていたようには運びませんでした。申し訳ありませんでした。良くない反応が起こってしまったようですが、もちろん、それは予測していたものではありません」

その後、実際に何が起きたのかを探ることで、この体験から役に立つ「何か」――クライエントのセラピーのゴールに直接関連すること、あるいは心理的柔軟性を養うために広く有用であること――を見つけ出してください。たとえば、次のような質問が効果的でしょう。

- 先ほど、どんなことが起こったのでしょうか？
- どんな考え、気持ち、記憶が湧いてきましたか？
- マインドは、何を使って○○さんを釣り上げたでしょうか？

- 今、どんな気持ちが湧いていますか？
- 今、マインドは、何と言っていますか？

また、謝罪すべき正当な理由があるかどうかも検討しておきましょう。「謝罪すべきである」と判断したら、その場合は、すぐに、そうしましょう。たとえば、次のように言ってみてください。「申し訳ありません。このようになることは思いもよりませんでした。動揺していらっしゃいますよね。今回のことで、このようなエクササイズを試してみる意欲をなくされていなければよいのですが……」

この段階では通常、クライエントにエクササイズの論理的根拠を思い出してもらうことが効果的です。たとえば、次のように言ってみてください。「申し訳ありません。エクササイズを始める前にお伝えしたとおり、私はこれが『○○さんがつらい考えから自分をはずす』助けになることを願っていました。しかし、残念ながら、先ほどよりも強く釣り針に引っかかってしまったようですね」あるいは「申し訳ありません。私はこれが『○○さんがつらい感情をどうにかしようともがくのをやめる』助けになることを願っていました。しかし、先ほどよりさらに、もがいて苦しくなられているようにお見受けします」

その後は、こう続けることができるでしょう。「こうなることを望んでいたわけでも、予期していたわけでもありません。しかし、実際には、それは起きてしまいました。これを学びの機会として捉えてもよろしいでしょうか？」

他にもいろいろありますが、たとえば、次のようなことを学べるはずです。

- マインドが自分を釣り上げる方法が、さらにたくさんあったこと
- 思考や感情をどうにかしようともがく状態へ引きずり込まれる道筋が、さらにたくさんあったこと
- マインドは、私たちの人生の難易度を簡単に上げてしまうこと——そして、私たちがやろうとするどんなことにも干渉してくる可能性があること

ではこの実践例を見てみましょう。

マークは34歳の退役軍人で、戦時中の出来事に関連するPTSDを患っています。厳しい自己批判に釣られることが多く、2回目のセッションで、脱フュージョンに取り組んでいたとき、彼はこの思考パターンを「独裁者」と呼びました。初回から3回目までのセッションでは、繰り返し「碇を下ろす」エクササイズに取り組み、良好な成果が見られていました。また、セッション以外でも、自分で練習してくれていました。以下のスクリプトは、4回目のセッションの冒頭でのやりとりです。3分間の「碇を下ろす」エクササイズを終え、セラピストは、今、その振り返りをしようとしています。

セラピスト：さて、今のエクササイズは、どんな感じでしたか？

クライエント：（長い沈黙の後、皮肉な感じで笑って）バカバカしくて、くだらないです。

セラピスト：（驚いて）くだらない？

クライエント：ええ。

セラピスト：なるほど。くだらない以外は、どんな感じがしますか？

クライエント：イライラします。

セラピスト：イライラする？

クライエント：正直に言うと、本当にイライラします。

セラピスト：（自分の不安や落胆といった反応をアクセプトして、オープンであり続けて好奇心を維持したまま）なるほど。では、くだらなくて、イライラしたんですね。

クライエント：ええ。

セラピスト：わかりました。では、伺いたいのですが……、マークさんの中の、今のエクササイズをイライラしてくだらなかったと評価した部分は、これまで私たちが「独裁者」と呼んできたのと同じ部分でしょうか？

クライエント：たぶん。ええ、たぶん。そいつは、この辺にある小さな黒い箱の中に座っています（右のこめかみを叩く）。たぶん同じヤツだと思います。

セラピスト：なるほど、では、その独裁者が、なんていうか、声を荒らげて「これは、イライラして、くだらない」と言い始めたのでしょうか？

クライエント：ええ、そんな感じです。

セラピスト：……となると、それは、ある意味で、予想通りですよね？ つまり、私たちはすでに、マークさんのマインドの「その部分」が、どのセッションのどんな場面でも口を挟んで邪魔してくることを知っています。先週は何度邪魔してきたか、思い出してみてください。

クライエント：確かにそうですね。

セラピスト：そして、いま私が考えているのは、軍の現役勤務中、何度も発砲や爆発があったと思いますが、そういう騒音に囲まれていたとしても、マークさんは、自分のなすべき任務に集中できていましたよね？

クライエント：（考えながらうなずいて）ええ、もちろん。私たちは、そうできるように訓練されていますから。

セラピスト：なるほど、そうできるよう訓練を受けてきたんですね――気を散らさず任務に集中できるように。実は、ここでも、ちょっと似た感じです。マークさんと私が一緒にセラピーに取り組んでいると、マークさんのマインドは必ず割り込んできて、あらゆる評価やコメントをぶつけていきます。そして、ここでの課題は、マインドが言ってくることを、戦場で集中を乱してくる騒音と同じように扱うことです。そういう思考に釣られないでください。もし釣られてしまったら、そこから自分をはずして、一緒にやっていることに戻ってきてください。

クライエント：（今度はセッションに集中した状態で、うなずきながら）わかりました。

セラピスト：それから、この前のセッションで、マークさんの中の自分を大切に思って気にかけている「部分」について話したのを覚えていますか？　セラピーに来るのをやめさせようと独裁者ができることはすべてやっているのにもかかわらず、それでも私と話すようにここに連れてきてくれるほどマークさんのことを大切に思っている「部分」です。

クライエント：ええ。

セラピスト：では、今日のセッションでは、この2つの部分がどのように働いているかに注目してみましょう。2つはいつも一番上のポジションをめぐって押し合いをしていると想像します。今、この瞬間は、どちらが一番上ですか？

クライエント：「気遣う部分」が上がってきている気がします。

セラピスト：それは興味深いですね。独裁者はどうしていますか？

クライエント：今もそこにいて「こんなこと、バカバカしくて、くだらない」と言っています。でも、うーん、そうですね、さっきより、ちょっと静かです。

セラピスト：素晴らしい。では、先ほどのエクササイズなのですが、何か、私の具体的な言葉や行動が、マークさんの反応の引き金となったでしょうか？

＊＊＊

上記のやりとりについて、いくつかの点を強調しておきます。

1. セラピストは、クライエントが見せたネガティブな反応に対して、不安と落胆を感じた。そこで、自分自身の心配や自己評価から脱フュージョンし、不安と落胆をアクセプトし、グラウンディングし、オープンさと好奇心の感覚を引き出した（だから、クライエントと一緒にうまく行うためには、自分自身に対してACTを実践することが必要なのである）。
2. クライエントは、明らかにフュージョン状態だったので、セラピストは標的とするプロセスを、柔軟な注意（碇を下ろす）から脱フュージョン（認知に気づき、名前をつける）へと変えた。
3. セラピストは、クライエントのネガティブな反応を、自然でノーマルであると承認した。そして、それが繰り返し起こることを予期した。

セッションが進むなかで、また同様の反応が起こったら、セラピストはユーモアを込めて「お、また独裁者が現れましたね。また、何かを言ってきたのですね」というように言ってもよいだろう。

4. クライエントは、もうセッションに落ち着いて参加できる状態になっており、脱フュージョンして、注意を向けて、セラピーに関与している。だから、セラピストはここから、嘘偽りないオープンさと好奇心をもって、何か自分の具体的な言動が先ほどの反応の引き金となったかを探っていく。

ときに物事は、否応なく悪い方向に進むことがあります。しかし、脱フュージョンし、アクセプトし、グラウンディングし、オープンであり続けて好奇心を維持することができれば、多くの場合、うまくいかなかった出来事を価値ある学びの体験へと変えることができるのです。

テクニック vs. プロセス

テクニックとは、セッションにおいて、クライエントに言ったり、クライエントと一緒に行ったりする「何か」です。たとえば、クライエントに、①その気持ちを身体のどの部分で感じているかを意識してもらう、②マインドフルにコップの水を飲んでもらう、③心の奥底ではどんな母親になりたいと願っているかを話してもらう、などが含まれます。一方、**プロセス**とは、セラピストがこうしたテクニックを用いて引き起こしたいと願っている、根本的な変化のメカニズムのことです。たとえば、

テクニック：「私は～という考えを持っている」（第 12 章）
プロセス：脱フュージョン

テクニック：自分の手をマインドフルに意識する（第 17 章）
プロセス：柔軟な注意（「今、この瞬間」との接触）

テクニック：「今から10年後に振り返ったら」エクササイズ（第19章）
プロセス：価値

以前にも述べたように、ACTには6つのコアプロセスがあり、それらが組み合わさって心理的柔軟性を構成しています。そして、私たちには、自由に使うことができる、本当に莫大な数のテクニック——メタファー、ワークシート、質問、体験的エクササイズ、マインドフルネスの実践など——があり、それを用いることで1つあるいは複数のコアプロセスを促し、強化することができます。このことから、多くのACTトレーナーは「テクニックに頼る（relying on technique）」危険性を説き、「プロセスに取り組む（working with process）」ことがより重要であることを強調するのです。しかし、私は、この表現は聞く人を混乱させる可能性があると思っています。なぜなら、テクニックを使用することが「プロセスに取り組む」唯一の方法だからです。

さて、いくつかのテクニックは、明らかに、他のものよりもずっと柔軟です。たとえば「Xに気づく」テクニック（第3、10、17章）について考えてみましょう。どんなマインドフルネスに基づくセラピーにも共通する、このシンプルなテクニックの内容は、まさに読んだとおりです。セラピストはクライエントに、（オープンさと好奇心をもって）Xに気づくよう促します。期待されるプロセスが脱フュージョンだったら、Xに入るのは何らかの思考かもしれません。期待されるプロセスがアクセプタンスだったら、Xはつらい感情かもしれません。期待されるプロセスが自分を取り囲む世界に十分意識を向けて関与することだったら、Xは見えるものや聞こえるもの、触れるもの、味わえるもの、匂いを嗅げるものかもしれません。これまで私が目にしてきた、「プロセスに取り組む」と銘打たれたあらゆるやりとり、実演、ビデオでは、セラピストは、この「Xに気づく」テクニックにかなり頼ってきました。「自分が感じていることに気づいてください」「自分が考えていることを意識してください」「自分が今、何をしているか意識できますか？」「自分が今、何をしたら気づけますか？」「ここで少しペースを落として、今、どんな考えや気持ちが湧いてきたか、振り返って意識してみていただけますか？」「マインドが何を言っているかに気づいてください」「今、私の質問に答えないで、話題を変えたことに気づきましたか？」

「Xに気づく」は非常に柔軟なテクニックです（そして、この本を読み終える頃には、このテクニックが6つのコアプロセスすべてに効果的に使えることを理解できると思います）。一方、ハッピー・バースデーのメロディで思考を歌う、マインドに感謝を伝えるといったテクニックの柔軟性は、かなり低いものとなっています。脱フュージョンというプロセスには有効ですが、他のコアプロセスでは使えません。さらに脱フュージョンに関しても、こうしたテクニックをいつ、どこで使うかを慎重に限定して、クライエントに「承認されていない」と感じさせないようにしなければなりません。同様に、複数の異なるプロセスに有効なメタファーもあれば（例：第25章に出てくる「舞台劇」のメタファーは、脱フュージョン、アクセプタンス、柔軟な注意、そして文脈としての自己のいずれにも簡単に適用できます）、だいたい1つのプロセスのみに限られるメタファーもあります。

もし、あなたが今後、ACTの上級トレーニングに進まれたら（私としては、是非そうなることを願っていますが）、「テクニック vs. プロセス」に関する話をいろいろ耳にすることになるでしょう。そうなったときは、次のことを覚えておいてください。それは「どんなコアプロセスも、何らかのタイプのテクニックを使わずに生じさせることはシンプルに不可能」ということです。本当の問題は「テクニック vs. プロセス」ではないのです。問題なのは「テクニックを柔軟に使うこと」なのです。とくに重要な問いは、次のようなものです。

- 望まれる（1つあるいは複数の）コアプロセスをうまく促進するために、自分が使うテクニックを十分柔軟に活用することができるだろうか？
- いま求める（1つあるいは複数の）プロセスを促進するために、目の前にいるクライエントと、このセッションの、この時点において使うテクニックを適切に選ぶことができるだろうか？
- あるテクニックが、いま求める（1つあるいは複数の）プロセスの促進に役立つよう、そのテクニックを臨機応変に変化・適応させることができるだろうか？　目の前のクライエントにより合ったものとなるよう、アドリブを入れたり調整したりすることができるだろうか？
- もし最初に選んだテクニックがうまくいかなかったら、望まれる（1つあるいは複数の）プロセスを促進するために、他のテクニックに移行することができるだろうか？

テクニックを柔軟に使うというのは、想像するよりも難しいものです。誰もが、いずれはお気に入りのテクニックを見つけるでしょうし、そのテクニックに過剰に頼るのは簡単なことです。しかし、どんなテクニックも（どんなセラピーモデルにおいても）、常に望むようには作用してくれません。だからこそ、実際に、私たちは本当に柔軟である必要があるのです。その努力の一助となるように、先に載せたツールキットの表を埋めるときには、少なくともいくつかは柔軟性の高いテクニック（例：「X に気づく」のような、少なくとも２つか３つのプロセスのために自分が簡単に利用できるもの）を加えておきましょう。

Extra Bits（おまけ）

ACT Made Simple : The Extra Bits（http://www.actmindfully.com.au の「Free Stuff」ページからダウンロードできる）の第 16 章に、自分用の ACT ツールキットを作るための資料を用意した。（英語）

スキルアップのために

本章では、ヒントをたくさん紹介しました。すぐに理解するには量が多いので、自分のスキルを磨くために、ぜひ定期的に読み返して練習してください。とくに、以下の２点を目指しましょう。

- 本章で紹介したような自分の ACT ツールキットを作る。

- 実際のクライエントとのセッションのなかで「実験」という言葉を使ってあれこれ試してみる。新しいエクササイズの一つひとつを明示的に「実験」として紹介し、好奇心の感覚を引き出す。

第16章のまとめ

テクニックは創造的に使いましょう。混ぜて組み合わせたり、変化・適応させたり、もしちょっと楽しんでみようと思ったら、自分でも作ってみましょう。テクニックがユニークであればあるほど、あるいは難しければ難しいほど、その目的を明確にすることがますます重要になります。そのエクササイズとクライエントの抱える問題やセラピーのゴールとをはっきりリンクさせましょう。各エクササイズを実施した後は、忘れずに振り返りを行い、それがクライエントの問題とどのように関連するのか、あるいはセラピーのゴールにどのように役立つのか、クライエントに尋ねましょう。クライエントがそのエクササイズは役に立つと感じ、自分の問題との関連を認識できたら、今度はそれをホームワークにできないかを考えましょう。

最後に、テクニックは柔軟に使いましょう。実際に始める前に、次の「問い」を検討してみてください。「自分は、どのコアプロセスを促進したいのだろうか？　その特定のテクニックは、このクライエントが、このセッションの、この時点において、その望まれるプロセスを体験するために有効だと思っているだろうか？」。もし、そのテクニックが、あなたの望むプロセスの促進に役立っていないのなら、使うのをやめるか、変更を加えて、適応させましょう。

第17章

「今、ここ」に存在する

「今」しかない

偉大なロシア人作家、レフ・トルストイはこう記しました。「重要な時間というのはただひとつ――今！　今がもっとも重要だ。今という時間こそ、我々が力を持つ唯一の機会なのである」。このトルストイの名言は、人生というのはまさに今、つまりこの瞬間に起こっていることを思い出させてくれます。過去も未来も、現在生じている思考としてのみ存在するのです。未来のために計画したり未来を予想したりすることはできますが、計画も予想も実際に起こるのは今、ここです。過去を内省し過去から学ぶことはできますが、その内省は現在生じているのです。私たちにあるのは、今、この瞬間だけなのです。

「今、この瞬間」との接触のまとめ

・**簡単に言うと…**　「今、この瞬間」との接触（*contacting the present moment*）とは、自分の「今、ここ」における体験に柔軟に気づき、必要に応じて注意の焦点を狭め、広げ、維持し、向け直すことができることである。

・**その目的は？**　いま起こっていることをより正確に認識できるようになり、自分の行動を変えるべきか維持するべきかについての重要な情報

を集められるようになるために、気づき（awareness）を高めること。より大きな充足感や充実感を得るために、そのときしていることが何であっても、そこに十分意識を向けて関与すること。よりうまく物事をこなせるように、あるいはより効果的に行動できるようになるために、注意を訓練すること。

- **別の言い方をすると…**　柔軟な注意、「今、ここ」に存在する、つながり、意識する、集中する、意識を向けて関与する、気づく（noticing）、観察する。

- **その方法は？**　今、ここで起こっていることに——好奇心をもって、オープンになって——気づく。自分の体験に**直接気づく**ことと、自分の体験**について考える**こととを区別できるようになる。内的な心理的世界と外的な物質的世界の両方に柔軟に注意を払う。

- **使用するタイミングは？**　クライエントが意識を向けて関与できていないとき、自分の思考や感情と断絶しているとき、すぐに気が逸れてしまうとき、自己認識（self-awareness）を欠いているとき、グラウンディングが必要なとき、体験の重要な側面から切り離されているか、それを逃しているとき、あるいは何らかのタイプの認知的内容とフュージョンしているとき。これは残る３つのマインドフルネス・プロセス、すなわち脱フュージョン、アクセプタンス、文脈としての自己に不可欠な最初のステップであり、その３つのプロセスの「中核的構成要素」である。

オープンさ、好奇心、柔軟性をもって注意を払うことは、すべてのマインドフルネスの中核です。それは、すべての脱フュージョン、アクセプタンス、そして文脈としての自己のスタート地点です。そして、価値に基づく生き方において主要な役割を果たすものでもあります。もし価値に基づいて行動できていても、そのとき行っていることに十分意識を向けて関与できなければ、機会を逃しているのと同じことです。「今、ここ」に存在することは、体験に豊かさと充実感を加えてくれます。さらに、効果的な行動も可能にしてくれます。自分がしていることに注意を払っていなければ、どんなことも効果的に行うのは難しいものです。

価値に関するワークを行っていると、クライエントの多くは「その瞬間を生きる」「今あるものに感謝する」「立ち止まってバラの香りを嗅ぐ」といったことを口にします。そしてほぼ全員が、愛情あふれる、あるいは思いやりあふれる人間関係を築きたいといった話をします。そうした活動には、「今、ここ」に存在することが必要です。そしてもちろん、自分が価値に基づいた生き方をしているかどうか、そして自分の行動が有効であるかどうかを知りたければ、自分が何をしているかに気づき、自分の行動の結果を意識する必要があります。

柔軟な注意はまた、自己認識と自己知識（self-knowledge）にも不可欠です。自分自身の思考や感情と深くつながればつながるほど、自分の行動をうまく調整することができ、人生を進みたい方向へ導くような賢い選択をすることも可能になります。

非柔軟な注意の代償

柔軟な注意の払い方を学ぶ意義は何でしょうか？　それがクライエントの問題解決、課題への対応、セラピーのゴール達成にどう役立つのでしょう？　柔軟な注意に関する新しいスキルをセッションの内外でクライエントに練習してもらいたいなら、必ずこうした問いに対する答えをクライエントが持っていられるようにしなければなりません。そしてこうした点を明確にするには、多くの場合、そういったスキルが欠けていたら（あるいはそれを活用しなかったら）何が起こるかを話し合うのが効果的です。スキル不足による主要な不都合な帰結には次の３つがあります。それは、切り離す、見逃す、仕損じる、です。

切り離す（Cutting off） 私たちは、やりとりをしている人たちから自分を切り離してしまいます。話しているし、聞いてもいますが、完全には「今、ここ」に存在していません。やりとりをしている人たちに偽りのないオープンさと好奇心をもって100%の注意を向けていないのです。そのため、つながっている実感に欠けてしまいます。関わっているふりをしているだけのように感じられるのです。

見逃す（Missing out） 私たちは、自分の体験の重要な側面を見逃してしまいます。そのときしていることの大切な部分や心躍る部分を味わい損ねる、あるいは楽しみ損ねてしまいます。そのため、満足感や充実感に欠けてしまうのです。喩えるなら、お気に入りの映画を真っ黒なサングラスをかけて観たり、ウエットスーツを着たままマッサージを受けたり、歯科の麻酔が効いたままで美味しいものを食べたりする状態に少し似ているかもしれません。

仕損じる（Doing things poorly） 何らかの活動――ギターの演奏から車の運転、性行為、夕食作り、読書まで――をうまく行いたいと思ったら、その活動に集中している必要があります。そのときしていることに注意を向け続ける必要があります。そのときしていることが何であれ、気が逸れたり集中を失ったりすればするほど、どんどんうまくこなせなくなるでしょう。

この相互に重複し関連する上記の3つの問題は、「両手を思考や感情に見立てる」メタファー（第11章）を使って簡単に強調することができます。どんなカテゴリー（過去、未来、自己概念、理由、ルール、評価判断）のフュージョンも、切り離す、見逃す、あるいは仕損じるという結果につながる可能性があります。同じく体験の回避も、3つのいずれか、あるいはすべての結果につながる可能性があり、こちらは「紙を押しやる」エクササイズで浮き彫りにすることができます。簡単にまとめるなら、思考や感情に釣られると（つまり、思考や感情に対してフュージョンか回避という反応をすると）、人生のその他の部分に対する注意が奪われてしまうのです。

クライエントは上記3つの問題すべてを関連づけて理解することはできな

いかもしれませんが、少なくとも１つか２つは結びつけられるでしょう。以下のやりとりは、３つの問題を紹介する方法の一例を示しています。このクライエントは、自分は今も積極的に人と関わっており、回避はしていないし、他者の目には自分はノーマルであると映っていると思うけれども、今はもう人との交流を楽しめていない、そのような「ふりをしている」だけで、不安を感じて落ち込んでいる、と話しています。

セラピスト：では、○○さん［クライエント名］がご友人と話されているとき、マインドは何と言っていますか？

クライエント：そうですね、なんで楽しめていないんだろう？　何が悪いんだろうか？　自分は退屈な人間だ、とか。それかそうですね、別の自分の問題についてばかり考えています。

セラピスト：それでそうした考えに釣られてしまったときは、きっとご友人との会話に集中するのが難しいんじゃないかと思うのですが？

クライエント：それでも集中はできます。

セラピスト：ここで言う「集中する」は、単に相手を見て耳を傾けて返答する、ということではありません。つまり、そういうときは、心からの好奇心をもって注意を払えていますか？　ご友人の話に本当に関心を持てていますか？　会話に本当の意味で意識を向けて関与できていますか？

クライエント：いいえ（悲しそうな顔になる）。できていません、以前はできていたのですが。

セラピスト：いろいろな考えに釣られた状態では、集中するのが難しいですよね。

クライエント：でも、単にそういう考えがあるという問題ではないんです。本当にひどい気分なんです。落ち込んでいます。

セラピスト：はい、そのせいで集中するのがさらに大変ですよね？　○○さんの注意は自分の内側に、身体にあるあらゆる不快な気持ちに向かっている状態ということですから。そうしたひどい気分に注意が向いているときは、ご友人の話に集中するのは難しいと思います。

クライエント：何が言いたいんですか？　自分の気分は無視しろってことですか？

セラピスト：いいえ、そうではありません。○○さんは、レストランで誰かが大声で話しているのを無視しようとしたことはありますか？　あるいは流れているラジオの音を無視しようとしたことは？（クライエントはうなずく）それでどうなりましたか？

クライエント：余計に気になりました。

セラピスト：○○さんはすでに、そうした気分を無視することを試されています。気を逸らすことも試されたと思います。そして私の記憶が正しければ、そうした気分を消すために、数えきれないことを試されてきたはずです（以前に実施した創造的絶望の介入に言及している）。

クライエント：じゃあ私はどうしたらいいんですか？　とにかくごちゃごちゃ言わずに我慢してやっていくとか？

セラピスト：それもすでに試されたと思います。何度も何度も。それに、我慢するのはとても疲れますよね？　ですから、もう同じことは試したくないと思っておられるのでは。

クライエント：じゃあどうすればいいんですか？

セラピスト：良い質問です。今の状況というのは、そうしたつらい考えや気持ちが次々に現れています……そしてたいてい、そうした考えは○○さんを釣り針に引っかけて釣り上げてしまいます……すると、そのときしていることから引っ張り出されて、意識を向けて関与できなくなってしまいます。ですから、ご友人やご家族と過ごされているときは、そこから切り離されているような状態です。自分の中で起こっていることに強く釣られるあまり、周囲で起こっていることに意識を向けて関与することができなくなってしまうんです。

クライエント：（うなずきながら）ひどい状態です。

セラピスト：では、考えや気持ちに釣られてしまうことなく、物事にきちんと意識を向けて関与する方法を学べるとしたらいかがでしょう？

クライエント：どうやるんですか？

セラピスト：そうですね、それには私たちが「関与するスキル」と呼ぶものを身につけることが必要になってきます。

＊＊＊

上記のやりとりを通して行われている、穏やかなリフレーミングに注目してください。クライエントの見方は「私の思考や感情が問題だ」というものです。この見地からの解決策は常に「そうした思考や感情を排除しろ」です。セラピストはこれを優しくリフレームすることができます。「そうした考えや気持ちに釣られると、他者と意識を向けて関与したり交流したりすることができなくなります」。この問題に対して ACT が提案する解決策は、そうした思考や感情から自分をはずし、他者から「切り離す」のではなく、積極的に意識を向けて関与していくことです。

同様に、「見逃す」ことがクライエントの抱える深刻な問題であるときは、次のようにリフレームすることができます。「自分の考えや気持ちに釣られると、そのとき体験していることの楽しい側面、嬉しい側面、あるいは満足感のある側面を見逃すことになります――そのため、満足感や充実感のない体験となってしまうのです」

そして「仕損じる」ことが問題であれば、こうリフレームできるでしょう。「自分の考えや気持ちに釣られると、そのときしていることにうまく集中できなくなってしまいます。気が逸れて、注意散漫になり、物事を適切に、あるいは上手にこなせなくなってしまいます」

柔軟な注意を養う

上記３つの概念を紹介し、非柔軟な注意の代償を理解してもらうことができたら、クライエントがこれから紹介するスキルに対してさらにオープンになってくれていることを期待します。

関与する、味わう、集中する

切り離す、見逃す、仕損じる、に対する３つの解毒剤は、関与する、味わう、集中する、です。私自身は、この3つをスキルの大きなクラスと考えることが便利だと思っています。

関与するスキル（Engaging skills）　ここに分類されるスキルのねらいは、そのとき行っている活動に十分意識を向けて関与し、そこに関連するどんな人や物事とも深くつながることです。

味わうスキル（Savoring skills）　ここに分類されるスキルのねらいは、そのとき行っている活動を（それが潜在的には快いもの、楽しいものであるなら）味わい、楽しみ、満喫することです。

集中するスキル（Focusing skills）　ここに分類されるスキルのねらいは、必要に応じて自分の注意を狭め、広げ、維持し、向け直しながら、そのとき行っている活動の（それをうまく行うために）もっとも重要な側面に、それがどんなものであれ十分に集中することです。

もちろんこの3つのカテゴリーは互いに重なり合いますし、ある程度は互換性もあります。さらにほとんどのフォーマルなエクササイズは、3つすべてとはいかなくても、少なくとも2つのスキルを育んでくれます。あるスキルを関与する、味わう、集中する、のどれに分類するかは、主に、①そのエクササイズ中に何を強調するか、そして、②それをどうクライエントの問題と結びつける（リンクさせる）か、によります。

ですが覚えておいてください。味わうスキルが適用されるのは、お茶を飲む、お菓子を食べる、音楽を聴く、花の香りを嗅ぐ、美しいものや景色を眺めるなど、潜在的に心地良い活動に対してだけです。まったく対照的に、現在の活動に楽しいと思える要素がまるでなくても、それに関与し、集中することは可能です。たとえば、困難でストレスのかかる状況下で行動を起こすときや、恐怖喚起刺激へのフォーマルなエクスポージャーを実施するときがそれに当たるでしょう。

私は味わうスキルを教える際、マインドフルにレーズンを食べたり水を飲んだりするのが好きです。集中するスキルについては、多くの場合、呼吸エクササイズやボディスキャンといった古典的なマインドフルネスを使います。これらのエクササイズのスクリプトと説明は、Extra Bits を参照してください。関与するスキルを教える際のお気に入りは、以下に詳しく説明する「自分の手に気づく（Notice Your Hand)」エクササイズです。

関与するスキルを教える：自分の手に気づく

私たちのクライエントは、多種多様な表現で人生が充実していないということを伝えようとします。つまらない、代わり映えしない、うんざり、ふりをしているだけ、などなど。多くの場合、こうした不満の中心には、友人、家族、同僚との社会的交流があります。だから私たちセラピストとしては、クライエントが自身の体験に十分意識を向けて関与し、他者と心からつながることができるよう助けたいものです（もちろん、その問題がいつも人とのつながりだとは限りません。もしかしたら自然、あるいは犬や猫やカンガルーとのつながりかもしれません)。この目的のために理想的なのが、「自分の手に気づく」エクササイズです。手は人ではありませんが、振り返りの質問によってこのエクササイズは明確に社会参加の問題へとつながり、セッション以外の場での有益な社会実験への道を開いてくれます。

自分の手に気づくエクササイズ

このエクササイズの着想は私の息子から得ました。彼が生後 10 カ月ほどの頃、私は息子が自分の手を発見する場面を目撃しました。彼はそのちっちゃな手の片方を自分の顔の前に掲げ、ちっちゃな指をにぎにぎと動かし、その動きにすっかり魅了されてしまったようでした。私は思いました。**なんてことだ。あれは素晴らしいマインドフルネス・エクササイズになるぞ。**単にスクリプトを読むだけでは、このエクササイズの美しさと純真さを真に味わうことは不可能です。ですから、Extra Bits にある無料音声をダウンロードして聴いてみてください（英語)。

セラピスト：この後○○さんには、ご自身の手に注目していただこうと思います。つまり、手というものをそれまでに見たことがないようなつもりで、本当の意味で自分の手の存在に気づいていただきたいんです。それから、手を５分間眺めていただきたいと思います。ただその前にお聞きしておきたいのですが、○○さんのマインドはこれからの５分間について、どんな予想を立てていますか？

クライエント：長く感じそうです。

セラピスト：そうですよね。それに――これは私の推測にすぎませんが――マインドは、つまらなそう、うんざりしそう、面倒くさそうとか、そんな感じのことを予想していませんか？

クライエント：（笑って）ええ、すごくつまらなそうです。

セラピスト：そうですね。では実際にやってみて、本当につまらないか確かめてみましょう。マインドの予想はときにとても正確です。見事に言い当てます。ですが非常に多くの場合、その予想は少し的を外れています。ですから今回はどうなるか見てみましょう――本当に時間が過ぎるのが遅く、退屈で、どーーーーーしようもなくつまらないか、確かめてみましょう。

（以下のスクリプトでは、省略記号［……］は５秒ほどの間を示している）

セラピスト：それでは、気楽な姿勢で座ってください。そして片方の手を、手のひらを上に向け、自分の顔からちょうどよい距離のところに掲げてください。そして自分の好奇心を引き出してみてください。これからの数分間の目的は、自分の手を観察することです。手というものを初めて見た、好奇心旺盛な子どもになったつもりで観察してみてください。

まずは手の形から始めましょう。心の中で、手の輪郭をなぞってみてください。親指の付け根から始めて、すべての指をなぞっていきます……指と指の間がどんな形をしているかに注目してみてください……手が手首のところで徐々に細くなっていくことに気づいてみてください。
では今度は、皮膚の色に注目してみてください……単純に一色だけではないことに気づいてください……さまざまな色合いや陰影があって、まだらになっている部分もあります……そしてゆっくりゆっくりと、指を伸ばしてみてください。できる限り後ろまで押し開いて、皮膚の色がどう変わるかに注目してください……では今度はゆっくりと緊張を解いて、皮膚の色が戻る様子に注目してください……同じことをもう一度やってみましょう。ゆっくりゆっくりと、皮膚の色が消えていく様子に注目してください……そして色が戻ってくる様子に注目してください……。
では今度は、手のひらの長いしわに注目してください……しわが合わさるとき、分かれていくとき、交差するときにできる形に気づいてください……そしてそれらのうちの一本に注目して、そこに何本もの小さなしわが流れ込んでいる様子、そして何本もの小さなしわがそこから分岐している様子に気づいてください……。
では今度は、一本の指の先に注意を移してみましょう……指先の渦の模様に注目してください……いつも見ている指先にある模様です……そして、その模様が指先で終わっているわけではないことに気づいてください……模様は指の下へと続いています……模様を下へとたどり、手のひらまで続いていくことに注目してください……。
では今度は、ゆっくりゆっくりと、小指を親指の方へ動かしてください……そして手のひらの肉がしわくちゃになる様子に注目してください……今度はゆっくり指を戻しましょう……そして手のひらの皮膚がいつもの形に戻るのに注目してください……。
では今度は、手を空手チョップの形にしてください……そして手のひらのほうの皮膚と甲のほうの皮膚の違いに注目してみてください……そして人差し指を見て、そこに２つの種類の皮膚が合わさる、いわば境界線があることに気づいてください……。
ではゆっくりゆっくりと、手のひらを下に向けてください……そして手の甲の皮膚に注目してください……そしてマインドが生み出す批判や評価判断に気づいてください……傷、しみ、そばかすがあったらそれに注目してください……そして皮膚にさまざまな色があることに注目してください……血管の上を通っている部分……関節の部分に注目してください……。

ではゆっくりゆっくりと、手を優しく丸めて、こぶしの形にしてください……そして皮膚の質感が変わる様子に注目してください……それについてマインドが何かコメントしたら、それに気づいてください……そしてこぶしに意識を集中していってください……ゆっくりとこぶしを回転させて、こぶしの曲線やくぼみに注目してください……。

では今度はこぶしを握りしめて、そのこぶしに何が起こるかに注目してみてください……色やデコボコ具合はどうでしょうか……そして今度は、ゆっくりゆっくりと手を開き、指をまっすぐに伸ばして、こぶしがすっかり消えていく様子に注目してください……。

では今度は、いずれかの指の爪に意識を向けてみてください……そして爪の質感に注目してください……さまざまな陰影に気づいてください……爪が皮膚の下へと消えていく部分に注目してください……その部分を封じている表皮に注目してください……そしてゆっくりゆっくりと、とっても優しく、指を上下にくねくねと動かしてみてください……そして指の下で腱が動いているのに気づいてください……ピストン棒のように上下に動いています……。

ではこれでちょうど５分少々が過ぎました。

クライエント：（驚いて）本当ですか？　今のが５分？

セラピスト：はい、５分です。時間が過ぎるのが遅かったですか？　退屈でつまらなかった？

クライエント：いいえ。とてもおもしろかったです。

自分の手に気づくエクササイズの振り返り

このエクササイズをした人のほぼ全員が、時間がとても早く過ぎること——まるで一瞬に感じられること——だけでなく、自分の手がとても興味深いことにも驚きます。そこで今度は、エクササイズの振り返りを行います。ここで役に立つ質問は、以下の４種類です。

1. 自分の手について、どんな新しい発見やおもしろい発見がありましたか？
2. 自分の手に対する見方が、良い意味で変わりましたか？
3. 自分の手に関するネガティブな評価に釣り上げられた場面はありましたか？　もしそうなら、それは自分の手に対する見方にどう影響しましたか？
4. このエクササイズは、○○さんの他者との関係とどう関連しているでしょうか？

多くのクライエントは質問１への答えとして、人差し指に境界線があることに初めて気づいた、指紋が指の下まで続いていることに初めて気づいた、手の色がころころ変化することに初めて気づいた、といった内容を報告してくれます。

質問２については、多くのクライエントが手に対するポジティブな変化を報告してくれます。「あるのが当たり前に思う」のとは対照的に、興味深いものと考えて、感謝やありがたさを感じることも多いようです。なかには、その複雑な構造への関心を口にする人もいるし、大事にしたい――保湿クリームを塗ってやりたい――気持ちになる人もいます。私はたいてい、「手とのつながりが深まった気がしますか？」と尋ねます。よくある回答は「はい」というものなので、そこで私はユーモアを込めてこう切り返します。「もう一方の手は嫉妬していたでしょうか？」

質問３に対する答えとして、ほとんどのクライエントはある時点でネガティブな評価――「太い手だ」「年寄りの手だ」「醜い」「気持ち悪くて変」――に釣られ、それが手とのつながりの希薄さや手に対する不満感につながったと報告します。

以上の質問はすべて、見事に質問４へとつながる道を敷いてくれます。質問４に対する答えとして、多くのクライエントは次のような洞察を伝えてくれます。

- 私たちはいかに簡単に、他者をそこにいて当たり前の存在と思い、関心を失ったり、注意を払わなくなったり、彼らが自分の人生に与えてくれているものに対する感謝の念を忘れたりするか
- いかに簡単に他者の評価判断に釣られるか、そしてそれがどう人間関係に悪影響を与えるか
- 偽りない好奇心をもって、本当の意味で他者に注意を向けると、大きくポジティブな変化が起こること、そしてつながる感覚が得られること

多くの場合、こうした気づきを人生一般に当てはめてみることが有用です。私たちは皆、いかに物事を当たり前に考え、感謝することを忘れてしまうのか、そして本当の意味で注意を払うと、人生がいかに今よりもずっとおもしろく充実したものになるか、ということです。

このエクササイズをホームワークへと変えるためには、次のように聞いてみましょう。「もし先ほど手に注目したのと同じように、大切な人たちに注意を向けたら、○○さんの身近な人間関係に何が起こると思いますか？　また、そうしてみたいと思いますか？」「今度退屈さ、ストレス、不安を感じたら、あるいは他の形で考えに囚われてしまったら、先ほど手を使ってやってみたように、何であれそのときしていることに本当の意味で意識を向けて関与してみようと思いますか？　そしてどうなるか注目してみようと思いますか？」。その後、いつ、どこで、誰とこれを試してみるか、具体的な話に移っていきましょう。

実践のためのヒント　好奇心はマインドフルネスの鍵となる性質である。だからその点を明確にしておくのは良いアイデアだ。そのために使えるメタファーには、「好奇心旺盛な子どもになったつもりで観察する」「好奇心旺盛な科学者のように観察する」「こんなもの今までに見たことがない、という気持ちで観察する」などがある。

感情に気づく

「今、ここ」に存在するということは、自分の感情、情動、感覚、衝動、欲求に気づくということでもあります――これはアクセプタンスへ向かう重要な最初の一歩です。痛みや不快感をアクセプトする方法を探るのはまだ何章か先になりますが、そこにたどり着くまでにこれだけ長い時間をかけているのは、痛みや不快感を受け入れるというのがほとんどの人にとってとても難しいことだからです。たいていは、まず「碇を下ろす」、脱フュージョン、価値、コミットされた行為を扱うほうがずっと簡単でしょう。

ですが、アクセプタンスのための下地作りはもっとずっと早い段階から、「X に気づいてください」という教示に基づく、柔軟な注意のための簡易な介入を通して行うことができます。私たちは毎回のセッションのなかで、何度も何度も何度も次のような質問ができます。「いま自分の身体に何が起きているかに気づいていますか？」「今どんなことを感じていますか？」「それはどこで感じていますか？」「それはどんな感じですか？」「その気持ちをどこで一番強く感じますか？」「その形と大きさはどうでしょう？」「それは○○さんの表面にありますか、それとも内側にありますか？」などです。このように、クライエントがオープンさと好奇心をもって自分の感情に気づけるよう、繰り返し促します。アクセプタンスに向けた、小さいけれども重要な一歩です。

もちろん、なかには自分の感情を意識することを嫌がるクライエントもいます。多くの場合それが示唆するのは、高レベルの体験の回避です。自分の感情を避けたがっているなら、もちろんそれに注目したいわけがないでしょう！　また、解離が原因で自分の感情に気づくことができないクライエントもいます。ですが、クライエントが情動に気づくことが**できる**なら、次のステップはそれに名前をつけることです。たとえば、「その気持ちは何ですか？」「その気持ちを何と呼ぶのがよさそうですか？」「この気持ちに混ざって、他の気持ちも隠れていそうですか？」と尋ねることもできるでしょう。もしクライエントが自分の情動に名前をつけることができなかったら――専門的には「失感情症（alexithymia）」と呼ばれるスキル障害です――そのやり方を教える必要があります。

焦点を狭める？　広げる？

柔軟な注意を養うことの別側面には、焦点を狭めたり広げたりすることがあります。たとえば心配して反すうしやすいクライエントには、焦点を狭めるよう勧めたいと思うかもしれません。つまり、クライエントが自分の価値に基づく活動に従事し、注意を主にその活動に向けられるよう促すということです。そうすればクライエントは、意識の周辺部分で思考を自由に行き来させておきながら、繰り返し注意を活動そのものに戻すことができるでしょう。対照的に、慢性痛が問題の場合、焦点を広げることを勧めたいと思うかもしれません。痛みを認識し、受け入れながらも、五感、周囲の環境、そしてそのとき行っている活動を包含するように意識を広げていきます。そうすれば、痛みはより広範な体験のうちのほんの一側面になっていきます。

セッションではしばしば、主に私的体験のある一側面――たとえば自身の思考や身体感覚――に集中するようクライエントに依頼します。そのときに重要なのは、クライエントが「単純にスキルを教えられているのだ」と認識できていることです。セッションを離れた日常生活を送る世界においては、苦しい思考や感情が出てきたときは、それを完全に支配的な意識（暗い舞台上でスポットライトに照らされて立つ演者）ではなく、単なる意識の一側面（ライトで煌々（こうこう）と照らされた舞台上の、大勢いる演者のうちの一人）として受け入れることができる、という発想をするのです。

クライエントを「今、ここ」につなぎ留める

体験の回避が顕著だったり、すぐに解離してしまったりするクライエント（例：トラウマ関連の問題を抱えるクライエントの多く）とセッションを行うときは、外的な世界に焦点を当てるエクササイズから始めるのが最善です。セラピストはクライエントに、自分を取り囲む世界で何が見えるか、何

が聞こえるか、何に触れられるかを――好奇心をもって、オープンになって――意識するよう依頼します。クライエントが無気力で非常に緩慢なときやすぐに解離してしまうときは、目を開け続けるよう促し、エクササイズを短く切り上げましょう。

もしクライエントがセッション中に「漂流」したら、セッションへ引き戻します。「どうやら私は○○さんを見失ってしまったようです。どこにいらっしゃいますか？」「間違っていたら申し訳ないのですが、今○○さんは完全に『今、ここ』にいらっしゃらないように感じています。少し遠くにいるような、何かに気を取られているような感じがします」「今、少し確認させていただいてもよろしいですか？　先ほどから床をじっと見つめていらっしゃることに気づきました。何かの物語に囚われてしまったのではと思うのですが、合っていますか？」。ひとたびクライエントが「今、ここ」に戻ってきたら、「マインドにどこに連れていかれていましたか？」「先ほど、マインドはどうやって○○さんを釣り上げたんですか？」というように聞けるでしょう。こうした機会を使って――思いやりと敬意をもって――マインドがいかに簡単に私たちをそのときの体験から引っ張り出してしまうかを説明することができます。

クライエントが過去や未来へと漂い続けてしまうとき――同じ物語を焼き直していたり、すでに何度も耳にした心配を繰り返したりしているとき――は、敬意に満ちた態度で起きていることを指摘し、それを中断させましょう。もしそこで腰を落ち着けて何も言わず、そのままにしておいたら、クライエントの役に立っているとは言えませんし、自分自身の役に立っているとも言えません。クライエントは今、無益に心配や記憶とフュージョンしており、「今、ここ」を逃してしまっています――その一方でセラピストは、退屈したりイライラしたりしており、クライエントが有益なスキルを身につけるのを助ける機会を逃してしまっているのです。以下は、「一時停止ボタンを押す」メタファー（第５章）を使った、クライエントの漂流を中断させる方法の一例です。

クライエント：あの女！　聞いてください。まだ信じられないんです。本当に信じられない——もう10年も身を粉にして働いてきたんです。朝も、昼も、夜も——その間あいつは、隣の家の野郎とやることやってたんですよ。そのうえ——そのうえ、家の権利の半分をよこせとぬかしやがったんです。

セラピスト：すみません、ここで一度、「一時停止ボタン」を押してもよろしいでしょうか？　話をさえぎって申し訳ありません。この件が○○さんにとってどれだけつらいことかすごく伝わってきますし、○○さんの立場にいたらどんな気持ちになるか、私には想像することしかできません。同時に、もうひとつ考えていることがあるのですが、今ここで起こっていることに○○さんは気づかれたでしょうか？　すでに何度か、この件をかなり詳細に話してくださいました。この話をもう一度繰り返すことは、何かの役に立ちそうでしょうか？　利益がありそうでしょうか？

クライエント：（長い沈黙の後に）なさそうです。ないです。

セラピスト：マインドがここで○○さんを何度も釣り上げていることに気づけますか？　過去へと、またあの痛みへと引き戻していることに気づけるでしょうか？　そこは○○さんが今、本当にいたいと思う場所でしょうか？

クライエント：いいえ。でも——考えずにはいられないんです。

セラピスト：当然のことだと思います。それほど○○さんにとってつらいことですから。無理やり楽しい顔を作って何も起こらなかったふりができる、というものではないと思います。

クライエント：そのとおりです。友人は乗り越えろと言いますが、自分でやってみろと言いたくなります。

セラピスト：ではこうするのはいかがでしょうか。考えをやめようとするのではなく、そこから自分をはずす練習をするというのは？

創造性

セッションで実践するエクササイズに関しては、ぜひ創造的であることをお勧めします。（ボディスキャン、呼吸、レーズンを食べるなどの）同じ古典的なマインドフルネス・エクササイズだけに凝り固まらないでください。そうした伝統的なエクササイズにも、もちろん活躍の場はあります。ですが、同様のスキルを教える方法は他にもたくさんあるのです。ですから遊び心にあふれて、想像力豊かでいるようにしましょう。既存の枠に囚われない考え方をしましょう。たとえば私のセッションでは、クライエントとマインドフルにハンドクリームを肌へ塗り込んだり、マインドフルに包装材のプチプチ（気泡緩衝材）をつぶしたり、マインドフルに本を（そのページをめくる音、紙の匂い、本のカバーやページのさまざまな質感などを）探求したり、部屋の外の芝刈り機の音や室内のエアコンの音をマインドフルに聴いたり、マインドフルに花の香りを嗅ぎ、その花びらを精査したり、マインドフルにお気に入りの音楽を聴き、いろいろな楽器の音をたどったり、一緒に建物の外へマインドフルな散歩に出かけたり、マインドフルにストレッチしたり――これでもまだまだ序の口です。

このように、自分だけのマインドフルネス実践法をいくつか発明してみましょう。何分か時間をとって、次の問いについて考えてください。（クライエントが持ち込むものも含め）あなたのセラピールームにあるもので、注目する対象「X」となりうるものは何でしょうか？

クライエントへのホームワーク

ホームワークとして、クライエントには「今、ここ」に存在する練習をしてもらいましょう。何らかの活動をマインドフルに行ってもらいましょう。たとえば、食器を洗う、子どもと遊ぶ、車を運転する、ガーデニングをする、ジムで運動する、シャワーを浴びる、仕事でプレゼンテーションをする、歯を磨くなどです。そのとき、クライエントの主たる問題に合わせて、関与する、味わう、集中する、のいずれか、あるいはその組み合わせを強調することができます。

それに加えて、マインドフルな呼吸やボディスキャンなどの、フォーマルなマインドフルネス瞑想の実践法を提案することもできます。さらに、チョイスポイントから「碇を下ろす」まで、これまでの章で紹介したあらゆるテクニックを活用できることも忘れないでください。最後にこれも重要なことですが、「関与する、味わう、集中する（Engaging, Savoring, and Focusing)」ワークシートのコピーをクライエントに渡すのもよいでしょう。このワークシートには、日常的な活動をマインドフルネス・トレーニングの機会へと変える豊富なアイデアが載っています（Extra Bits を参照のこと)。

Extra Bits（おまけ）

ACT Made Simple : The Extra Bits（http://www.actmindfully.com.au の「Free Stuff」ページからダウンロードできる）の第 17 章に、次のものを用意した。①マインドフルな呼吸、マインドフルなボディスキャン、マインドフルに水を飲むエクササイズのスクリプト、②「自分の手に気づく」エクササイズの音声をダウンロードできるリンク、③「関与する、味わう、集中する（Engaging, Savoring, and Focusing)」ワークシート、④「マインドフルなセラピスト（The Mindful Therapist)」に関する論考、⑤反すうや心配をして気分が落ち込んでいるクライエントにこれらの内容を適用する際のいくつかのヒント、そして⑥このプロセスを促進するための ACT Companion アプリの使い方。（英語）

スキルアップのために

よし、次に何が来るかはおわかりですね。おしゃべりは十分したので、実践の時間です。

- 実際にクライエントをガイドしているつもりで、すべてのエクササイズ、メタファー、その他の介入を声に出して読もう（あるいは少なくとも、頭の中で練習しよう)。
- 自分のクライエントのなかから２ケースを選んで振り返り、そのクライエントがいつどのように「今、この瞬間」との接触を失っているかを特定しよう。たとえば、心配しているとき、反すうしているとき、解離しているとき、ドラッグやアルコールで「朦朧(もうろう)としている」ときなど。

- 自分自身のことを振り返ってみよう。いつどんなときに切り離す、見逃す、仕損じるだろう？　セラピーのセッション中に、（誰もがときにはそうなるように）どのように「漂流」するだろう？　あなたのマインドは、どのように注意をクライエントから逸らすだろう？　どのくらい次にすることについて考えることや自分を評価判断することに囚われる——それによってクライエントとのつながりが断たれるだろう？
- 「関与する、味わう、集中する（Engaging, Savoring, and Focusing）」ワークシートに書いてある活動を実践して、どんなことが起こるかに注目してみよう。
- セッションでクライエントと一緒に実践できる、独創的なマインドフルネス実践法を考えてみよう。

第 17 章のまとめ

「今、この瞬間」との接触（柔軟な注意）は、すべての ACT セッションにおいて重要な役割を果たします。柔軟な注意を促進するための基本となる教示は「X に気づいてください」であり、X は「今、ここ」にあるものであれば何でもかまいません。これは脱フュージョンとアクセプタンスの両方における、最初の一歩です。つまり、自分が何とフュージョンしているのか、あるいは何を避けているのかに気づくということです。非柔軟な注意の主たる代償は、「切り離す、見逃す、仕損じる」であり、これを逆転するスキルは「関与する、味わう、集中する」です。クライエントがこの切り替えをできるようになる手助けは、非常に実り多いものです——ですからそれが生じたときには注目して、心から味わいましょう。

第18章

自分を優しく抱きしめる

セルフ・コンパッションの技術

人生は厳しいものです。私たちにとって不都合な真実は、十分長く生きていると、必ず膨大な量の苦痛を経験することになる、ということです。苦痛はその装いを変えて繰り返し私たちのもとを訪れます。ですがそれがどのような装いをしていても、決して変わらないことがあります。それは、苦痛は常に差し障るということです。そして、私たちの多くは苦痛にうまく対応することができません。ほとんどの場合、私たちのデフォルト設定は、①苦痛と戦うか避ける、②苦痛が自分を支配するか打ちのめすままにする、③苦痛を否定するか相手にしない、④自分を責め、評価判断を下し、批判する、というものです。一方、ほとんどの人が自然にとることのない反応は、自分の苦痛を穏やかに認識し、心からの優しさと思いやりをもって自分自身に接することです。このような反応の仕方を、**セルフ・コンパッション**（*self-compassion*）と呼びます。

さて、ACTでは、あなたにとっての価値がどんなものであるべきか、どんな価値が「正しく」「もっとも良いか」を教えることはありません。代わりに、あなたの奥底にある中核的な価値を明確化する手助けをします。同時に、ACTモデルの全側面に浸透している価値がひとつあります。それは、コンパッションです。コンパッションは、とても広大で、複雑かつ重層的な概念であり、（ちょうど「マインドフルネス」という概念がそうであるように）普遍的な合意を得た定義の存在しない言葉です。ですがもし物事をシンプルにしておきたいなら、それを6語で定義することが可能です。それは

「acknowledge pain and respond with kindness（苦痛を認識し、優しさをもって反応する）」です。

言い換えると、**コンパッション**とは、他者の苦痛や苦悩を認識し、心からの優しさと思いやりをもってそれに反応することです。そのような反応には、顕在的行動――苦痛に苦しんでいる人に対して能動的に親切であり、思いやりにあふれ、支持的であるような物理的な言動――も含まれますし、祈る、慈悲の瞑想（loving-kindness meditation）を行う、共感する、その人たちのことを優しく考えるといった潜在的行動も含まれます。そして**セルフ・コンパッション**とは、同じやり方で自分自身に反応することです（ですがご注意を。セルフ・コンパッションは、単に「自分に優しくする」以上の、それをはるかに超えたものです。多くの場合、とても難しいことです。それは、勇気にまつわる広大な行為なのです）。

私の経験では、かなりの数のクライエントが、少なくとも初めのうちは「セルフ・コンパッション」という言葉にネガティブな反応を示します。この言葉は、宗教、仏教、神秘主義といったニュアンスを想起させるのかもしれませんし、あるいは単に「非科学的」と思わせるのかもしれません。また、「フラワーパワー」[訳注1]「ニューエイジ」「大げさな感情表現（touchy feely）」「ヒッピーの戯言（たわごと）」といった話題と関連する、批判的な思考の引き金となるのかもしれません。あるいは、弱さや「女っぽさ」の表れと判断されるのかもしれません。このため、安全を優先して、私は多くの場合、クライエントがセルフ・コンパッションのやり方を身につけてしまうまでこの言葉を使いません。代わりに、「2人の友達（Two Friends）」のメタファーによってこの概念を導入します。

2人の友達のメタファー

セラピスト：○○さん［クライエント名］は今、とても困難な状況に直面していると想像してください。人生における本当の難局です。あらゆ

訳注1）1970年代のヒッピー世代のスローガン。平和、反体制、非暴力の象徴として花を用いた。

る問題や厄介事が降り注ぎ、うまくいかない可能性のあるものはほぼすべてうまくいっていません。言い換えると、人生は最悪の状態です。では、いま自分がそうした状況にあるとき、どんな友達にそばにいてもらいたいですか？

たとえば、次のように言う友達がいいですか？「ああ、もう黙って。愚痴や弱音を吐くのはやめて。その話は聞きたくない。いったい何の文句があるの？　世界にはもっと大変な思いをしている人たちがいるんだよ。ただ身体が大きいだけで、泣き虫の子どもみたい。ぐちゃぐちゃ言わずにどうにかすれば？」

それとも、このように言う友達がいいですか？「本当につらいよね。今の状況を考えたら、誰もが苦しい思いをすると思う。だから、君のためにここにいることをわかっててね。力になるよ。独りじゃないからね。一緒に乗り越えよう」

私の経験では、クライエントは常に１番目の友達ではなく２番目の友達を選択します。そこで、次のように言うことができるでしょう。「もちろんそうですよね。では考えていただきたいのですが、この問題を体験しているとき、○○さんは自分にとってどんな友達になっていますか？　１番目の人みたいでしょうか、それとも２番目の人みたいでしょうか？」

このシンプルなメタファーによって、セルフ・コンパッションという言葉そのものを使わずにセルフ・コンパッションのワークへとスムーズに移行することができます。この先どうするかについては、おそらくいろいろな方法が思い浮かんでいるでしょう。私がよく選ぶ道は次のようなものです。「ここで少し時間をとって、○○さんが苦しい思いをされているとき、自分に対してどんな言動をしがちかを考えてみてもいいでしょうか？　そして、そうした言動が『優しくて支持的な友達』と『厳しくて思いやりに欠ける友達』のどちらのカテゴリーに分類できそうか、考えてみましょう」

多くのクライエントは、「優しくて支持的な友達」のカテゴリーに分類できるものが何もないか、あってもごくわずかです。クライエントの言動はほぼすべて、「厳しくて思いやりに欠ける友達」に分類されます。時折、この点にまつわる混乱に出合うことがあります。たとえば、「苦痛から解放してくれるのだから、酔ったりハイになったりそれで前後不覚になったりするのは、自分への思いやりだ」と考えているクライエントがそうです。もしあなたのクライエントが同様のことを言ってきたら、実際にそうした行動が鎮痛剤として作用していることを承認したいところです——ですが、それは自分の身体にとって優しい接し方ではありません。本当に親切で思いやりのある友達であれば、クライエントの健康とウェルビーイングを損なわない方法で支えてくれるでしょう。

その後は、続けて次のように掘り下げることができます。「良い友達には何が備わっているでしょうか？　本当の友達とは、○○さんがつらい状況にあるときに、そのつらさを認めてくれて、その困難を乗り越えるのを支えてくれるような人でしょうか？」

通常はこの穏やかな問いかけからすぐに、支持、思いやり、優しさといった価値や、その他の「良き友」の資質へとたどり着きます。そうすれば次のステップは、クライエントがそうした価値を行動へ移すのを助けることです。つまり、必要なときに自身にとっての良き友となるのを助けることです。

セルフ・コンパッションの６つの基本要素

この話題に関する一流の研究者であるクリスティン・ネフ（Kristin Neff）は、セルフ・コンパッションを３つの主要な要素に分解しました。それは、マインドフルネス、優しさ、そして「共通の人間性（common humanity）」、つまり「私たちの苦しみは、人間として誰しもに共通するものである」という認識です（Neff, 2003）。私が初めてACTの観点からセルフ・コンパッションを位置づけようとしたときは、このネフによる３要素をしっかりと守りました。しかし月日を重ねるにつれて、３つから６つの要素へと拡大しました。それらは、セルフ・コンパッションの「基本要素（building blocks）」として捉えることができます。どのセッションにおいても、１つのブロックだけで遊んでもよいですし、いくつかの（さらにはすべての）ブロックを積み上げてもよいでしょう。従うべき決まった流れはありません。しかも、ブロックの組み合わせの可能性は膨大な数に上ります。

1. **傷つきを認識する** 時間をとって、私たちは傷ついているということを認識しましょう。苦しい思考や感情、そのきっかけとなる状況を意識して、名前をつけましょう。これは柔軟な注意の重要な一側面です。私たちはあまりにも頻繁に、即座に回避モードへと移ってしまいます――気を逸らしたり、感覚を麻痺させたり、あるいは他の不適応的なやり方で苦痛から逃げようとしたりしてしまいます。

2. **人間らしくいる（be human）** 自分の苦痛を、人間らしくいることの自然でノーマルな一部であると承認しましょう。つらい思考や感情は、弱さ、欠陥、精神病のサインではありません。それは、私たちは人間であり、私たちはあれこれ気にかける（we care）ことを思い出させてくれるものなのです。それは、血の通った心ある人間が、人生において困難に直面したときに感じることなのです。

3. **批評家の武装を解く** 失敗したとき、拒絶されたとき、間違いを犯したとき、容認されないような振る舞いをしてしまったとき、理想と現実にギャップがあるのは自分のせいだと思ったとき、マインドは自然な傾向として、私たちをボコボコに打ちのめします。マインドは、こん棒で私たちを殴りつけたり、すでに倒れている私たちを蹴っ飛ばしたりするのが好きなのです。おまえは弱すぎると言ってくるかもしれませんし、もっとうまく物事に対処しろとか、他にもっと大変な人がいるんだから文句なんか言える立場にないだろうと言ってくるかもしれません。しっかりしろ、落ち着け、と言ってくるかもしれません。もしかしたら、おまえは哀れだとか、起こったことはすべておまえの責任だとさえ言ってくるかもしれません。そんなときは、自分の脱フュージョン・スキルを取り出して、こうした厳しい自己批判から力を奪ってしまいましょう。

4. **自分を優しく抱きしめる**　セルフ・コンパッションの中核にあるのは、優しさという価値です。人生が苦しいとき、大きな苦痛を体験しているときは、他のどんなときよりも支援と優しさが必要です。ですから自分に優しく語りかけましょう。自分に対する支援と理解という、穏やかなメッセージを贈りましょう。そして心からの優しさをもって——困難な時を乗り越える助けとなるような思慮深い態度と行為をもって、自分の世話をしてあげましょう。同時に自分の健康とウェルビーイングも気にかけながら。

5. **苦痛のためのスペースを作る**　オープンになって苦痛を置いておくスペースを作る実践（第22章参照）は、それ自体が優しさの行動です。そうすることで解放された時間とエネルギーを、苦痛との無益な格闘ではなく、人生を豊かにするための追求に注げるようになります（これはまた、苦痛から逃げようとして行う多くの自己破滅的行為よりもずっと優しいものです）。

6. **他者の内に自分を見る**　目を開いて周囲を眺めてみると、どこに視線を向けようとも、そこには常に、自分と同じように、もがき苦しんでいる人たちがいることに気づくでしょう。もし彼らの苦痛を認識し、共感し、それは人間でいるということの一部なのだと気づき、人生は（どれだけ恵まれているかに関係なく）全員を傷つけるものなのだと理解したら、「共通の人間性」の感覚、言い換えるなら、私たちは苦痛のなかで独りぼっちではないという感覚、みんながより大きなものの一部なのだという感覚を養うことができます。

セルフ・コンパッションへ至るさまざまな道筋

セルフ・コンパッションはACTのあらゆる側面に浸透しているので、この本のほとんどの章で紹介したさまざまなツールやテクニックのなかに、6つの基本要素の１つかそれ以上が見つかるでしょう。そしてこの先、アクセプタンスに取り組む多種多様な方法を見るときには、その多くにセルフ・コンパッションが関わっていることに気づくはずです。セルフ・コンパッションを養うテクニックは多種多様ですが、すべてに共通しているのが、ある基本メッセージを自分自身へ伝えることです。それは「つらいよね。あなたを気にかけているよ。だから力になりたいんだ」というものです。この後は、私の一番好きなセルフ・コンパッションの実践である「優しい手（Kind Hand）」エクササイズを紹介して、それから自分でエクササイズを作るためのヒントをいくつか伝えたいと思います。

「優しい手」エクササイズ

以下のスクリプトは、自分でやってみるためのものです。ですからただ読むだけにしないでください。積極的に実践してみてください。

ここでちょっとした注意を。どんなエクササイズも、自分のクライエントに合うよう変更・修正しましょう。なかには両手を身体に添えたい人もいるかもしれません。片手は心臓のところ、もう一方はお腹のところ、という具合にです。身体を両腕でくるむようにして、自分を抱きしめるような形をとりたい人もいるかもしれません。またあるいは、自分の身体に触れたくない人もいるかもしれません——とくに、身体に関する厳しい自己批判とフュージョンしている場合や、自分に触れることがつらい感情（例：嫌悪感）や記憶（例：性的虐待に関するもの）のきっかけになる場合はそうでしょう。そのようなときは、両手を膝に置くか、身体の上に浮かせておき、温かく優しいエネルギーが手のひらから出ていて、それが自分の心臓に流れ込み、そこから苦痛を感じている部分や麻痺している部分を目指して身体全体に広がっていく様子を想像してもらいましょう。

＊＊＊

セラピスト：それでは、しっかりグラウンディングして注意を向けやすい、快適な姿勢をとってください。もし椅子に座っているなら、少しだけ前傾になり、背筋を伸ばし、肩を落とし、両足で優しく床を踏みしめてください。

では、あなたがいま苦しんでいる問題をひとつ思い浮かべてください。

少し時間をとって、その問題がどんな性質のものであるかを振り返ってみてください。何が起こったのかを思い出し、それがいま自分にどう影響しているか、そしてそれが自分の未来にどう影響しうるかを考えてみてください。

そうしながら、どんな厄介な考えや気持ちが出てくるかを意識してください。自分の好奇心を引き出し、身体のどの部分でその苦痛を感じるかを意識してください（頭の中でしょうか、首、肩、のど、胸、お腹、腕、脚でしょうか？）。好奇心旺盛な子どもが、今までに見たことのない、とてもおもしろいものを見つけたようなつもりで、それに注目してみてください。それは具体的にどこにありますか？　どんな感じですか？

ではどちらかの手を選んで、手のひらを上に向け、あなたがその手を優しいことに使ったときのことをしばらく思い出してみてください。もしかしたら、大切な人が苦しんでいるときに、その手を握ったかもしれません。背中をさすったかもしれません。支持的にハグをしたかもしれません。あるいはもしかしたら、泣いている赤ちゃんを抱っこしてあやしたかもしれません。他にも、困難な課題に取り組んでいる友達を助けるために、その手を使ったかもしれません。

では、まさに今、そのときと同じような気遣う気持ち、支持的な気持ち、そして優しさの感覚でその手を満たすことができるか、試してみてください。その手が温かく優しいエネルギーで満ちていく様子を想像してみてください。

では今度は、その手を、ゆっくり優しく、自分の身体の一番痛む部分に当ててください（一番痛みを感じるのは、胸の辺りでしょうか、頭、首、お腹でしょうか？）。どこでも、痛みが一番強い部分に手を添えてください。

（もし麻痺しているなら、麻痺の感覚が一番強い箇所に手を添えてください。痛みも麻痺も感じていなければ、心臓の上に優しく手を添

えてください）

手をそこに、軽く、そして優しく置いたままにしてください。手が肌に触れていること、あるいは衣服に触れていることを感じてください。そして、温かさが手のひらから身体に流れ込むのを感じてください。その温かさは、あらゆる方向に、上にも下にも広がっていきます。

もし痛み、凝り、緊張を感じる部分があったら、その温かく優しいエネルギーをそこに浸透させてください。そしてその不快感の周囲から身体が和らいでいく様子を想像してください。緩んで、柔らかくなり、十分なスペースができます。もし麻痺があれば、その周りから和らげて、緩めてみましょう。

（もし痛みも麻痺も感じていなければ、どのようにでも好きに想像してください。たとえば、魔法のような力で心が開かれていく様子を想像できるかもしれません）

自分の痛みや麻痺の感覚をとても優しく抱いてあげてください。泣いている赤ちゃんか、クンクン鳴く子犬か、あるいはとても壊れやすい貴重な芸術作品を扱っているつもりで、そっと抱いてあげてください。

この優しい振る舞いを、思いやりと温かさで満たしてください——あなたが大切に思っている人に手を差し伸べているようなつもりで。

その優しさを、自分の指から身体へと流し込んであげてください。

では今度は、両手を使って優しく振る舞ってみましょう。片手を胸に、もう一方の手をお腹に当ててください。どちらの手も、その場所にそっと置いておき、自分を優しく抱いてあげてください。

この暖かさと優しさに満ちたスペースで自分を休めながら、少し時間をとって、この痛み（あるいは麻痺の感覚）は人間であることの一部なのだと考えてみてください。それはあなたに何かの問題があることのサインではありません。あなたが血の通った思いやりのある人間であることのサインです。これは、人生がつらい状況にあるとき、血の通った思いやりのある人間が感じるものであり、私たちは傷つくのです（あるいは、心を閉じて麻痺させるのです）。これはあなたと地球上の他の人間全員に共通していることです。あなたという人間の一部であり、人間であるということ、心を持つということの一部なのです。

今の状態で好きなだけ時間をかけて、自分とのつながりを感じてください。自分を慈しみ、慰めと支持を伝えてあげてください。すぐに終わりにするのでも、長く続けるのでも、好きにしていただいてかまいません。5秒でも5分でも、時間は問題ではありません。この仕草をするときに大切なのは優しさという精神です。長さではありません。

＊＊＊

個人的には、このエクササイズが大好きです。自分に対してもよく使うし、ここ数年はクライエントのほぼ全員と遅かれ早かれ行っています（そしてもし私のワークショップに参加してもらえることがあれば、あなたともすることになるでしょう！）。一度自分に対してやってみることができたら（どうかこのステップを飛ばさないでくださいね）、再度通して読んで、6つの基本要素すべてがどのように組み込まれているかを意識してみてください。

もちろん、このエクササイズは誰にでも効果があるわけではありません。どんなツールもテクニックも万人に効くわけではないのです。もしあなたのクライエントが何らかの理由で優しさの感覚を引き出すことができなかったら、無感動な表情であなたの顔を見て、「ここで私は何かを感じるはずでしたか？」と聞いてくる可能性が高いでしょう。そうなったときに通常示唆されるのは、そのクライエントにとってセルフ・コンパッションは未知の概念である、ということです。そんなときは次項で紹介するような短くて穏やかな介入を通して、少しずつこの問題に取り組む必要があるでしょう。

自分流のセルフ・コンパッション・エクササイズを創る

セルフ・コンパッション・エクササイズは、すごく短くても大丈夫です。フォーマルで時間のかかる瞑想スタイルの介入を含む必要はありません。焦点は、6つの基本要素のどれかに当てることも、6つ全部に当てることもできます。以下の提案を参考にして、創造力を自由に働かせ、自分なりのセルフ・コンパッション介入を（1つでも複数でも）思いつくか試してみてください。

優しく痛みを認識する　言葉に優しさを込め、温かく気遣う調子の内なる声で、「これは本当につらい」「これは本当に苦しい」「すごく傷つく」「悲しんでいるのがわかる」「恥ずかしい感覚を抱いている」「今は苦しい時間だ」と認識しましょう。

これはおそらく、あらゆるセルフ・コンパッション・テクニックのなかでも、もっとも速くて簡単です。ここに工夫を加えましょう。評価判断を下さずに苦痛の存在を認識する表現であれば、どんなものでも使えます。そうして苦痛を認識することができたら、次のステップは自分への優しさを促す言葉を口にすることです。たとえば「自分に寛大でいよう」「自分に優しくあろう」「自分に優しく接しよう」といったフレーズでもよいですし、「優しく」「親切に」といった単語でもよいでしょう。

優しい仕草を加える　上記の介入には、簡単に優しい振る舞いを付け加えることができます。たとえば、①痛みや麻痺の感覚がある場所にそっと優しく手を当てる、②胸、お腹、額に落ち着かせるような感じで手を置く、③首、肩、こめかみなどの緊張を感じる場所をマッサージする、といったことが考えられます。

アクセプタンスを加える　あるいは、シンプルなアクセプタンスの所作も簡単に加えることができます。たとえば、苦痛の中と周囲に息を吹き込む、碇を下ろして意識を広げるために、（痛みから気を逸らそうとするのではなく）苦痛の他に何があるかを意識することなどが考えられます。

脱フュージョンを加える　同じように、「気づく」や「名前をつける」といったシンプルな脱フュージョンの所作も簡単に加えることができます。「またマインドが私をボコボコに叩きのめしている。でもそうだとしても、私は自分に優しくしよう」「おや、またおなじみの『不十分』物語だ」「私は『自分は負け犬である』という考えを持っている」などです。

優しいイメージを加える　セルフ・コンパッション・エクササイズには、優しいイメージを伴うものがたくさんあります。たとえば以下のようなものがあります。

- 温かい癒やしの光が身体の痛む部分に差し込み、痛みを和らげ治癒することを想像する
- 愛情と優しさを注いでくれる人（たとえば、友人、親戚、ガンジーやネルソン・マンデラのような歴史的人物、フィクションの登場人物、スピリチュアルな人物や宗教的な人物）が、コンパッションに満ちた言葉や仕草をもって自分に手を差し伸べている姿を想像する
- さまざまな形の「インナーチャイルド」のイメージ（Extra Bits を参照）

「共通の人間性」の感覚を加える　最後に、これも忘れてはならないのは、他者とのつながりの感覚を強めるようなシンプルな所作も簡単に加えられることです。「これは私だけではなく、他の人も同じ。誰もがときには傷つく」「こうなるのは私が人間だから。人はみんなヘマをするし、間違いを犯す／拒絶される／失敗する／がっかりすることもある」「人間でいると大変なときもある。地球上の大勢の人がときには同じように感じるんだ！」「こうなるのは私が人間だから。人生が苦しい状況にあるときは、誰でも痛みを感じるもの」

セルフ・コンパッションへのバリア

ACT モデルのどの側面においてもそうであるように、私たちはいずれセルフ・コンパッションに対するバリアに遭遇します。先に述べたように、そ

うしたバリアのひとつとしてよくあるものは、この言葉自体に対するネガティブな反応です。これに対応するのはとても簡単で、「セルフ・コンパッション」という言葉を避けて、「2人の友達」のメタファーを活用すればよいでしょう。

また別のバリアは、明確さの不足です。つまり、クライエントが「これはどう自分の役に立つんだろう？」と考えてしまう状態です。この問題への対応策はやはり、はっきりと率直にセルフ・コンパッションの目的と考えられる利益を伝えて、クライエントのセラピーのゴールと結びつける（リンクさせる）ことです。以下に例示するように、それにはチョイスポイントが非常に役に立ちます。

セラピスト：では、厳しくて思いやりのない友達として自分に接したとき……それは進（すすむ）ムーブでしょうか、逸（それる）ムーブでしょうか？

クライエント：逸（それる）ムーブです。でもついそうしてしまうんです。

セラピスト：そうですね、今の時点ではついそうなってしまうと思います。それは長年続けてきた、自動的な反応です。自分でも気づく前に、瞬間的にそうなってしまうのだと思います。思うに、おそらくそれを変えたいと思っているのではないでしょうか。違う反応の仕方を身につけたいですか？　もし、優しく思いやりのある友達として自分に接する方法を覚えるために少し一緒に取り組めるとしたら、それは役に立ちそうでしょうか？

クライエント：わかりません。どう役立つでしょう？

セラピスト：良い質問ですね。では○○さんの体験に照らして考えてみましょう。○○さんが私たちのセッションを通して達成したいと思っていることをいくつか振り返ると、XYZ（クライエントのセラピーにおける行動のゴールを挙げる）だったと思います。では、厳しく思いやりのない友達として自分に接しているとき、それは多くの場合、こうしたことを行う助けになっていますか？

クライエント：だいたい助けにはなっていません。

セラピスト：そうすると、もしかしたら別のアプローチを試してみることで――優しく思いやりのある友達として自分に接してみることで――そうしたことをしやすくなりそうでしょうか？

クライエント：うーん、はっきりとはわからないです。

セラピスト：正直に言うと、私も同じです。何度もお伝えしているとおり、ここで私たちがやっているのは実験なんです。私にも、何が起こるか確実なことはわかりません。もちろん、たくさんの科学的研究によって、自分に優しく接する方法を学ぶことが、多くの人に大きな恩恵をもたらすことがわかっている、とお伝えすることはできます。そうした人たちは以前より立ち直りやすくなり、ストレスへの対応がうまくなり、ウェルビーイングの感覚が強くなりました。ですが同時に……○○さんにも同じことが起こると保証することはできません。そうなればと思っています。そうなると信じています。ですが……常に実験です。マインドが、おまえにはできない、うまくいくわけない、と言い続けるかもしれませんが、それでもやってみようと思えそうでしょうか？

＊＊＊

ときにクライエントは、自分に厳しく当たることは良い動機づけの方法だと主張して、もし自分に優しくしたら、自己破滅的なパターンに陥るのではないかと心配します。これに対する有効な返答として使える古典的メタファーがあります。それは……

■ロバとニンジンと棒

セラピスト：（ユーモアを込めて、遊び心をもって）なるほど、つまり○○さんはペットのロバを飼っていらっしゃるということかなと思いました。毎週、そのロバが市場へ荷物を運んでくれるんですね？　ええ、実は私もそうなんです。そうすると、ロバを動機づける方法には2通りあります。ひとつは棒でロバを叩くことです。これは効果があります。どんなロバでも動くこと間違いなしです。そしてもうひとつは、ニンジンを使って動機づけるという選択肢です。荷物をしばらく運ぶと、ニンジンを１本もらえます。もう少し運んだら、また１本もらえます。この方法も、棒で叩くのと同じくらいうまくいきます。ですがしばらくするとどうでしょうか。棒で何度も叩いていたとしたら、相当に悲惨なロバになっているでしょう。一方で、ニンジンを使ってやる気を引き出していたら、夜目がよく利く[訳注 2)]幸せで健康なロバになっているでしょう。

もちろん人間はロバではありません。ですが私たちはよく、こん棒を使って自分のやる気を起こさせようとします。そしてこれが、○○さんがしていることではないでしょうか？　自分に厳しく、自分をボコボコに打ちのめす。確かに動機づけになりますよね。ですが、ときどき少し、青あざだらけでぼろぼろになったロバのような気持ちになりませんか？　でも良いニュースなのですが、ことモチベーションという話になると、人間にはニンジンよりもずっと効果的なものがあります。私たちには、「価値」と呼ばれるものがあるんです。

＊＊＊

おわかりのとおり、このメタファーは価値とコミットされた行為に関するワークへとスムーズにつながっていきます。他の主だったセルフ・コンパッションへのバリアは、フュージョンと回避のカテゴリーに分類されます。

1. フュージョン

セルフ・コンパッションを育もうとすることは、ときにフュージョンのきっかけになります。とくに自己嫌悪が深く染みついたクライエントの場合に当てはまります。これは多くの場合、厳しい自己評価や「私は無価値だ」「優しくされるに値しない」といったコメントが増えるという形で表面化します。

訳注 2）第二次大戦中のイギリスで、新型レーダーの存在をドイツに知られないように、「ニンジンを食べたパイロットの夜目が利くようになった」というニセ情報を流したというエピソード（真偽は不明）に基づく。日本ではニンジンではなくブルーベリーで同じ逸話が伝わっている。

2. 体験の回避

セルフ・コンパッションはよくつらい感情のきっかけとなります。とくに呼び起こされやすいのは、不安、悲しみ、罪悪感、そして恥です（また、強烈な自己嫌悪のあるクライエントの場合は、しばしば極端に高いレベルの恐怖と不安が引き出されます）。クライエントはそうしたつらい感情を避けたがることが多いので、そのためにセルフ・コンパッション自体を回避します。

こうしたバリアへの解毒剤は、少なくともセラピーの初期段階においては、たいていの場合、「碇を下ろす」と脱フュージョンです。もちろん、セラピーのもっと後の段階では、そうしたバリアへの対応として、必要に応じてどの ACT プロセスも使うことができます。

Extra Bits（おまけ）

ACT Made Simple : The Extra Bits（http://www.actmindfully.com.au）の第 18 章に、①追加のセルフ・コンパッション・エクササイズのスクリプト、②クライエントの一筋縄ではいかない反応への対応策、③ACT Companion アプリの活用法、④インナーチャイルドのイメージ、⑤許し（forgiveness）についての概観を掲載した。（英語）

スキルアップのために

コンパッションは非常に広範なトピックです。そのためもっと詳しく知りたい場合は、デニス・ターシュ、ベンジャミン・シェンドルフ、ローラ・R・シルバースタインによる『ACT 実践家のための「コンパッションの科学」』（*The ACT Practitioner's Guide to the Science Compassion* ; Tirch, Schoendorff, & Silberstein, 2014）を読むことを強くお勧めします。また、『自分自身にやさしくすれば悩みの出口が見えてくる』（*The Reality Slap* ; Harris, 2012）を読んでみるのもよいかもしれません。こちらは私が書いたセルフヘルプ本で、悲嘆と喪失に対するACTのアプローチを扱っており、セルフ・コンパッションに大きな焦点が置かれています。

また、以下のこともお勧めです。

- セルフ・コンパッションの6つの基本要素のいくつか、あるいはすべてを組み込んで、自分なりの短いセルフ・コンパッション・エクササイズを考えてみる。そしてそれを毎日実践する。
- 短い「セルフ・コンパッション休憩」をとる。(私たちの誰もがときに経験する)本当にストレスを感じたり動揺したりしてしまうセラピーセッションがあったときに、(電話をかける、記録を書く、次のクライエントに会うなどの)仕事に戻る前に2、3分使って、自分のエクササイズの短縮バージョンをやってみる。そしてエクササイズを行うたびにどんな変化が起こるかに注目する。

第18章のまとめ

コンパッションはACTのあらゆる側面に浸透しており、セルフ・コンパッションはセラピーの極めて重要な一部です。セルフ・コンパッションは6つの基本要素で構成されていると考えることができ、そしてクライエントがこの強力なスキルを養うのを助ける際には、そのうちのいくつに取り組むことも、どんな組み合わせで取り組むこともできます。セラピストとしての私たちの仕事は、しばしば困難で苦悶に満ちています。とくに、クライエントが私たちの最善の努力に反応しないとき——次のセッションでも行き詰まったままだったり、さらに悪化したりしたとき——はそうです。そのためクライエントがセルフ・コンパッションを養うのを助けるだけでなく、忘れずに自分自身に対してもセルフ・コンパッションを実践しましょう。

第19章

大切なことを知る

ACTの基盤

ACTモデル全体には、主たる目的がひとつあります。それは、専門的には「心理的柔軟性」として知られる、マインドフルで価値に導かれた行動をとる力を養うことです。この力を伸ばせば伸ばすほど、豊かで有意義な人生を送ることのできる可能性が高まります。そしてこの望ましい結果こそが、ACTで行うすべてを動機づけているのです。もし人生をより豊かに、充実させるのに役立たないのであれば、クライエントに、わざわざ苦痛を受け入れ、脱フュージョンを実践し、困難な状況に曝露してほしいとは思わないでしょう。では、実際のところ、価値とは何なのでしょう？

価値のまとめ

・**簡単に言うと…**　**価値**（*values*）とは、自分がこの瞬間、そして継続的に、どのように振る舞いたいかを描写する言葉である。言い換えると、価値とは心の奥底にある、どう振る舞いたいか——自分自身、他者、自分を取り巻く世界に対してどう接したいか——という願望である。

・**その目的は？**　自分の価値を明らかにして、それを顕在的行動と潜在的行動両方のための継続的なガイドとして使えるようになること。価値は、人生に意義や目的の感覚を与えることを行うためのインスピレーション（刺激、触発するもの）、モチベーション（動機づけ）、そしてガイダンス（指針）として使うことが可能である。

・**別の言い方をすると…**　選択した人生の方向性。自分が体現したいもの。自らに望む個人的資質。

・**その方法は？**　価値をゴールと区別する。クライエントが自分の価値とつながり、その明確化を助けることで、価値を使って継続的な行動を触発し、動機づけ、導けるようになってもらう。

・**使用するタイミングは？**　内なる指針を探しているとき。行動への動機づけが欠けているとき。ゴール設定と行動計画の指針として。アクセプタンスを促進するために。人生に豊かさ、充実感、そして意義を加えるために。

ACT プロトコルのなかには、初めに脱フュージョン、アクセプタンス、「今、ここ」、そして文脈としての自己を扱ってからでないと、明示的に価値に取り組まないものがあります。反対に、最初から価値の明確化に取り組むものもあります。どちらのアプローチにも良し悪しがあります。一方で、価値にまつわるワークは、しばしばフュージョンと回避のきっかけとなります。ですからクライエントによっては、まず脱フュージョンとアクセプタンスのスキルを身につけてからでないと、どんな深さであれ価値の掘り下げを行うことができないか、掘り下げる気になれないでしょう。他方、まずは自分の価値に触れてみないことには、セラピーという骨の折れる作業に取り組むモチベーションを持てないクライエントもいます。

前者のアプローチの感覚をつかむには、私が書いたセルフヘルプ本、『幸福になりたいなら幸福になろうとしてはいけない』（*The Happiness Trap*; Harris, 2007）を読むのもよいかもしれません。同書では、まずは創造的絶望、その後マインドフルネス・スキル、そして価値と行動という順序の、より伝統的なルートに沿って、ステップごとに読者を案内しています。後者のアプローチの感覚をつかむには、人間関係の問題について私が記したセルフヘルプ本、『相手は変えられない ならば自分が変わればいい』（*ACT with Love*; Harris, 2009b）を読むとよいでしょう。

本章では、価値にたどり着き、価値に取り組む道筋をいくつか探索していきますが、読み進めるうちに、あなたのマインドはクライエントが見せるかもしれないネガティブな反応をいろいろと想像するでしょう。実のところ、想像できるようなことはすべて、本当にうまくいかない可能性があります……遅かれ早かれ、おそらく実際に起こります！　だから次の章「もし何も大切でなかったら？」では、よく見られる価値に取り組む際のバリアと、その克服法を取り上げます。

価値の重要な３つの側面

私がクライエントに価値について説明するときは、次のように伝えます。「価値とは、私たちの心の奥底にある、どのように振る舞いたいかという願望です。そして、自分自身、他者、自分を取り巻く世界に対してどう接したいかという願望です。価値は、人生において何を体現したいか、どのように行動したいか、どんな人間になりたいか、どんな強みや資質を身につけたいかを言い表したものです」。私たちはよく、価値を「内なるコンパス」と表現します。価値は私たちに指針を与え、方向性を見出すのを助け、道を外れないよう助け、道から逸れてしまったときに再び道を見つけるのを助けてくれます。

ACT の本を何冊か読んでみると、多種多様な価値の定義に遭遇するでしょう――そしてより専門的な定義のなかには、とても複雑なものもあります。私が一番ユーザーフレンドリーだと思う定義は次のものです。価値とは、「継続的な行動に自分が望む包括的な質である（desired global qualities of ongoing action）」（Hayes, Bond, Barnes-Holmes, & Austin, 2006, p.16）。ではこの定義を３つの要素に分解してみましょう。

1. **継続的な行動**　価値は「継続的な行動」、つまり、自分が継続的にどのように——顕在的または潜在的に——振る舞いたいかということに関係します。たとえば、愛する人たちとの関係において、どのように振る舞いたいでしょう？　もしその答えが、愛情深く、思いやり深くとか、公平で正直にとか、オープンで誠実にとか、マインドフルでコンパッションに満ちたように、といったものだったら、私たちはそこで、そうした求める質があなたの価値である、と言うでしょう。そしておそらく、あなたは継続的にそうした質を伴う振る舞いをしたいと思うでしょう。明日、来週、あるいは来月、突然そのように行動するのをやめたくなるということはないはずです。

2. **包括的な質**　価値は継続的行動の「包括的な質」に関係します。説明のために、たとえばあなたは野球がしたいとしましょう。するともちろん、野球をプレーするのはあなたが継続的にできることです——つまり、継続的な行動ですが、行動の「質」ではありません。この点をはっきりさせるために、野球をするという継続的な行動に考えられる4つの質を挙げてみましょう。野球を上手にプレーする、熱心にプレーする、情熱を込めてプレーする、うわの空でプレーする。では、包括的な質というのは何を意味するのでしょう？　ここで言いたいのは、多くの異なる行動パターンを統合する質、ということです。たとえば、あなたの価値がチームの他の選手に対して「支持的であること」だったとすると、あなたがとることのできる支持的な質を伴う行動は多種多様です。あるいは「公平であること」が価値だったら、あなたのとれる公平さという質を伴う行動はやはり多様なものになります。

　野球にまつわる価値にたどり着くためには、次のような質問ができるでしょう。「どのように野球をプレーしたいですか？」「試合中、どんな個人的資質や強みを示したいですか？　あるいは実践したいですか？」「自分のチームも相手チームも含めた他の選手との関係において、どのように振る舞いたいですか？」。これらの質問によって、集中する、競争意識を持つ、一生懸命やる、敬意を払う、チームメイトと協力する、フェアでいる、「ベストを尽くす」、自分に挑戦するといった価値が明らかになるかもしれません。

ここで注目してほしいのは、こうした行動の質はどんなときでも手の届くところにある（available）点です。たとえ下半身不随になり、もう二度と野球ができなくなったとしてもなお、集中し、競争意識を持ち、敬意を払い、協力的で、フェアでいることができます。何であれそのときしていることに一生懸命になり、「ベストを尽くす」ことはできます。自分に挑戦するような行動をとることができます。

3. **自分が望む**　価値とは自らによって「望まれる」ものです。あなたがどのように振る舞いたいと思うか、どのように行動することを望むかという声明です。価値は、あなたが何をすべきか、何をしなければならないかにまつわるものでも、何がなすべき「正しいこと」かという問題でもないのです（多くのACTのテキストでは、「自分が望む」という表現の代わりに「自分が選ぶ」という表現を目にするでしょう。それは、こうした質をただ自分の行動に望むだけでなく、その意識的な運用を選択することも強調するためです）。

価値 vs. ゴール

ほとんどのクライエントは、ゴールと価値についての区別がはっきりついていません。だから、ほとんどの場合、両者の違いについての簡単な心理教育を行う必要があります。まず説明すべきは、ゴールとは将来の目標とするもの、つまり、手に入れたいもの、身につけたいこと、達成したいことです。対照的に、価値とは、今、この瞬間、そして残りの人生を通して継続的に、どう振る舞いたいかです。また、ゴール達成に向かう道のりの一歩ごとに——実際に達成できるかどうかに関係なく——どのように振る舞いたいかということなのです。

クライエントにこの区別を理解してもらうには、いくつか例を挙げるのが効果的です。私のお気に入りのひとつは、「結婚する」対「愛情深くある」(Hayes et al., 1999) です。愛情深く、思いやり深くありたいと思うなら、それは価値です——継続的で、終わりがありませんし、残りの人生を通じてそのように振る舞いたいと思うでしょう。そしてどんな瞬間にも選択の余地があります。その価値に基づいて行動することもできますし、それをなおざりにすることもできます。ですが結婚したいと思ったら、それはゴールです。(可能性としては) 完了し、達成され、「リストから消す」ことのできるものです。そして結婚というゴールは、愛情深く、思いやり深くあるという価値を完全に無視したとしても達成することが可能です(もちろん、その結婚は長続きしないでしょう)。

価値は常に手の届くところにあります。私たちはどんなときでも、価値に基づいて行動することもできますし、それをなおざりにすることもできます。それを選ぶのは私たち自身です。ゴールに関してはそうではありません。追い求めるゴールをいつか達成できる保証はありません。もちろん成功確率を上げるような行動をとることはできますが、その成果は保証できません。たとえば、もし結婚したいと思っていても、そうなることを100%保証することはできません。ですがどんなときでも、愛情深く、思いやり深くあるという価値に基づいて行動することはできるのです。これはたとえパートナーがいなくても可能です。私たちは自分自身、友人、近所の人、家族、環境、ペットのカンガルーなどに対して、愛情深く、思いやり深くあることができるのです。

私がよく使うもうひとつの例は次のようなものです。良い仕事に就きたいと思っていたら、それはゴールです。一度手に入れれば「ミッション達成」です。ですが、人の役に立つことができて、頼りがいがあって、正直でいたいと思っていたら、それらは継続的な行動に自分が望む質であり、すべてが価値なのです。そしてどんな瞬間にも、そうした価値に沿って行動することができます——たとえ最悪の仕事に就いていたり、仕事に就いていなかったりしたとしても。

価値に関する６つのキーポイント

価値については、セラピーで引き出すべき重要なポイントが少なくとも6つあります。

1. 価値は「今、ここ」にある。ゴールは未来にある
2. 価値は決して正当化される必要がない
3. 価値にはたいてい優先順位をつける必要がある
4. 価値は軽く握っておくのが最善である
5. 価値は自由に選ばれる
6. 価値には自分と他者が含まれる

では各項目をさっと見ていきましょう。

価値は「今、ここ」にある。ゴールは未来にある

どんな瞬間においても、価値に基づいて行動することを選ぶこともできれば、価値をなおざりにすることを選ぶこともできます。もしある中核的な価値を何年も、あるいは何十年も完全に無視してきたとしても、今、この瞬間その価値に基づいて行動することは可能です。対照的に、ゴールは常に未来にあります。ゴールとは、目標とするもの、追い求めるもの、それに向かって努力するものです。そして達成できた瞬間、それはもはやゴールではなくなるのです。

そのため、強くゴールに重点化した生活を送っている人は、それが慢性的な欠乏感やフラストレーションにつながっていると感じることが多いようです。なぜか？　それは、ゴールの達成が持続的な幸福や充足感をもたらしてくれるという幻想のもと、常に未来を向き、次のゴール達成に向かって努力し続けているからです。価値に重点化した生活でも、やはりゴールはありますが、強調されるのはその瞬間その瞬間を価値に基づいて生きることです。

このアプローチでは、価値は常に手の届くところにあるため、充実感や満足感につながります。「車の中の２人の子ども」メタファー（Harris, 2007）はこの点をうまく伝えてくれます（このメタファーの素敵なアニメーションがYouTubeにあります〔英語〕――「Russ Harris Values Goals」で検索してみてください）。

「車の中の２人の子ども」メタファー

セラピスト：車の後部座席に２人の子どもが座っている場面を想像してください。２人はお母さんの運転でディズニーランドに向かっていて、到着までに３時間かかります。さて、１番目の子どもは完全にゴール重視です。その子は５分ごとに、「まだ着かないの？　まだ着かないの？　まだ着かないの？」と聞いています。これではストレスが溜まるだけの旅路です（そしてお母さんにとっても、ものすごくうっとうしいものになるでしょう）。さて、２番目の子にも同じゴール（ディズニーランドに行くこと）があります。ですがこちらの子は、遊び心、好奇心、探索する、楽しむといった価値とつながってもいます。だから窓の外を見て、他の車に手を振り、農場の動物に目を留め、ラジオに合わせて歌い、「アイ・スパイ（I spy）」ゲーム[訳注1)]で遊んでいます。ですから、この子の旅路はとても充実しています。

どちらの子もディズニーランドには同時に到着し、どちらの子もそこで楽しい時間を過ごします。２人とも大きなゴールを達成できたので、良い気分です。ですが２番目の子にとってはさらに、旅自体も満足のいくものでした。なぜでしょう？　それはこの子がただゴール重視だったわけではないからです。つまり自分の価値を生きてもいたの

訳注1）いわゆる「あてっこゲーム」。スパイ役が身のまわりにある物を1つ選ぶ（例："apple"を選ぶ）。その際、選んだ物自体は言わず、その物の英単語の頭のアルファベット（この例では"A"）を使って、「I spy with my little eye something beginning with letter "A［アルファベット］"！（"A"で始まるもの、みーっけ！）」と言う。スパイ役以外の参加者は、スパイ役が選んだもの（この例では"A"で始まる言葉）を当てていくというゲーム。

です。そして帰り道、1番目の子は「まだ着かないの？　まだ着かないの？　まだ着かないの？」となっています。一方で2番目の子は、ドライブを楽しんでいます。窓の外を見て、夜は全部がまったく違った見え方をしていることを楽しんでいます。

価値は決して正当化される必要がない

価値は好きなアイスクリームの味にちょっと似ています。イチゴ味が好きでも、チョコレート味が好きでも、メープルシロップ味が好きでも、その理由を正当化する必要はありません（実際、理由を正当化しようとしてみても、それがほぼ不可能なことがわかるでしょう。自分の味蕾（みらい）がその特定の味にそれだけ好意的に反応する理由がわかる人なんているでしょうか？）。同じように、自分の価値も正当化する必要は決してありません。価値とは単に、自分がどのように振る舞いたいかという表明なのです。ただ、自分の行動を正当化する必要はあるかもしれません。たとえば、価値が自然とのつながりだったら、それを正当化する必要はありません。ですが、家族を連れて市街から郊外へ引っ越したいと思ったら、そうするためにはいろいろと説明をする必要があるでしょう。

価値にはたいてい優先順位をつける必要がある

私はクライエントに、価値というのは地球儀上の大陸のようなものだと説明します。地球儀をどれだけ速く回しても、すべての大陸を一度に見ることはできません。いくつかは常に裏側に回り、それ以外が手前に来ます。ですから一日を通して、価値の位置づけは変化します。自分の役割を変えて異なる状況へと移るのに合わせて、ある価値が手前に来て、他の価値は裏へと遠のくのです。

これはつまり、ある特定の状況でどの価値に基づいて行動するか、往々にして優先順位をつける必要があるということです。たとえば、両親に対しては愛情深く、思いやり深くあることを大事にしたいかもしれませんが、両親がいつも敵対的で虐待的であったら、接触を完全に絶つこともあるでしょう。それは、自己防衛や自己養育に関する価値が優先されるからです。ですが、愛情深く、思いやり深くあるという価値が消えてしまったわけではありません。この特定の人間関係においてはそれを「地球儀の裏側」に動かしただけです。ですから別の人間関係、たとえばパートナーや子どもや良き友との関係においては、愛情深く、思いやり深くあることは「地球儀の前面」に留まり続けるのです。

価値は軽く握っておくのが最善である

ACTでは、「自分の価値は積極的に追い求めよう。でも軽く握っていよう」という言い方をします。自分の価値を意識し、それを指針として使いたいのですが、価値とフュージョンしたいわけではありません。もし価値とフュージョンしたら、どうしても従わなくてはならない命令であるかのように、息苦しく窮屈に感じられてしまいます。言い換えると、価値は変わってしまうのです。厳格なルール――「すべき」「しなければならない」「絶対」「必ず」「義務」「これが正しい」「それは間違っている」「完璧にできないならやるな！」――になってしまいます。コンパスのメタファーを使うなら、旅に出たときは、道のりの一歩ごとにコンパスを握りしめていたくはないでしょう――リュックサックに入れておいて、方角を確かめたいときだけ取り出したら、その後はまたしまっておきたいはずです。

価値は自由に選ばれる

私たちは、こうした望ましい質を行動に持ち込むことを意識的に選択します。そのように行動しなければならないわけではありません。単純にそれが自分にとって大切だから、そうすることを選ぶのです。

価値には自分と他者が含まれる

たとえばクライエントが、公平さ、正直さ、優しさ、愛情深くあることといった価値を特定したとしましょう。セラピストとしては、クライエントが自分自身との関係においても他者との関係においても、そうした価値に基づいてどのように行動できるかを探りたいところです。言い換えると、クライエントが自分自身に対して公平で、正直で、優しく、愛情深くあるために何ができるか、そして他者に対して公平で、正直で、優しく、愛情深くあるために何ができるかを知りたいのです。

人生に価値をもたらす

価値についての効果的な対話には、オープンさ、活力、自由の感覚が伴います。クライエントが真に自身の価値とつながったときには、解放感と開放感がもたらされます。クライエントは、たとえ絶望的な状況であっても、自分には人生を開け放ち、有意義な方向へ進むという選択肢があることを理解するのです。

そうした対話の間は、クライエントは十分に「今、ここ」に存在するでしょう――あなたにしっかり意識を向けて関与し、あなたと共有し、あなたを招き入れてくれるでしょう。あなたはきっと、目の前でクライエントが「生き生きする」のを目にするはずです。そのセッションは活気に満ち、気持ちを惹きつけられ、充実感があることでしょう――そして多くの場合、強い情動が湧き出てきて、喜びや愛から悲しみや恐怖まで、ありとあらゆるものを体験するでしょう。また、同胞たる人間の心の奥底を垣間見て、その内に存在する苦痛と愛の証人となるなかで、しばしば深遠なつながりの感覚を体験するでしょう。

実践のためのヒント　クライエントのなかには「価値（values）」という言葉が好きでない人もいるため、必ず代わりに使える言葉を準備しておこう。たとえば、自分らしくあること、自分を偽らないこと、自分の生き方をすること、ありたい自分らしく振る舞うこと、心の奥底にある、どのように振る舞いたいかという願望、行動の指針としたい／生きる指針としたい／発揮したい個人的資質や強み、他者にモデルとして示したい／見せたい／行動で示したい／他者の内に呼び起こしたい／後押ししたい資質など。

価値をどのように明確にし、つながるか

このセクションでは、価値を明らかにするために使えるお気に入りのテクニックのなかから、ほんのいくつかを紹介します（Extra Bitsにもっと載せておきます）。ですが覚えておいてほしいのは、こうしたテクニックはあくまで目的を達成する手段にすぎないことです。その目的とは、自身の人間性に触れ、本当はどんな人間になりたいかを知るのを助けることで、クライエントが意義と目的の感覚をもって人生を生きられるようになってもらうことです。こうしたテクニックは会話形式で行うことも、フォーマルな体験的エクササイズにすることもできます。後者のアプローチをとる際は、まず短いマインドフルネス・エクササイズ（例：2、3分の「碇を下ろす」）から始めて、その後クライエントに目を閉じてもらい、質問したことについて静かに考えるよう、あるいはそのシーンを思い浮かべるよう促すのがよいかもしれません。以下に私がよく使うエクササイズを3つ載せます。

今から10年後に振り返ったら

今、10年後の未来にいると想像してください。そして今日この時点の人生を振り返っています。そのイメージのまま、次の3つの文を完成させてください。

私は～について心配することに時間を使いすぎた。

私は～といったことをするのに十分な時間を割かなかった。
もし過去に戻れるなら、あのときとは違って、～というようにしたい。

誤って行われた自分の葬儀のビデオ

今、映画『キャスト・アウェイ』[訳注2)]でトム・ハンクスが演じたキャラクターのような状況にあると想像してください。乗っていた飛行機が海に墜落し、幸いまったく怪我はありませんでしたが、流されて大海の真っただ中にある無人島へ漂着します。一方○○さん［クライエント名］の家では、誰もが○○さんは死んだものと思い、お葬式を執り行います。その数週間後、○○さんは救出され、家に戻り、感動の再会を果たします。そして後日、その葬儀のビデオを見ることになります。葬儀が進むと、○○さんにとって大切な誰か（ご両親か、パートナーか、お子さんか、親友の方でしょうか）が葬儀場の最前列に用意されたマイクに向かいます……そして語り始めます……○○さんについてです。では、次のことについて、その人がどのように語ってくれたら嬉しいですか？

○○さんがどんな人だったか
○○さんのもっとも素晴らしい長所や資質は何だったか
○○さんは周囲の人たちにどのように接していたか

今から１年後

今から１年後に、今日このとき直面している困難を振り返っていると想像してください。○○さんは考えられる最善の方法でその状況に対応し、心の奥底でこうありたいと思っている人間らしい振る舞いをしています。その視点から、次の質問の答えを考えてみてください。

訳注2）2000年製作（米国）のサバイバルドラマ映画。トム・ハンクス演じる主人公が乗っていた飛行機が墜落し、無人島にたどり着いてから帰還するまでを描いた作品。

　この困難な状況で、どんな資質や強み（勇気、優しさ、コンパッション、忍耐、誠実さ、気遣い、支持的であること、品位、愛情、コミットメントなど）に沿って生きようとしたでしょうか？　どんな資質や強みに沿って行動したでしょうか？

　この状況に対応するなかで、自分自身に対してどう接したでしょうか？

　大切に思う人たちに対してどう接したでしょうか？

価値に取り組む

　このセクションでは、価値を明確化するのに役立つ介入、記入表、ワークシート、質問を紹介します。まずは私が次のように呼ぶものから見ていきましょう……

価値バイキング

　価値を明確化する方法は無数にあり、次ページの図にはそのうちのいくつか（すべてには程遠いですが）が載っています。ほとんどは本書内で扱っており、残りについてはExtra Bitsで読むことができます。

　なかには自分の価値をすぐに特定して語ることのできるクライエントもいますが、大半のクライエントについて言えば、価値が明らかになるまでにそれなりのワークを必要とします。以下に載せるやりとりがその一例です。クライエントはシングルマザーの中年女性で、息子の行動への対応に苦慮していました。息子は23歳で、ヘロイン依存があり、数日おきに家に帰ってきてはお金をせがんでいました。息子に言われたとおりにお金を渡さないと、息子は攻撃的になりました。息子は罵(ののし)るように叫んだり怒鳴ったりし、子ども時代をめちゃくちゃにしたと母親（クライエント）を責め、いかに冷たく、自分のことなど気にしないかを訴え、自分のことを本当は愛していないと主張するのです。すでに2年以上これが繰り返されていました。クライエントは常に息子のことを心配し、息子が家から去ると絶望感、罪悪感、良心の呵責に苛(さいな)まれていました。クライエントは、息子にお金を渡すのは「依存

価値の明確化

スピーチ

自分の80歳の誕生日パーティー（あるいは成人記念、還暦記念、退職記念パーティーなど）を想像してください。そこであなたを知る人が2、3人、あなたの生き方や信念、その人にとってあなたはどんな存在であるか、その人たちの人生においてあなたがどんな役割を果たしているかを語ります。こうありたいと思う自分として生きてきた「理想の」世界では、その人たちのスピーチはどんな内容になるでしょうか？

生と死

A. 自分のお葬式を想像してください。列席している人に、自分のことをどのように話していてもらいたいですか？
B. 自分のお葬式の様子を、心理劇形式で演じてください。
C. 自分の死亡記事、あるいは墓碑銘を書いてください。
D. あなたはなぜか、自分があと24時間しか生きられないことを知ってしまったとします。それを誰かに伝えることはできません。誰に会って、何をしますか？

財産

あなたは遺産を相続しました。それを使って何をしますか？　その活動を誰と共有しますか？　買ったものを誰と楽しみますか？　あなたの新しい生活を共にする人たちにどう接しますか？

マインド読み取り装置

あなたの頭にマインド読み取り装置をつけたとします。そして、あなたにとってとても大切な人たちのマインドを読み取れるよう設定して、その人たちの考えすべてがわかるようになります。さて、設定が終わると、その人たちはちょうど、まさにあなたのこと――あなたがどんな人であるか、どんな強みがあるか、その人たちにとってどんな存在か、その人たちの人生においてどんな役割を果たしているか――を考えています。あなたがこうありたいと思う自分として生きている「理想の」世界では、どんな考えが聞こえてくるでしょうか？

何が大切？

あなたが本当に欲しいものは何ですか？　大局的に考えたとき、本当に重要なものは何ですか？　何を大切にしたいですか？　今、人生のなかで、生きる意味、目的、活力を与えるものはありますか？

つながりと振り返り

あなたが大切な人と十分につながっていたときのことを思い出してください。その思い出のなかで、あなたはどのように行動していますか？

賛同できないこと

他者の行動で、あなたが賛成できないこと、好きになれないことは何ですか？　あなたがその人の立場だったら、どんな違った行動をとりますか？

チャンスを見逃す

ウィリングネス不足のために諦めたりチャンスを見逃したりしたことがある、人生の重要な領域はどこですか？

苦痛を掘り下げる

A. 協力者としての苦痛：この苦痛は、あなたにとって本当に意味のあるもの、本当に大切にしたいものについて、何を教えてくれますか？

B. 先生としての苦痛：この苦痛は、あなたが成長する、学ぶ、新しいスキルや強みを養うのをどう助けてくれるでしょうか？　他者とより良い関係を築くのをどのように助けてくれますか？

C. 「心配する」から「大切に思う」へ：あなたが抱く恐れ、心配、不安は、自分にとって何が大切なのだと教えてくれますか？　それらは何が大切だと思い出させてくれますか？

人間的強み

あなたがすでに持っている個人的強みや資質は何ですか？　新たにどんな強みや資質を身につけたいですか？　それをどう生かしたいですか？

もし～ならば、そのときは…

もしそのゴールを達成できたら、その結果あなたはどう変わりますか？　それ以降、今とはどう行動が変わりますか？　友人、家族、同僚、顧客、他者に対する振る舞いはどう変わりますか？

魔法の杖

A. 私が魔法の杖を振ると、地球上の全人類があなたに賛同するようになるとします——あなたが何をしようと、皆があなたを愛し、尊敬し、称賛します——あなたが外科医だろうと連続殺人犯だろうと変わりません。もしそうなったら、あなたは自分の人生をどのように生きたいですか？　周りの人にどう接しますか？

B. 私が魔法の杖を振ると、あらゆるつらい考え、気持ち、思い出はあなたに何の影響も与えなくなります。そうなったら、あなたは自分の人生をどのように生きたいですか？　どんなことを始め、どんなことをやめますか？　どんな行動を増やし、どんな行動を減らしますか？　振る舞い方はどう変わるでしょうか？　自分の様子を映したビデオを見たら、どんな言動から魔法にかかったことがわかるでしょうか？

記入表とワークシート

価値に基づく生き方質問票
価値の的
人生のコンパス
価値に基づく行動目録
一般的な価値チェックリスト

子どもの頃の夢

子どものとき、自分は将来どんな人生を生きていると想像していましたか？

芸術的手法

あなたの価値を絵や彫刻で表現してください。

好きなこと

あなたは何をするのが好きですか？

理想とする人

あなたが尊敬する人は誰ですか？　誰から刺激を受けますか？　その人たちのどんな人間的強みや資質に憧れますか？

一般的な価値テクニックのまとめ

を助長するだけ」だから「間違い」だとわかっているが、「断るのはあまりに難しい」と感じていました。

クライエント：あの、正直に言うと、ときどき考えてしまうんです。息子がいっそ……死んでくれたらと。（わっと泣き出す）

セラピスト：（間を置く）今、○○さんが大きな苦しみのなかにいらっしゃることが伝わってきます……ここで少しの間、「一時停止ボタン」を押してもよろしいでしょうか……そして何が起こっているかをよく観察してみていただきたいんです……○○さんの中の気づく部分を使って、一歩下がって距離をとり、いま起こっていることに注目してもらえるでしょうか……今どのように椅子に座っているか、どんな姿勢でいるかを意識してください……そして自分の内側にどんな気持ちが浮かんでくるかに注目してください……その気持ちが身体のどこに浮かんでくるでしょう……また、頭の中でぐるぐるしている思考にも気づいてください。（間を置く）今、マインドは何と言っていますか？

クライエント：（涙をぬぐいながら）私はモンスターだって。だって、私はひどい母親ですよね？　こんなことを考えてしまうなんて。

セラピスト：なるほど、マインドは、○○さんはある種のモンスターだと言っているんですね。息子さんが死ねば人生が楽になるだろう、という考えを抱いたからだと。

クライエント：ええ、だって自分の息子ですよ！　私の息子なんです！　なんでこんなひどいことを考えられるんでしょう？

セラピスト：（間を置く）以前、マインドは超一流の問題解決マシーンみたいだとお話ししたのを覚えていますか？

クライエント：ええ。

セラピスト：そうすると、今ここに、大きな問題がありますよね？　つまり、とても大きく、とてもつらい問題です。そうですよね？　するとごく自然に、例の問題解決マシーンが動き出して、次から次へと解決策を創り出します。ではそれらと向き合ってみましょう。あらゆる非常に厄介な、あるいは問題のある人間関係についてのひとつの解決策は、相手が消えてしまうことです。ですから、○○さんのその考え、息子さんが消えてしまえばいいのにという考えは、単にマインドが自分の仕事をしているだけなんです。○○さんの抱える問題に対して、次から次へと解決策を提案しているだけなんです。そして実は、マインドがそうすることを止める方法はないんです。

クライエント：でもたぶん、デイビッド［息子の名］は正しいです。たぶん私は、本当は息子のことを愛していないんです。

セラピスト：なるほど、それは興味深い考えですね。（間を置く）きっと○○さんのマインドは、その考えで○○さんを苦しめるのが大好きなんですね。

クライエント：ええ、いつもです。

セラピスト：今、身体の中で何が感じられるか、伺ってもよろしいですか？

クライエント：とにかくひどい気分です。本当に、本当にひどい気分です。

セラピスト：そのひどい気分を、身体のどこで一番強く感じますか？

クライエント：ちょうどここです。（お腹に手を当てる）

セラピスト：わかりました。では、少しの間その感覚を意識してみてください……それがどこにあるか……そして何をしているかを意識してください。（間を置く）その感じに名前をつけるとしたら何でしょう？

クライエント：ああ——罪悪感です。この気持ちは大嫌いです。いつも感じています。

セラピスト：わかりました。ではその罪悪感を少しの間、意識してみましょう……それを観察します……息を吹き込んでみましょう……そのほうが楽なら、目を閉じていただいてもかまいません……そして罪悪感にただ息を吹き込んでみましょう……そして、何らかの方法でその周りの空間を広げることができそうか、やってみてください……そこに少しスペースを作ります……そして同時に、自分の心にも注意を向けてみてください……少しの間、息子さんが○○さんにとってどんな存在であるかに触れてみてください……（間を置く）この感覚は息子さんについて、何を教えてくれていますか？　○○さんにとって息子さんはどんな存在だと教えてくれているでしょうか？

クライエント：（泣きながら）ただ息子に幸せになってほしいです。

セラピスト：（間を置く）○○さんのマインドは、「私はデイビッドのことを本当は愛していないのかもしれない」と言っています。○○さんの心は何と言っていますか？

クライエント：もちろん愛しています！

セラピスト：そうですよね。だって、もし息子さんのことを気にかけていなければ、罪悪感を抱くことはないですよね？

クライエント：（涙を浮かべながら、しかしほっとしたように）ええ。

セラピスト：では教えていただきたいのですが、○○さんは息子さんのことを本当に気にかけていらっしゃいます……では、息子さんにとってどんな母親でありたいと思いますか？

クライエント：ただ息子に幸せになってほしいです。

セラピスト：なるほど。ではたとえば、私が魔法の杖を振ると、デイビッドさんは末永く幸せに暮らせるようになるとしましょう。そうなったとき、○○さんはどんな母親でありたいですか？

クライエント：わかりません。とにかく良い母親でありたいです。

セラピスト：わかりました。では、その称号を得る――良い母親である――ためには、どのように息子さんに接したらよいでしょうか？　母親として、どんな資質を備えていたいと思いますか？

クライエント：わかりません。

セラピスト：では、奇跡が起こって、息子さんの人生がうまく落ち着いたとしましょう。そして数年後、全国放送の番組で息子さんはインタビューを受けて、こう聞かれます。「デイビッドさん、あなたがヘロイン依存で一番苦しい時期を過ごされていたとき、お母様はどうされていましたか？」。この理想の世界で、息子さんに何と答えてもらいたいですか？

クライエント：たぶん、息子に言ってもらいたいのは……そうですね……

愛情深くて……優しくて……それに……ええと……支えになってくれた、とか。

セラピスト：他にはいかがですか？

クライエント：必要なとき、いつもそこにいてくれた、とか。

セラピスト：では、愛情深く、優しく、支えてくれる——それが、母親として体現したいことでしょうか？

クライエント：ええ。

セラピスト：わかりました。では、その考えと共にしばらく座ってみましょう。愛情深く、優しく、支えてくれる。それが母親としての○○さんにとって大切なことです。

クライエント：ええ。（背筋を伸ばして、ゆっくりうなずく）息子にとって最善のことをしたいんです。正しいことをしてやりたいです。そして、お金を渡すのは——正しいことではないとわかっています。

セラピスト：なるほど。（間を置く）では今度息子さんが家に来たときは、○○さんは選択しなければならないようですね。一方では、マインドにいじめられるがままになって言いなりになることができます——マインドに振り回されるがまま、マインドの指図に従います。そのときマインドが何を言うかは、よくご存じですよね——お金を渡すべきだ、もし渡さなかったら、おまえはひどい母親だ、と。そして断るのは本当にストレスのかかる苦しいことですから、お金を渡してしまうほうが簡単ですし、そうすれば息子さんは○○さんを責めずに出ていってくれるでしょう。それがひとつの選択肢です。他方では、マインドには好き勝手言わせておいて、でもその言葉を買うのではなく、自分が本当にありたい母親——愛情深く、優しく、支えになり、長期的に見て息子さんにとって最善のことをする母親であることもできます。どちらを選びたいですか？

クライエント：それは——愛情深く、支えになる母親でありたいです。息子を助けたいです。

セラピスト：では、もし○○さんが、「断れない」物語に振り回されるのではなく、本当にそうした価値に基づいて行動するとしたら、息子さんがお金を要求したとき、どう対応すると思いますか？

クライエント：（かすかに微笑んで）断ります。

セラピスト：断りますか？

クライエント：（うなずいて）そうですね。

セラピスト：今そう答えながら、どんな気持ちですか？

クライエント：とても緊張しています。震えています。

セラピスト：はい、伝わってきます。もし私が○○さんの立場でも、きっと同じように感じると思います。そうすると問題は、そうした緊張や震えを置いておくためのスペースを作ろうと思えそうだろうか、ということになります。もしそれが、本当になりたい母親であるために必要なことだとしたら？

クライエント：はい。

＊＊＊

息子にお金を渡して「薬物依存を助長する」ことは、実際にはクライエントの中核的価値と一致しない行動でした。お金を渡すという行動を動機づけていたのは、（罪悪感と不安を排除しようとする）回避と（「断るなんて無理」「息子のこんな様子見ていられない」「助けなかったら私は悪い母親だ」といった考えとの）フュージョンであり、価値ではありません。上記の介入の後、会話はクライエントが価値に基づいて行動するためのさまざまな方法――どうしたらお金（あるいは売って現金に換えられるもの）を渡すことなく、息子に対して愛情深く、優しく、支えになる母親でいられるか――に向かいました。

この会話では、脱フュージョン、アクセプタンス、そして価値が重なり合い、相互作用し合っていることがおわかりいただけると思います。私たちは、このように必要に応じてひとつのプロセスから別のプロセスへと柔軟に滑らかに動いていくことを、「ヘキサフレックスの上でダンスする」と呼んでいます。

記入表とワークシート

クライエントの価値を特定する助けとなりうる記入表やワークシートがいくつもあります。注目すべきは「価値の的（The Bull's Eye）」（第6章）と「一般的な価値チェックリスト（Checklist of Common Values）」です。後者は本章の最後に載せてあります。「一般的な価値チェックリスト」は、セラピストの最善の努力にもかかわらず自身の価値についてまったく見当もつかないときにとくに有効です。チェックリストに目を通してもらい、関連するものを選んでもらうことができます。

ゴールから価値へ移行する：効果的な質問

クライエントに初めて価値について尋ねたとき、答えとして返ってくるのはほとんどの場合、価値ではなくゴールです。自分の求めるパートナー、仕事、体型について語ることもあれば、愛、友情、許しなど、他者から得たいものについて語ることもあります。あるいは、富、名声、地位、他者からの尊敬、美貌、スリムな身体、成功が欲しいと話すこともあります。他には、幸せになりたい、もっと自信を持ちたい、落ち込んだ気分でいるのをやめたいというように、感情のゴールを挙げるかもしれません。また、ヘロインを使わない、パニック発作を起こさない、かんしゃくを起こさない、自意識過剰にならないなど、死人のゴールを挙げるかもしれません。

あるゴールの根底に潜む価値に至るには、以下のような問いかけのいずれか、あるいはすべてが使えます。

そのゴールを達成したとしましょう。もしそうなったら……

- 自分自身、他者、自分を取り巻く世界に対する接し方はどう変わるでしょうか？
- 人間関係、職業生活、社会生活、家族生活などにおいて、自分の振る舞い方はどう変わるでしょうか？

- このゴールを達成したことで、自分のどんな個人的資質や強みを実践することができるようになるでしょうか？
- もし大切な人たちがゴール達成を知ったら、それがその人たちのどんな資質や強みを喚起してくれたらいいと思いますか？
- このゴールを達成することで、どんなことを体現し、どんなことを支持する（あるいはどんなことに立ち向かい、どんなことに抵抗する）ことになりますか？

たとえば次のように質問できるでしょう。「もし○○さんの自己肯定感が高かったら、幸せだったら、大きな車／モデル体型／素晴らしい仕事／名声／権力／成功／美貌／尊敬を手にしていたら……その場合、行動はどう変わるでしょう？　自分の身体、自分自身、パートナー、友人、家族、自分の犬、猫、家、近所の人、仕事、趣味などへの関わり方という点で、○○さんの言動はどう変わるでしょうか？」

実践のためのヒント　クライエントから「もうこれ以上やりたくない」といった発言があったとき、「代わりに何をしたいですか？」と尋ねることで価値にたどり着けることが多い。たとえばクライエントが「お母さんとケンカするのをやめたい」と言ったら、そこで次のように尋ねることができる。「では、代わりにどうしたいと思いますか？　お母さんと一緒に過ごすとき、どのように接したいですか？　お母さんが○○さんをイライラさせること、怒らせることをしてきたとき、どのように接したいですか？」

ホームワークと次のセッション

ホームワークには、価値について書く、考える、瞑想する、大切な人たちと価値について話し合う、前述のワークシートに取り組むなどが含まれます。シンプルなホームワークは、次のような依頼です。「次回のセッションまでに、2つのことをやってみていただけないでしょうか？　ひとつは、自分の価値に基づいて行動しているとき、それに気づいて意識すること、そしてもうひとつは、そのときどんな感じがするか、どんな違いが生まれるかに注目することです」。もしチョイスポイントを使っているなら、こんな言い方もできます。「進(すすむ)ムーブができているとき、それを意識してください。そして、それはどんな感じか、どんな違いが生まれるかに注目してみてください」

私はよくクライエントに、「味つけをしてあじわう（flavoring and savoring）」（Harris, 2018）を使って実験するよう勧めます。その口上はこんな感じです。

セラピスト：毎朝、ベッドから出る前に、その日実践してみたい価値を1つか2つ選んでください。たとえばそうですね、ある日は「愛情深くあること」と「優しくあること」を選ぶかもしれません。毎日違う価値を選んでもいいですし、同じ価値を選んでもかまいません。○○さんの自由です。そうしたら、その日を通して選んだ価値で行動を味つけできるよう、自分のあらゆる言動に選んだ価値を「ちりばめる」機会を探してください。そして味つけをしたら、それを味わってください。それらの価値を生きる効果に注目してください。それが生み出す違いを満喫してください。

＊＊＊

もし1回のセッションでは価値の取り組みがあまり進まなかったら、次のセッションでさらに深く探っていけばよいでしょう。ですがもし1回でうまく中核的な価値を引き出すことができたら、次は価値に基づくゴール設定、問題解決、そして行動計画へと移っていくことができます。ただし、内的なバリア――フュージョンや体験の回避など――が価値に沿った生き方を邪魔している場合は、おそらくそれを乗り越えるべく脱フュージョンとアクセプタンスに焦点を当てることになるでしょう。

私たちはときに、すでに価値に沿って生きており、自分にとって大切なこと――仕事に行く、子どもの世話をする、運動するなど――はすべてやっているにもかかわらず、心底満たされていないクライエントに遭遇します。そんなとき、充足感が欠けている理由はほぼ常に、価値に沿って行動してはいるものの心理的にはそこに存在していないからです。代わりに、自分の頭の中に囚われてしまっています。つまり、「to do」リストの内容で頭がいっぱいだったり、完璧主義とフュージョンしていたり、うまくこなせていない部分を指摘する実況コメントにどっぷり浸かっていたり、心配や反すうに飲み込まれていたりするのです。そうしたクライエントとは、「今、ここ」に存在することに取り組みます。関与し、味わい、集中するのです。

Extra Bits（おまけ）

ACT Made Simple : The Extra Bits（http://www.actmindfully.com.au）の第 19 章に、以下の内容を掲載した。①本章で扱っていない価値のテクニックに関する説明、②「一般的な価値チェックリスト」とその他の便利なワークシート、③破壊的価値の問題、④価値と、願望、要望、ニーズ、感情、美徳、モラル、倫理観との見分け方、⑤後半セッションへの価値の取り入れ方、⑥ゴール vs. 価値のさらなる例、⑦価値に関するワークのための ACT Companion アプリの使い方。（英語）

スキルアップのために

本章では、あなたへのホームワークはありません。というのは冗談です！　本当はホームワークがたくさんあります。もしまだ前述した価値の記入表のいくつかを埋めていなかったら、まずはダウンロードして回答してみてください。その後に、

- 実際にクライエントと一緒に進めているつもりで、すべての価値に関する介入を声に出して読む。
- 他に自分がしたい質問があるか考えてみる。クライエントに価値へたど

り着いてもらうために使えるような他のエクササイズを知っているだろうか？　あるいは自分のアイデアがあるだろうか？

- 自分のクライエントを2、3人思い浮かべて、それぞれが触れることのできていない価値を特定する。そして、そうした価値にもう一度つながるためにはどんなエクササイズが役立ちそうかを考えてみる。
- セラピストとしての自分の価値について考えてみる。この仕事をするうえで、心の奥底にある、自分にとって大切なことは何だろう？　セラピストとして何を体現したいのだろう？　セラピールームにどんな強みや個人的資質を持ち込みたいだろう？
- これからの一週間、「味つけをしてあじわう」を実践してみる。毎日1つか2つの価値を選び、どうしたらその価値で自分の行動を味つけできるかを考え、それが自分の人生に生み出す違いを積極的に味わう。

第19章のまとめ

専門的に言うと、価値とは継続的な行動に自分が望む質です。詩的に言うと、この惑星で過ごす短い時間の間に、自分自身、他者、自分を取り巻く世界に対してどう接したいかという、心の奥底にある願望です。比喩的に言うと、価値とはコンパスのようなものです。価値は私たちに方向を示し、進路を保ち、迷子になったときは道を教えてくれるのです。

クライエントに自身の価値に触れてもらう作業は困難なものです。あらゆるタイプの誤解や誤認、とくに価値とゴールの違いに関するそれにしょっちゅう遭遇します。さらに、フュージョンと回避という形でバリアにぶつかることもしばしばです（これについては次章で見ていきましょう）。ですが、忍耐、優しさ、粘り強さがあれば、通常はクライエントが「自分の心とつながる」のを助けることができます――そしてその場面に立ち会えたときは、まさに魔法のような瞬間です。

一般的な価値チェックリスト
Checklist of Common Values

以下に挙げるのはよく見られる価値です（「正しい価値」でも「もっとも良い価値」でもなく、単に一般的なものです）。以下のリストに目を通し、各項目が自分にとってどのくらい重要かを考えて、それに応じた文字を各価値の隣に書き込んでください。

大＝とても重要、中＝かなり重要、小＝あまり重要ではない

もちろんなかには、生活のある領域（例：子育て）では重要だけれども、別の領域（例：仕事）ではそうでもない、というものもあるでしょう——ですから、これはあくまで全体的な感覚をつかむためのものです。生活の主だった領域ごとに回答していただいてかまいません（たとえば、仕事に関して１枚、人間関係に関して１枚など）。

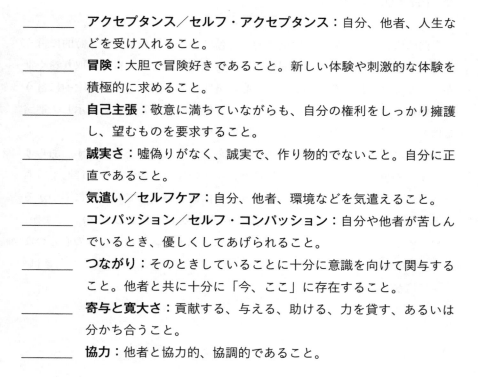

________ **アクセプタンス／セルフ・アクセプタンス：**自分、他者、人生などを受け入れること。

________ **冒険：**大胆で冒険好きであること。新しい体験や刺激的な体験を積極的に求めること。

________ **自己主張：**敬意に満ちていながらも、自分の権利をしっかり擁護し、望むものを要求すること。

________ **誠実さ：**嘘偽りがなく、誠実で、作り物的でないこと。自分に正直であること。

________ **気遣い／セルフケア：**自分、他者、環境などを気遣えること。

________ **コンパッション／セルフ・コンパッション：**自分や他者が苦しんでいるとき、優しくしてあげられること。

________ **つながり：**そのときしていることに十分に意識を向けて関与すること。他者と共に十分に「今、ここ」に存在すること。

________ **寄与と寛大さ：**貢献する、与える、助ける、力を貸す、あるいは分かち合うこと。

________ **協力：**他者と協力的、協調的であること。

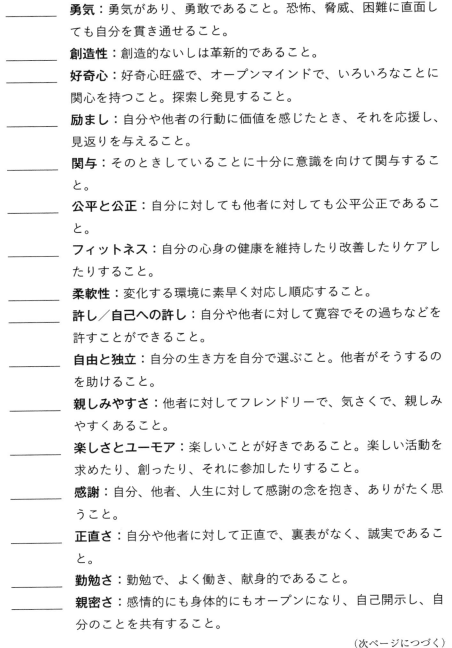

______ **勇気**：勇気があり、勇敢であること。恐怖、脅威、困難に直面しても自分を貫き通せること。

______ **創造性**：創造的ないしは革新的であること。

______ **好奇心**：好奇心旺盛で、オープンマインドで、いろいろなことに関心を持つこと。探索し発見すること。

______ **励まし**：自分や他者の行動に価値を感じたとき、それを応援し、見返りを与えること。

______ **関与**：そのときしていることに十分に意識を向けて関与すること。

______ **公平と公正**：自分に対しても他者に対しても公平公正であること。

______ **フィットネス**：自分の心身の健康を維持したり改善したりケアしたりすること。

______ **柔軟性**：変化する環境に素早く対応し順応すること。

______ **許し／自己への許し**：自分や他者に対して寛容でその過ちなどを許すことができること。

______ **自由と独立**：自分の生き方を自分で選ぶこと。他者がそうするのを助けること。

______ **親しみやすさ**：他者に対してフレンドリーで、気さくで、親しみやすくあること。

______ **楽しさとユーモア**：楽しいことが好きであること。楽しい活動を求めたり、創ったり、それに参加したりすること。

______ **感謝**：自分、他者、人生に対して感謝の念を抱き、ありがたく思うこと。

______ **正直さ**：自分や他者に対して正直で、裏表がなく、誠実であること。

______ **勤勉さ**：勤勉で、よく働き、献身的であること。

______ **親密さ**：感情的にも身体的にもオープンになり、自己開示し、自分のことを共有すること。

（次ページにつづく）

________ **優しさ**：自分や他者に対して優しく、思いやりがあり、気遣いができ、面倒見が良いこと。

________ **愛情**：自分や他者に対して愛情や親しみを込めて接すること。

________ **マインドフルネス**：「今、この瞬間」に対して心を開いてオープンになり、意識を向けて関与し、好奇心を持つこと。

________ **秩序**：秩序がありきちんとしていること。

________ **粘り強さとコミットメント**：問題や障害があっても毅然と進み続けること。

________ **敬意／自己の尊重**：自分と他者に対して気遣いと配慮をもって接すること。

________ **責任**：自分の行動に責任を持ち、説明可能な行動をとること。

________ **安全と保護**：自分の安全や他者の安全を確保し、守り、保証すること。

________ **官能と快楽**：快く、官能的な体験を創ったり楽しんだりすること。

________ **セクシュアリティ**：自身のセクシュアリティを探ったり表現したりすること。

________ **熟達**：自分のスキルを絶え間なく磨き、伸ばし、高め、十分に精進すること。

________ **支援**：自分や他者を支えたり助けたりすること。いつでも力になる用意があること。

________ **信頼**：信頼できる人間であること。信義に厚く、忠実で、誠実で、頼りになること。

________ **その他**：________________________________

________ **その他**：________________________________

第20章

もし何も大切でなかったら？

価値へのバリア

クライエントが自分の価値とつながる場面に立ち会うのは素晴らしい経験です。それは心をつかまれる光景です。元気づけられ、心が温まり、そしてときに、深く心を動かされるものです。ですが現実的には、「そこにたどり着く」ためにかなりの作業が必要となることがほとんどでしょう。そこで本章では、よく見られる価値に対するバリアと、その乗り越え方を見ていきます。

体験の回避

原則として、価値に関するワークは機能的に高い／健康に敏感な／指導的立場にあるクライエントと行うほうが、機能的に低めのクライエントや体験の回避が顕著なクライエントと行うよりも容易です。なぜなら、フュージョンと体験の回避に強く駆りたてられるほど、自分の価値とのつながりが薄れてしまうからです。セラピーの場でこの顕著な例がよく見られるのは、境界性パーソナリティ障害のクライエント、そして薬物、アルコール、ギャンブル依存のクライエントです。そうしたクライエントはフュージョンと回避に突き動かされているため、自分の中核的価値とは程遠い行動を繰り返してしまうことが多いのです。自分の身体、友人、家族、パートナーといった人たちを傷つけたり、虐待したり、あるいはネグレクトしたりしてしまいます。そして彼らが本当の意味で立ち止まって自分の破壊的行動を理解したら――

そしてそれが自身の価値からどれほど離れた行動であるかを認識したら――不安、罪悪感、悲しみ、恥など、山ほどの感情的な痛みを経験する運命にあります。だから無理からぬことですが、その痛みを避けようとして、価値に関するワークに抵抗したり、それを妨害したりします。実際に、本章で触れるバリアの多くは、主として体験の回避の機能を果たしています。「わかりません」「大切なものはありません」「価値なんて持っていません」「これに何の意味があるかわかりません」「私は人生を生きるに値しません」「こんなのバカげています」などです。体験の回避が主だったバリアだとわかったら、あるいはその疑いがあったら、「碇を下ろす」、脱フュージョン、セルフ・コンパッション、そしてアクセプタンスを用いて対応します。たとえば次のようになるでしょう。

クライエント：（価値に関する質問に対して）わかりません。なぜこういうことを聞くんですか？　私は何の価値も持っていません。

セラピスト：わかりました。では、ここでちょっと「一時停止ボタン」を押してもいいでしょうか？

クライエント：そうする必要があるなら。

セラピスト：○○さん［クライエント名］が本当に嫌でしたら、そうする必要はありません。セッションをとにかくこのまま推し進めて、ここで起きていることを無視することもできます。ですが、私はできればそうしたくないと思っています。というのは、私の感覚では、私たちはどちらも少し行き詰まりそうになっている感じがするからです。なんとなく、私が○○さんに無理やり押しつけていて、○○さんも頑として譲らず、押し返そうとしているように感じます。そんな感じではないですか？

クライエント：ええ、ちょっと追い詰められている気分です。

セラピスト：そうですよね、これでは良いチームとは言えないですよね？　ですから、私が後ろに下がって○○さんのためにスペースを空けて、少しの間「一時停止ボタン」を押してみるのはいかがでしょうか？

クライエント：（微笑んで）わかりました。

セラピスト：よかったです。それに、追い詰められている気分だと教えてくださってありがとうございます。そのフィードバックはとてもありがたいです。私がまた同じことをしてしまったら、どうか教えてください。この話になるとときどき力が入りすぎてしまうことがあって、そういうときはちょっと強引になってしまうんです。

クライエント：大丈夫ですよ。

セラピスト：では、とにかく今の状況を確認してみましょう。これはセラピーの難しい部分です。いま私がしているのは、多くの方が苦労する厄介な質問です。そしてほとんどの方は、この質問によってとても苦しい考えや気持ちが浮かんでくるようです。○○さんにも何か苦しい考えや気持ちが浮かんできていますか？

（ここでセラピストは、クライエントにマインドフルに状況を確認してもらう。クライエントは不安な気持ちや「こんなの難しすぎる」といった考えが浮かんでいることを確認する）

セラピスト：そうですね、こうした難しいことを迫られている状況では、そのような気持ちや考えを抱くのはまったく自然なことです（注：もしそうしたければ、セラピストは今の状況、思考、感情をチョイスポイントの一番下に書き込んでもよいでしょう）。それに思い出していただきたいのは、マインドが問題解決マシーンであることです。私は○○さんに、つらい感情のきっかけとなるような難しい質問をしていますが、これがいま直面している問題です。そして、この状況から脱出するために○○さんのマインドが思いついた解決策は、「わかりません、大切なものはありません、次に行ってください、話題を変えてください」と答えることです。

クライエント：そんなことは考えていなかったです。

セラピスト：そうですね、**意識的に**はそのように考えていなかったと思います。私が言いたかったのは、マインドは○○さんの意識の外でこうした問題解決のプロセスをたどっている、ということです。では、もしマインドに従って行動するとどうなるでしょうか？　価値について考える作業を放棄して、別のことへ進んだとしたら？　○○さんはどんなコストを払う可能性があるでしょうか？

クライエント：よくわかりません。

セラピスト：では、これまで内なるコンパスを持たずに、自分にとって本当に大切なものに関する感覚を持たずに人生を生きてきて、○○さんはどんなコストを払ってきましたか？

クライエント：バカな失敗ばっかりだったと思います。

セラピスト：そういうこともありますね。では0から10で評価するとしたら、○○さんは自分の人生にどのくらい意義や目的の感覚、そして充実感を感じていますか？　空っぽでだるくて何の意味もないと感じていたら0で、豊かで充実していて意義があると感じていたら10です。

クライエント：2くらいです。

セラピスト：そこで私たちが今日行っていることの大きな目的のひとつは、そのスコアをもっと高くすることです。もうひとつの目的は、○○さんに内なる指針の感覚を身につけてもらうことです。喩えるなら、より良い人生を築く助けとなる物事を行えるよう、○○さんを正しい方向に導いてくれる内なるコンパスのようなものです。

クライエント：なるほど。理解できます。

セラピスト：はい。論理的には理解できると思います。ですが、だからといって、マインドが「自分は価値なんて持っていない」と言うのを止められません。

クライエント：ええ、だって事実ですから。

セラピスト：はい、ほぼ事実みたいなものです、今の時点では。ですから……それを変えたいとは思いませんか？

クライエント：どういう意味ですか？

セラピスト：つまり、ここにチョイスポイントが1つあるわけです。ここで価値について取り組むのを諦めて、これまでと同じやり方で生きていくのを続けることもできます。あるいは——マインドが、無駄だ、役に立たない、うまくいかないと主張したとしても——ここで粘ってみることもできます。そして実験として続けてみて、何か役に立つものを得られるか様子を見ることもできます。どちらを選びたいですか？

クライエント：そのように言われると、私に選択肢はないですよね？

セラピスト：どちらでも好きなほうを選んでください。○○さん次第です。価値について取り組むのを諦めると、いま感じている不快な気持ちから逃げることができて、この気まずい会話からも解放されるという、○○さんにとっては大きな見返りがあります。ですが、それには大きな代償が伴います。つまり○○さんの人生はそのままです。前へと導いてくれる内なるコンパスがなければ、これまでしてきたことを繰り返すことになります。一方で、一緒にこのまま取り組んでみることにしたら、その大きな見返りは……○○さんが新しいことを試して、人生を前へ進めようとしているというその事実でしょうか。そしてその代償としては……いま感じている不快な気持ちが続くことです。ですから、選ぶのは○○さんです。本当に、私ではなく○○さん次第です。私を喜ばせようとはしてほしくありません。もちろん、○○さんが乗り気でないことを無理やりやらせたくもありません。決めるのは○○さんです。

クライエント：わかりました、やってみましょう。

セラピスト：ありがとうございます。この難しい作業を一緒にやってみようと思っていただけるのは本当にありがたいです。マインドがこれを○○さんにとってどれだけ苦しいものにしているか伝わってくるので、それでも続けようと思っていただけるのは私にとって大きな意味があります。

（セラピストはここから、新しい、さまざまな価値の明確化方略へと移っていく。概要は「わかりません」の項を参照のこと）

＊＊＊

では、上記のやりとりをもう一度読んで、ここに含まれているACTプロセスをすべて書き出してみてください。脱フュージョン、アクセプタンス、柔軟な注意、コミットされた行為、有効性、ウィリングネスに気づいたはずです。ACTプロセスは継続的に、毎回のセッションを通して活用されます。他のプロセスに対するバリアに対応しているときもそれは同様です。また、さらにチャレンジしてみたいと思った方は、セラピストがチョイスポイントに書き込むことにした場合、上記のエピソード全体がどのようになるかを考えてみてください。どこに、何が書き込まれるでしょう？（答えはExtra Bitsを参照のこと）

フュージョン

価値とつながることに対するバリアでよく見られるものの多くは、以下の内容とのフュージョンによるものです。

- **理由**：不安を感じなくなるまで／仕事が見つかるまで／子どもを取り返すまで／この怪我が治るまで／パートナーが戻ってきてくれるまで／気持ちが楽になるまで、行動を変えることなんてできない、など
- **評価判断**：こんなのバカげている。時間の無駄だ。人生がどん底なのに、こんなことをして何になる？
- **自己概念**：何でこんなことに時間を使っているんだ？　私はひどい人間だ。今より良い人生になんて値しない
- **過去と未来**：こんなの意味がない！　きっとうまくいかない！　こういうことは前にも試した！

このようなフュージョンが姿を現したときは、価値から柔軟な注意へ、そして脱フュージョンへと、ヘキサフレックスの上をダンスしていきます。難しい状況であることを認め——この作業が難しく挑戦を迫られることを承認し——現れた苦しい思考や感情に気づき、名前をつけ、承認します。その後は第11章から第14章にまとめた脱フュージョン方略をどのような組み合わ

せでもよいので使い、クライエントが釣り針から少しでも自分をはずすことができたら、価値へと戻ることができるでしょう。

「大切なものなんてありません！」

クライエントのなかには、大切なものなんてない、価値なんて持っていない、何も気にしない、と主張する人もいます。もしそれが絶望感とのフュージョンから起こっているのなら、最初のステップは第14章で見たように、それからの脱フュージョンです。それ以外の理由で起こっている場合には、ひとつのシンプルな返答として、次のようなことが言えるでしょう。「とても興味深いですね。一方では『大切なものなんてない』とおっしゃっていますが、他方ではここに、私の目の前に座っていらっしゃいます。ですから気になっているのですが、セラピーに来ようと思えるほどに○○さんにとって大切なものとは何でしょうか？」

それに対して、セラピーに来た理由はパートナー、子ども、両親、あるいは友人だと答えるクライエントもいるでしょう。そのときはそうした人間関係について掘り下げ、クライエントが気にかけるもの、そしてそこに潜む価値を見つけ出すことができるでしょう。少なくとも、「他者を思いやる」という価値を引き出すことは可能です。

別のクライエントからは、憂うつな気分でいるのにうんざりしたから、明るい気持ちになりたいから、不安でいるのをやめたいから、といった答えが出てくるかもしれません。こうしたケースでは、クライエントの回答を「なるほど、心の健康やウェルビーイングが大切なんですね」とリフレームし、「セルフケア」という価値に分類するとよいでしょう。また別のクライエントは、セラピーに来たのは医者に言われたからだ、と答えるかもしれません。そのときは「では自分の健康がそれだけ大切だから、医師の言うとおりにしたんですね」とリフレームし、やはりここでも「セルフケア」という価値に分類できるでしょう。

さて、クライエントが「私は価値なんて持っていません」とか「大切なものなんてありません」と主張したときは、次のような方向へ進むこともできます。先ほどとはまた違う方向ですが、多くの場合とても効果的です。

セラピスト：「そうですね、今の時点では、実際そのとおりではないかと思います。○○さんには、心の奥底から何かが自分を導いてくれるような感覚、私がずっと『価値』と呼んでいる、内なるコンパスの感覚がないんですよね。それを変えたいと思いますか？」

もしクライエントが「いいえ」と答えたら、セラピーのゴール（第6章）に立ち戻り、自分を導いてくれる、あるいは動機づけてくれる価値なしでは、おそらくセラピーを受ける前と同じことをこれからも繰り返すだろう、つまりクライエントの人生はあまり変化しないだろう、という点について掘り下げるのがよいでしょう。ですが、もしクライエントが「はい」と答えたら、先の体験の回避に関する項にまとめたように、ウィリングネスの増進に進むことができます。そしてクライエントがウィリングになったら、次の項にまとめる、積極的な価値の明確化エクササイズに移ることができるでしょう。

「わかりません」

価値について質問されると、肩をすくめて「わかりません」と答えるクライエントもいます。そしてそれは単純に事実の陳述であるかもしれません。「価値」がどんなものであるかについて、クライエントに何の知識もないだけであり、別の惑星から来たもののように感じているのかもしれないのです。あるいは、それは手助けの要請なのかもしれません。実はクライエントは「難しい質問をあれこれされて、苦労しています。助けてください。ヒントをください」と言っているのかもしれないのです。

もしこのような場合、前章で述べたようにまず簡単な心理教育――コンパスとしての価値、価値 vs. ゴールの例示――を行い、その後に体験的エクササイズへと移りましょう。あるいは、単に質問をするのではなく、これらの介入をフォーマルなエクササイズに作り変えることも可能です。クライエントに2、3分の「碇を下ろす」か、その他のマインドフルネスを実践してもらい、それから関連する光景を想像もしくは視覚化してもらいましょう。または、質問についてよく考えてもらうのもよいでしょう。

他にも、以下のように「質問と共に座る」アプローチもあります。

セラピスト：なるほど、マインドの最初の反応はわからないなんですね。まったくノーマルなことだと思います。ですが、よく遭遇することがあるんですが……もう少しだけ今の質問と共に座っていると……目を閉じて、何も言わず、ただ静かに質問に思いを巡らして、考えてみると……多くの場合、マインドが答えを思いつき始めることに気づきます。1、2分でいいので、試してみようと思えそうですか？

（必ずではないですが）多くの場合、クライエントが上記のエクササイズに取り組むと、最初の質問に対する良い答えが浮かんできます。

他にも、価値カード（付録Aを参照）を使ったり、「一般的な価値チェックリスト」（第19章）を印刷して使ったり、あるいはACT Companionアプリの価値リストにひととおり目を通したりするのでもよいでしょう。こうしたツールを使うと、クライエントは多種多様な価値の例に触れ、そこから自分の心に響くものを選ぶことができます。これらのツールは、他の方法がどれもうまくいかなかったときの頼みの綱になると同時に、クライエントが価値に苦労しそうだと確信めいた思いを抱いたときの良いスタート地点にもなるでしょう。

さて、ここまであれこれ言ってきましたが、多くの場合、「わかりません」の機能は体験の回避であるというのが実際のところです。その場合には、本章冒頭の「体験の回避」の項に書いた方法で対応しましょう。

「すべき」「しなければならない」「する必要がある」

厳格なルール――「これをすべき」「あれをしなければならない」「このようにする必要がある」「これをちゃんとしないといけない」「そうするのは間

違っている」――とフュージョンすると、自分の価値とのつながりが失われてしまいます。この状態はクライエントに（そして私たち自身にも）たびたび見られるでしょう。ですからこの種のフュージョンのサインを見逃さないように警戒しましょう。たとえば、重苦しさや負担感、不適切な恥や罪の感覚、完璧主義的思考、あるいは義務感が相当します。ウィリングネスではなく怒りのサインに、コミットメントではなく従順のサインに、自由ではなく制限のサインに目を配りましょう。

クライエントに「○○さんのマインドはこれについて何と言っていますか？」と尋ねることを習慣化しましょう。そして返答のなかに、「すべき」「する必要がある」「しなければならない」「して当然」「正しい」「間違っている」「義務」「責任」「良い人はXをする」「悪い人はYをする」「完璧」「ミスなく」「失敗しない」といったキーワードが出てこないか注意しましょう。この種のフュージョンを見つけたら、セラピストは当然、クライエントが脱フュージョンする手助けをしたいと思うでしょう。そのときは、たとえば次のように言えるでしょう。

セラピスト：その考えに釣られたときどんな感じがするか、注意を向けることはできますか？　その考えが○○さんを締めつけている感覚、拘束衣のように束縛しているのがわかるでしょうか？　ひょっとすると、自分をはずすスキルの出番でしょうか？　マインドはこうしなければならないと言っていますが、○○さんも私も、実際にはそれをする必要はないことを知っています。○○さんには選択肢があります。問題は、それをしようと思えますか？　たとえ心地悪さを感じても、それをしようと思うくらい、これは○○さんにとって重要なことでしょうか？

「～しよう」vs.「～したい」

同様に、クライエントが「(積極的に) ～しよう (willing)」と「～したい (wanting)」とを区別するのをしばしば手助けします。たとえば、セラピスト：本当に大切だけれども厄介なことについては、したくないと思うことが多いですよね。それは当然で、まったく問題ありません。やりたくないと思ったら、それを認めてあげましょう。やりたくないし、する必要もありません。ここでの質問は、やりたくないしやる必要もないけれど、それでもやろうと思えるでしょうか、ということです。

承認欲求

クライエントのなかには、他者からの承認を得ることに夢中だったり、親、宗教、文化のルールに従うことに慣れ切っていたりして、自分自身の中核的価値を見失っている人もいます。そんなクライエントに再び価値とつながってもらうためには、次のような問いかけが有効です。「いま私が魔法の杖を持っているとしましょう。その杖を振ると魔法がかかり、○○さんが意見を気にする相手全員から自動的に愛情と承認を得ることができます。この先○○さんが何をしても、その人たちはそれを完全に承認し、○○さんに愛情を注いでくれます――○○さんが聖人になろうと連続殺人犯になろうと、映画スターになろうと凶悪犯罪者になろうと、億万長者になろうと路上で寝ているホームレスになろうと、それは変わりません。この先、○○さんはもう二度と誰かに良い印象を与えようとしたり、誰かを喜ばせたりする必要はありません――○○さんが何をしたとしても、みんなが喜んでくれます。もしそうなったら、自分の人生でどんなことをしたいですか？　そうした状況でもなお、この先、このようなことをしますか？

「これは本当に私の価値ですか？」

ときにクライエントは、「どうしたらこれが私の本当の価値だとわかりますか？」と聞いてきます。ここで注意しないと、すぐに長い知的な議論へと引きずり込まれて、「分析麻痺」に陥ってしまいます。そのためこの質問に対する答えとしては、以下のようなものが有効でしょう。

セラピスト：「論より証拠」[訳注1)]という古くからのことわざをご存じですか？　そのテーブルにケーキかパイがあったとしても、それについて考えているだけでは、あるいは話しているだけでは、それがおいしいかどうかを知ることはできません。確かめるには、実際にかぶりついて食べてみる必要があります。価値についても同じです。これが本当に○○さんの価値であるか、何時間も話し合うことはできますが、どれだけ話したところで実際のところはわかりません。もし確信がなかったら、確かめる唯一の方法は、外へ出て、積極的にこうした価値に沿って日々を過ごしてみて、何が起きるかを注意深く意識することです。活力、意義、目的の感覚を得られるでしょうか？　あるいは、以前よりもありたい自分らしく振る舞えている感覚が得られるでしょうか？　自分の人生を生きている感じ、自分を偽らないでいる感じ、進みたい方向に進んでいる感じがあるでしょうか？　もし当てはまれば、大半は自分の本当の価値とつながれていると考えてよいでしょう。

Extra Bits（おまけ）

ACT Made Simple : The Extra Bits（http://www.actmindfully.com.au）の第20章に、①価値の葛藤、権力欲、困難なジレンマといった他の厄介な問題への対応策と、②「体験の回避」の項にあるシナリオでのチョイスポイントの使用例を載せた（英語）。また、第19章の「一般的な価値チェックリスト」まで戻ってもらうのもいいだろう――印刷して、本当に苦労しているクライエントに使ってもらうと効果的だ。

訳注1）原文は「The proof of the pudding is in the eating（プディングのうまいまずいは食べてから)」。

スキルアップのために

ACT モデルの他の部分と同じように、もしクライエントが目的やねらいをよくわかっていなかったら——自身の価値を知ることがセラピーのゴールにどう役立つかを理解できていなかったら——混乱と抵抗が生じることが予想されます。加えて、クライエントは（セラピストがそうであるように）価値とゴールをよく混同してしまいます。そのため前章で触れたこの点に関する重要な心理教育をやり損ねていたら（あるいはやったけれどクライエントが忘れてしまっていたら）、そこをカバーする（あるいは復習する）ことがとにかく不可欠です。

それを念頭に置いたうえで、今回も以下のことをお勧めします。

- 架空のクライエントを相手に、声に出してあるいは頭の中で、上記のポイントを素早く明確に伝えられるようになるまで練習する。
- 友人、親、パートナー、子ども、犬、猫、パーティーのゲスト……（言いたいことはおわかりいただけると思う）を相手に練習する。

第 20 章のまとめ

クライエントが価値に関していくらか苦労するのはよくあることです。ですが私たちセラピストが穏やかに粘り強く、柔軟さを失わなければ、通常はそこにたどり着くことができます。もしフュージョンや体験の回避が行く手を阻んだら、脱フュージョンとアクセプタンスに取り組むために回り道をして、後で価値に戻ってくればよいのです。

第21章

必要なことをする

コミットされた行為とは？

コミットされた行為には顕在的行動と潜在的行動の両方が含まれていて、それらは毎回のセッションで生じます。セッションの最中、クライエントがセルフ・コンパッションのエクササイズを行ったとき、つらい感情を受け入れたとき、価値とつながったとき、ゴールを設定したとき、困難な状況のロールプレイをしたとき、新しいスキルを練習したとき、つらい話題について自ら進んで語ったとき、フォーマルなエクスポージャーを行ったとき、その一つひとつがどれもコミットされた行為になるのです。そしてセッション外では、クライエントが何らかのACTのホームワーク——マインドフルネス・スキルの練習に始まり、難しい課題を遂行することまで——を行ったら、それももちろんコミットされた行為です。言い換えると、顕在的行動（例：自分の身体、顔、声を使って行うこと）であろうと潜在的行動（例：マインドフルネスやセルフ・コンパッション）であろうと、それが柔軟で、価値に導かれていれば、それをコミットされた行為と分類するでしょう。

コミットされた行為のまとめ

・簡単に言うと…　コミットされた行為（*committed action*）とは、価値によって導かれ、動機づけられた効果的な行動をとることを意味する。そこには、身体的行動（顕在的行動）と心理的行動（潜在的行動）

が含まれる。コミットされた行為という表現は、柔軟な行動であることを含意する。つまり、そのときの状況が突きつける課題にたやすく順応し、必要に応じて行動を維持あるいは変化させることである。言い換えると、自分の価値に沿って効果的に生きるために必要なことをする、という意味である。

・**その目的は？** 価値を、顕在的および潜在的行動の、継続的、発展的、効果的、活動的パターンへと変換すること。

・**別の言い方をすると…** 効果的な行動、柔軟な行動、進（すすむ）ムーブ、有効な行動。

・**その方法は？** 価値を、身体的および心理的な行動の効果的なパターンへと変換する。そのために、ゴール設定、行動計画、問題解決、スキルトレーニング、ロールプレイ、エクスポージャー、行動活性化、および他の経験的に支持された行動的介入を用いる。

・**使用するタイミングは？** クライエントが、価値を効果的な行動へ変換する助けを必要としたとき。そうした行動を開始または維持するうえでのバリアを乗り越える助けを必要としたとき。

コミットされた行為のためのスキルトレーニング

「コミットされた行為」という見出しのもとには、ありとあらゆる伝統的な行動的介入が組み入れられます。スキルトレーニング、ロールプレイ、スケジューリングとモニタリング、曝露反応妨害法（exposure and response prevention)、習慣逆転法（habit reversal)、行動活性化（behavioral activation）などです。ですからたとえば、クライエントと共に人間関係の問題に取り組んでいるとすれば、アサーション・スキルやコミュニケーション・スキル、交渉スキル、葛藤解決スキル、自己鎮静（self-soothing）スキル、親密性に関するスキルを教えることが多くなるのです。

そこで本章では、おそらく教える頻度のもっとも高い三大スキル、問題解決、ゴール設定、行動計画に焦点を当てていきましょう。

マインドフルで価値に基づく問題解決

問題解決は、この星に住む全員にとって不可欠な認知スキルです。そして、反すうする、心配する、固執する、「分析麻痺」、自殺念慮などの助けにならない多くの認知プロセスは、基本的には「問題解決がおかしな方向に進んでしまった」状態と言えるのです。不幸にも、クライエントの多くは問題解決スキルが不足しているか、適切に使うことができないでいるかのどちらかの状態にあります。そのような場合、スキルを積極的に教え、適切に使えるよう促していく必要があるのです。

おそらく、あなたはすでに基本的な問題解決の手順をご存じでしょう。問題を特定して定義し、さまざまな解決案を考え、それぞれの選択肢の良い点と悪い点を吟味し、アクションプランを作成（行動計画）して実行し、結果を観察して、そして必要に応じて計画を修正する（もしご存じでなければ、こうした手順を覚えてください。これは精神保健に携わる専門家にとって不可欠な基礎知識であり、さまざまな障害の治療において重要な役割を果たす知識でもありますから）。

ACT における実際の問題解決の手順は、他のモデルのものとさほど変わりません。大きな違いは、ACT ではマインドフルネスと価値とともにそうした手順を進めていく点にあります。ですからたとえば、もしクライエントが感情とフュージョンし、もがき苦しみ、それに飲み込まれている場合、すぐさま問題解決に飛び込むようなことはしません。まずはクライエントが碇を下ろして、役に立たない思考から自分をはずすのを助けるでしょう。そして、クライエントの情動状態とそれまでにセラピーで扱ってきたプロセスに応じて、アクセプタンスやセルフ・コンパッションも取り入れていくことになるでしょう。その後は、クライエントが価値とつながるのを手伝っていきます。その問題に直面するなかで、クライエントは何を体現したいでしょうか？　その問題に対応するなかで、どんな価値に沿って生きたいでしょうか？

クライエントがグラウンディングして、自分の価値とつながり、少なくともいくらかは脱フュージョンすることができたら、次は問題解決の根幹を体験してもらうことになります。このプロセスの補助としてよく使うのが、「挑戦の方程式（challenge formula）」と呼んでいるツールです。

挑戦の方程式：あらゆる状況における３つの選択肢

これは、どんなに困難な状況でも常に選択肢はある、ということに気づいてもらうための、シンプルでありながらも強力な方法である（クライエントに渡すための印刷用バージョンはExtra Bitsを参照のこと）。どんな困難な状況に直面しても、私たちには３つの選択肢がある。

1. 立ち去る
2. 留まって価値に沿って生きる：変えられることは何でも変えて状況を改善し、それに伴う苦痛を置いておくスペースを作る
3. 留まって効果的に行動するのを諦める：変化につながらないことや状況を悪化させるようなことをする

もちろん、選択肢1——**立ち去る**——はいつも選べるわけではありません。たとえば投獄されていたら、とにかく立ち去るなんていうことは不可能です。しかしその状況から立ち去るという選択肢が**ある**のなら、真剣に検討してみましょう。もしあなたが衝突の多い人間関係の渦中にいたら、意義を見出せない仕事に就いていたら、好ましくない地域や戦争で引き裂かれた国に住んでいたら、その状況に留まらずに離れることで、人生がより豊かで充実した、有意義なものになりそうでしょうか？

もし立ち去ることができなければ、あるいはそのつもりがなければ、もしくはそれが最善の選択とは思えなければ、選択肢の2か3について考えましょう。私はクライエントに、選択肢3は誰にとっても自然なものですよ、と伝えます。つまり、困難な状況にあると、私たちは容易に苦しい思考や感情に釣られて逸(それる)ムーブへと引きずり込まれてしまい、結果的に行き詰まってしまったり事態が悪化してしまったりするわけです。ですから、より良い人生へ向かう道は選択肢2にあるということになります。

第10章で、世界保健機関（WHO）から依頼されて、世界中の難民キャンプで使うためのACTプロトコルを（多くの人の助けを借りて）書いたことに触れました。挑戦の方程式は、そのプロトコルの大黒柱のひとつです。当然のことですが、難民はキャンプからただ立ち去るということはできないので、選択肢1は除外されることになります。ですが、選択肢2を選ぶことはできるのです。キャンプの中では、難民には選択肢があります。自分のテントを離れるか、そこに留まるか。テントを離れれば、近くのテントに住む人たちと友好的に、親切に接することができます。あるいは、その人たちを無視したり、ケンカ腰で接したりすることもできます。歌や祈りといったコミュニティ活動に参加することもできるでしょうし、そうした活動を避けることもできるでしょう。そしてテント内に留まることを選んだら、同じテントにいる人たちに対して、思いやりにあふれた社交的な姿勢で接することができます。あるいは、他者を気にかけることをしないで、引きこもることもできるでしょう。このように、その人が一日を通してするたくさんの小さな選択が、キャンプでのその人の生活に大きな影響を与えることになります。そしてもちろん、難民キャンプにいる誰もが、山ほどのつらい思考、感情、記憶を抱えていることでしょう。ですから、選択肢2の後半――避けられない苦痛を置いておくためスペースを作る――も大いに関連があるわけです。スペースを作ることには、碇を下ろす、脱フュージョン、アクセプタンス、セルフ・コンパッションが含まれます。

私たちのクライエントの状況が、難民キャンプと同じくらいひどいということは、めったにありません。ですが、依然としてこの方程式は重要な意味を持ちます。これを使うことで、どんな種類の困難状況にあるクライエントでも、力づけることができます。つまり、選択肢があることを理解する手助けができるのです。

ゴール設定

ACTには大きく分けて2つのゴール設定があります。その2つを、それぞれフォーマルとインフォーマルと呼ぶことにしましょう。この2つのゴールの一番の違いは、フォーマルなゴール設定では以下にまとめるような特定の手順を踏むのですが、インフォーマルなゴール設定ではそれをしない点にあります。

インフォーマルなゴール設定

私は、セラピー初期の段階で行動のゴールを設定すること（第6章）、セッション外で「味つけをしてあじわう」（第19章）、進（すすむ）ムーブを意識する、マインドフルネス・スキルを練習するといったことを実践するようクライエントに促すことを、「インフォーマルな」ゴール設定と捉えています。なぜか？　それは、上に挙げたものはゴール設定ではあるのですが、以下の「フォーマルな」プロセスのすべての手順を踏んでいないからです。

フォーマルなゴール設定

ほとんどの人は、効果的なゴール設定にどれほど多くの事柄が絡んでいるかについて、気づいていません。それはとても複雑なスキルなのです。そして新しいスキルというのはだいたいそうであるように、コツをつかむには少し時間がかかるものです。だからゴール設定のやり方を学ぶためには、今この場で、自分自身で練習してみることをお勧めします。というわけで、以下の3つのステップに丁寧に沿って、それぞれの欄に順番に書き込んでいってみましょう（大胆にもどれかを飛ばそうとしたら、あなたの名前を「いたずらっ子リスト」に載せることにします！　もしこの素敵な本に直接書き込みたくなければ、Extra Bitsに用意してある「SMART（スマート）なゴール設定」ワークシートの印刷用バージョンを使ってください）。

1. 領域を 1 つ選ぶ

ゴールを設定する生活領域を **1 つだけ**選びましょう。たとえば、健康、仕事、教育、余暇、個人的成長（自分の成長）、精神性（スピリチュアリティ）、子育て、友人、家族、パートナーとの関係など。

領域：＿＿＿＿＿＿＿＿＿＿＿＿＿＿＿＿＿＿＿＿＿＿＿＿＿＿＿＿

＿＿＿＿＿＿＿＿＿＿＿＿＿＿＿＿＿＿＿＿＿＿＿＿＿＿＿＿＿＿＿＿

2. 価値をいくつか選ぶ

選んだ人生の領域で活用したい価値を 1 つか 2 つ（最大 3 つ）選びましょう。ここで選んだ価値が、ゴールを追い求めるための行動を動機づけ、触発することになります。

価値：＿＿＿＿＿＿＿＿＿＿＿＿＿＿＿＿＿＿＿＿＿＿＿＿＿＿＿＿

＿＿＿＿＿＿＿＿＿＿＿＿＿＿＿＿＿＿＿＿＿＿＿＿＿＿＿＿＿＿＿＿

3. SMART（スマート）な行動のゴールを 1 つ設定する

S = Specific（＝具体的であること。たとえば「もっと愛される人間になる」というような、曖昧なゴール、はっきりと定義されていないゴールを設定しないようにしましょう。その代わりに、「仕事から帰ったら、パートナーをしっかり長く抱きしめる」というように、具体的にしましょう。言い換えるならば、自分が行う顕在的または潜在的行動を具体的に設定しようということになります。あなたはどんな具体的な心理的または身体的行動をとろうと思うでしょうか？）

M = Motivated by values（＝価値に動機づけられていること。このゴールがステップ 2 で選んだ価値に沿ったものであるか、ダブルチェックしましょう）

A = Adaptive（＝適応的であること。適応的というのは、「賢い」をかっこよく言い換えた言葉です。それは追い求める価値のある賢いゴールでしょうか？　あなたがわかる範囲で、そのゴールによって自分の人生がより良いものになるでしょうか？）

R ＝ Realistic（＝現実的であること。ゴールは必ず、自分の使えるリソースを踏まえて現実的なものにしましょう。必要なリソースには、時間、お金、身体的な健康、社会的支援、知識、スキルなどが含まれるでしょう。もしそうしたリソースが使えないのであれば、もっと現実的なゴールに変える必要があります。その新しいゴールは、必要なお金を貯める、必要なスキルを身につける、必要な社会的ネットワークを築く、健康を改善するなど、実際には「足りないリソースを見つけること」になるかもしれません）

T ＝ Time-framed（＝時間と期間が決まっていること。そのゴールに具体的な時間枠を設定しましょう。考えた行動をとる具体的な曜日、日付、時間を――できるだけ正確に――決めましょう）

あなたのSMART（スマート）な行動のゴールをここに書きましょう：

____

____

＊＊＊

これをやり通すには多少の時間がかかりますが、ありがたいことに「インフォーマルな」ゴール設定も多くの場合しっかり役目を果たしてくれます。そうです、読み間違いではありません。多くの場合、フォーマルなSMART（スマート）なゴール設定をしなければならないというわけではないのです。だいたいの人はフォーマルにSMARTなゴールを設定しなくても、たいていはまあまあうまく人生を切り抜けています。フォーマルなゴール設定がもっとも有効なのは、何か非常に具体的でとても困難なことを達成しようとしているのに、なかなか状況を進展させることができないでいるときです。ですからもしクライエントがSMARTなゴールの設定に乗り気でなければ、あるいはそうすることに意義を見出せていなければ、少なくとも当面はそのままにして、代わりにインフォーマルなゴール設定に集中するのが最善かもしれません。

ゴールを評価する

フォーマルなゴールであれ、インフォーマルなゴールであれ、それが効果的なゴールであるかを確かめるために、以下の問いを検討する必要があります。

それは生者のゴールだろうか？　「死人のゴール」とは、あなたよりも死体のほうがうまく達成できるゴールのことです。もしあなたの設定したゴールが、あなた自身よりも死体のほうがうまくできることだとしたら、それは良いゴールとは言い難いものです！　古典的な例に以下のようなものがあります。「私は今週、子どもたちに怒鳴らないようにするつもりだ」。死体であれば、どんな状況でも子どもを怒鳴りつけることは絶対にないでしょう。ですがあなたは同じことを保証できません。「生者のゴール」とは、死体よりもあなたのほうがうまくできること、たとえば、「今週、子どもたちが私の怒りスイッチを押したら、碇を下ろし、怒りに息を吹き込み、穏やかで辛抱強くあるという価値とつながり、子どもたちに向かって落ち着いた、はっきりした調子で話すつもりだ」というものになるでしょう。

「しないこと」を描写したゴールはどれも死人のゴールです。対して、行動のゴールが描写するのはしようと思わないことではなく、しようと思うことです。だからもしクライエントが「私はXをしないつもりです」「Yをやめるつもりです」「Zをしません」と語ることがあったら、「では代わりに何をしますか？」と尋ねましょう。

では、たとえばクライエントが「タバコをやめます！」と言ったとしましょう。これは死人のゴールですね。死体が煙をくゆらせることは絶対にありません（火葬に付さない限りはね）。そんなときには、「では、タバコを吸いたい衝動が出てきたら、どうしますか？」と尋ねることができるでしょう。そしてここを起点にして、「タバコを吸いたくてたまらなくなったら、碇を下ろし、その衝動を認識して、それを置いておくためのスペースを作り、一服する代わりに、マインドフルにストレッチをするか、マインドフルに冷たい水を飲む」といった生者のゴールを作り出すことができるのです。

それは現実的なゴールだろうか？　どのようなタイプのホームワークの課題であっても、それがどの程度フォーマルあるいはカジュアルであっても、クライエントにとって現実的であるかを確認することが非常に重要です（これは元をたどると、ACTの先駆者の一人であるカーク・ストローサルのワークショップで仕入れた、素晴らしいヒントです）。クライエントが次回のセッションまでに何かに取り組むことに同意したときは必ず――どんなにちっぽけでシンプルなことに思えたとしても――「0から10の尺度で、10が『完全に現実的で、何があっても絶対にやってみる』、0が『完全に非現実的で、絶対にやらない』だとしたら、このホームワークに実際に取り組むことはどのくらい現実的ですか？」と尋ねてみることをお勧めします。

クライエントが7未満の点数をつけたら、ゴールを修正する必要があります。クライエントが少なくとも7点をつけられるまで、もっと小さく、シンプルに、簡単にする必要があるということです。場合によっては、ゴールそのものを変える必要もあるかもしれません。

見返りは何だろうか？　クライエントの動機づけは、新しい行動に対する潜在的な「見返り」を強調すること――言い換えると、根底にある価値を強調して、潜在的な利益を検討すること――によって、高めることができます。たとえば次のように聞くことができるでしょう。

- これは進(すすむ)ムーブであるように思われますか？
- これは快適ゾーンから踏み出すことになるでしょうか？　新しいことに挑戦することになるでしょうか？　なりたい自分に近づけるでしょうか？
- 小さな一歩を踏み出すごとに、どんな価値を生きていることになるでしょうか？
- 何が起こるか確かなことはわかりません――これは実験なので――です

が、これに取り組みながら先に進むことで得られるかもしれない恩恵として、どんなものが考えられるでしょうか？　これをすることで、どんな利益があるでしょうか？　どんな良いことを達成できるでしょうか？

実践のためのヒント　上記の質問にあるように、クライエントに潜在的なポジティブな成果について考えてもらうことが効果的だ。しかし、同時に警告もしておく必要がある。「そうした良い成果が実現する可能性もあるでしょうし、そうであってほしいと思っています。ですが、どうかゴールを達成したらどれほど人生が素晴らしいものになるかといった空想に浸らないよう気をつけてください。研究によると、良い結果についての空想に浸ってしまうことで、実際にはゴールに向けてやり抜く可能性が下がることが報告されています」

プランBは何だろうか？　「このうえなく入念に準備した計画でも、しばしば失敗する（The best laid plans of mice and men often go awry)」。（トリビアを少々。これは偉大なスコットランドの詩人、ロバート・バーンズの引用だとされていますが、実際の詩は“The best laid schemes o' mice an' men gang aft a-gley”です。ほらね？　この本から何も学べなかったなんて言わないでくださいね！）。遅かれ早かれ、何らかの障害物が登場して、計画したゴールの前に立ちふさがることになります。もしクライエントにもともとリソースがふんだんにあって、そうした障害物を上手にかわせるのならば、それは素晴らしいことです。でもそうでない場合には、プランBを作るために時間を割きましょう。「もし何らかの理由でこれができなくなってしまったら、代わりとしてどんなことが考えられますか？　他にどんな進(すすむ)ムーブができそうでしょうか？　それらの価値に沿って振る舞う他の方法として、どんなものが考えられますか？」とクライエントに尋ねてみましょう。

外的な障害物に備える

多くの場合、生じうる障害物を想定して、それらに備えておくことは有益です。毎回セッションにやって来ては、予期しない問題に邪魔されたからやり通すことができなかった、と報告するクライエントに対しては、そうした備えが不可欠になります。「これを実行する際の妨げとなりそうなことを何か思いつきますか？　どんな障害や問題、難しさが行く手を阻みそうでしょうか？」と尋ねてみましょう。

行動を妨害しうる潜在的なバリアが明らかになったら、それが現実になってしまった際の対応策について、一緒にブレインストーミングをしておくことができます。また、クライエントが想定していないような困難をセラピストが予期できたときは、よくよく注意を促しておく必要があるでしょう。たとえば次のように伝えることができるでしょう。「先週はA、B、Cという問題が妨げになりましたね。そのうちのいくつかがまた生じるのではと考えているのですが、もしそうなったら、どう対応されますか？」

コントロールできるものとできないものを把握する

コントロールできないのに変えたいと思う物事に意識を向ければ向けるほど、無力さを感じてしまい、うろたえてしまうものです。これは無力感、絶望感、怒り、不安、罪悪感、悲しみ、憤慨、落胆などの形で表出されます。ですから重要なのは、コントロールできるものに意識を集中して、そこに自分のエネルギーと時間を向けることです。それこそがセルフ・エンパワーメントの核心です。クライエントにこの点を理解してもらうために使えるメタファーは……

▩銃を突きつけられる（Gun at Your Head）メタファー

セラピスト：人生が苦しい状況にあるときは、考えや気持ちよりも物理的な行動――つまり、自分の腕や足を使って行うことのほうが、ずっとコントロールしやすいものです。たとえば、もし私が○○さん［クライエント名］の頭に銃を突きつけて、「恐怖も不安も感じるな、これから起こるかもしれない悪い出来事について考えるな」と言ったら、できると思いますか？　もちろん無理ですよね。誰もできないと思います。ですが、もし○○さんの頭に銃を突きつけて、「ペンギンのように踊り、ハッピー・バースデーを歌え」と要求したら、できると思いますか？　きっとできますよね。

＊＊＊

上記のメタファーを使った後は、思いやりを込めてACTの中核であるメッセージを再度伝えたいものです。「事実として、人生が苦しい状況にあるときは、苦しい考えや気持ちが浮かんできます。それを避ける方法はありません。不可避なんです。ですが、できることもあります。それは、自分の行動をコントロールして、人生をできるだけ良くできるよう行動することです。それには、そうした苦しい考えや気持ちから自分をはずして、このような苦しい状況のなかで何をしたいかを明確にする必要があります。そうすれば、ありたい自分らしく振る舞うことができるようになります」

ゴールが他者を変えることだったとき

クライエントの多くが、誰かから何かを得たい、誰かにこのように振る舞ってほしい、というタイプのゴールを持っています。いくつか例を挙げると、「私は妻／夫／母／上司／同僚／子どもに」「もっと明るく／協力的に／頼れるように／フレンドリーに／愛情深く／きれい好きに／思いやり深くなってほしい」あるいは「乱暴／怠け者／自己中心的／だらしないのをもう少しどうにかしてほしい」とか「私に従って／私を尊重して／私の話を聞いて／私を手伝って／私に関心を向けてほしい」もしくは「飲酒／喫煙／怒鳴る／遅くまで帰宅しない／暴言を吐く／コンピューターで遊んでばかりいる／働いてばかりいるのをやめてほしい」といったものです。おわかりのように、これはすべて結果のゴール――どれもクライエントの望む結果を描写したもの――なので、これを行動のゴール、つまり、（望む結果が実現する確率を上げるために）クライエントは何をしたいかへと転換する必要があります。

こういったケースでは、前述した「何がコントロールできて何がコントロールできないか」を確認して、それから次のように言うことができるでしょう。「他人をコントロールすることはできません。たとえ相手の頭に銃を突きつけて命令しても、それに従うか否かを相手は自分で選ぶことができます。歴史書には、銃を頭に向けられて、敵に秘密を漏らすよりも死ぬことを選んだ英雄がいっぱい出てきます。やはり人をコントロールすることはできません。できるのは、影響を与えることだけです。そして、健全な関係を築きながらも、望む方向へと近づく確率を高めるような方法で、相手に対して有効に影響を与えることができます。あるいは、うまくいかないやり方や、望むものは得られても関係を悪化させてしまうような方法で、相手に有効でない影響を与えることもできます。では、これまでに試してこられたことを一緒に振り返ってみてもいいでしょうか？　効果的なことをされていたら、どうしたらそういったことを増やせるかを一緒に考えられると思います。もし効果的でないことをされていたら、どんなところから行動を変えられそうか、一緒に考えてみてもいいでしょうか？」

そして行動変容の初歩の初歩、対人関係有効性スキル（interpersonal effectiveness skills）へと移っていきます。

- （受動的、攻撃的、あるいは受動攻撃的であることとは反対の）アサーティブネスの原則と、効果的なコミュニケーションの原則を教える。つまり、自分の権利と他者の権利を両方とも尊重しながらの、明確かつ具体的な要求の仕方、明確な境界線の引き方、望むものの依頼の仕方や望まないものにノーと言う方法を教える。
- クライエントに、その関係にとって健全なやり方で他者の行動に影響を与える方法、とくに、好ましくて強化したい行動が生じたとき、それにマインドフルに気づく方法を教える（それはときに、笑顔を見せたり「ありがとう」と言ったりするような、ごくシンプルなものだろう）。同時に、クライエントが自分にとって好ましくない行動を弱化しようとする回数を減らせるよう働きかける。強調するのは魔法の比率、つまり、（増やしたい行動への）強化と（減らしたい行動への）弱化の割合を、少なくとも５対１にすることである。
- クライエントが、自分のニーズを満たすために短期的にはうまくいくと思われるが、相手との関係に長期的な悪影響を与える方略（例：叫ぶ、泣く、責める、嘘をつく、だます、攻撃的になる、受け身になる、「口を利かない」、脅す、強制する）に気づくのを助ける。

- クライエントが他者の立場をとり、相手が世界をどう見ているのかを理解し、相手のニーズや問題に共感し、相手の視点から物事を見るのを助ける。

おそらく本書を読まれているカウンセラー、コーチ、あるいはセラピストのどなたも、すでに上記のやり方すべてについてご存じでしょう。そうした立場で働いている人にとって、これは不可欠な知識です。というのも、非常に多くの問題が効果的な対人関係スキルの不足によって引き起こされているか悪化しているからです。ですからもしあなたがアサーティブネス、コミュニケーション、交渉、共感、視点取得スキルについて知らなかったり、知識がちょっと錆（さ）びついていたりしたなら、どうか最新知識に追いついてください。今すぐにですよ（私が人間関係の問題へのACTについて書いたセルフヘルプ本、『相手は変えられない ならば自分が変わればいい』〔*ACT with Love*; Harris, 2009b〕を読めば、簡単に知識を更新できますよ）。

多くのACTセラピストは、こうした対人関係スキルをセッション内でのロールプレイを通して教えるのを好みます（必須というわけではありませんが、とても効果的で関心を惹きつけることのできる教え方です）。それらのロールプレイでは、セラピストは基本的に、クライエントにさまざまなコミュニケーション方法——声の調子、声の大きさ、姿勢、表情、実際に使う言葉——を試してもらい、その影響に関して誠実なフィードバックをしていきます。

上記の内容に加えて、対人関係スキルを教える際には、

- 繰り返しコントロールの問題に立ち戻る。クライエントは、他者に影響を与えることしかできない。他者をコントロールすることはできない。だが、自分自身の行動をコントロールすることは可能であり、それを効果的に実行するほど、他者にうまく影響を与えることができるようになるだろう。そのため、クライエントが他者に影響を与えるために言っていることやしていることに目を向けて、それが効果的かどうかを評価し

よう。そして効果的でない場合は、どう行動を変えられるかに目を向けよう。

- クライエントが、どれだけ他者に影響を与えることに長(た)けたとしても、望むものが手に入らないときもあるという現実を受け入れるのを助ける。クライエントはそういった場合、どのように対応したいのだろうか？　そうなったとき、どんな進(すすむ)ムーブをとることができるだろうか？
- 繰り返し価値に立ち戻る。その人間関係に関するゴールの達成を目指すなかで、クライエントはどんな価値に沿って生きたいのだろうか？　もしクライエントが（a）見事ゴールを達成した場合、そして（b）達成できなかった場合、それぞれどんな価値に沿って生きたいのだろうか？

そしてもちろん、チョイスポイントはいつでも使うことができます——実際に描いてもいいし、会話のなかで言及するだけでもいいでしょう。この場合、状況に当たるのはセラピーにおけるゴール設定です。思考や感情は、絶望感、不安、「大変すぎる」というものでしょう。そして選択肢は、諦めるか、続けるかになります。

ゴールが達成不可能なとき

ときにクライエントは、達成不可能なゴールを持っています。たとえば、42歳の元ソーシャルワーカーで、現在は長期障害休業手当を受給しているアレックスがそうです。私のところに紹介されてきたとき、彼には慢性的なPTSD、大うつ病、そして慢性疼痛の病歴がありました。問題の始まりは15年前、ひどい暴行を受けて背中と首に深刻な損傷を負い、複数回の手術が必要になったことです。

暴行を受ける前、アレックスは熱心なアマチュアフットボール選手でした。ですが今の彼は、杖を使っても動くのがやっとという状態です。私たちが初めて価値とゴールに取り組み始めたとき、アレックスはまたフットボールをプレーしたいと語り続けました。すでに何人もの外科医から不可能と言われていたにもかかわらずです。私は彼にこう言いました。「聞いてください。私はアレックスさんに何ができて何ができないかを言う立場にはありません。ですが、今日、まさに今、そしてこれからの24時間、フットボールをするのは不可能だということには同意していただけるでしょうか？」

アレックスが同意してくれたので、そこから、フットボールをするというゴールの根底にある価値について、再度掘り下げていきました。彼が最初に思いついたのは「相手チームに勝つ、尊敬される、社会生活を送る」というものでした。どれも価値ではありません。それらは継続的な行動に望む質ではないのです。ですから私は次のように尋ねました。「私が魔法の杖を振って、このゴールを一瞬で達成できるようにしたとしましょう。アレックスさんはまたフットボールをして、すべての試合に勝ち、たくさんの尊敬を集め、素晴らしい社会生活を送っています。そうなったら、アレックスさんの行動はどう変わるでしょうか？――自分自身と、自分の身体と、他者に対して、どのように行動が変わるでしょうか？　フットボール選手として、どんな個人的資質を持っていたいですか？　一緒に過ごす人たちに対して、どのように振る舞いたいですか？」

こうした問いとともにさらに掘り下げることで、私たちはいくつかの中核的価値にたどり着くことができました。活動的であること、自分の健康に気を遣うこと、貢献すること、協力すること、社交的であること、競争心を持つこと、「良き友」であること、他者とつながること。私はそこで、たとえ今はフットボールができないとしても、こうした価値に基づいて行動する道はたくさんあることを指摘しました。アレックスはそれに対して、「でも、それは別物です」と抗議しました。

この先を読む前に、少し考えてみてください。アレックスの言葉に対して、あなたならどう答えるでしょうか？

＊＊＊

ここで私たちが向き合っているのは、大きな「現実とのギャップ」、つまり、実際の現実と自分が望む現実との間の大きな隔たりです。そしてそのギャップが大きければ大きいほど、浮かんでくる感情のつらさも増してしまいます。ですから私たちの目標は当然、そうした感情を承認し、ノーマライズし、それがいかにつらいことであるかを認め、クライエントがその感情を受け入れてセルフ・コンパッションを抱けるよう助けることになります。ですから、アレックスに対する私の答えは以下のようなものになりました。

セラピスト：そのとおりです。別物です。まったく違います。かすってもいません。そして自分が望むものと実際に手にしているものとの間に大きなギャップがあるのは、つらいことです。まさに今、アレックスさんが動揺されているのが伝わってきますし、どれほど苦しんでいらっしゃるのか、想像してみることしかできません。（間を置く）私の経験では、今のアレックスさんのように、人がとてもつらい思いをするのは、何かとても大切な、その人にとって本当に意味のあることに触れているからです。（間を置く）では、ここで私がアレックスさんに選択肢を提示できるとしましょう。ひとつは、そうしたつらい感情を置いておくスペースを作り、それらとの戦いを手放す方法を学ぶことです。そうすることで、エネルギーをもっと大切なこと、心の奥で本当に大事だと思っていることに使えるようになります――そして、このつらい現実のなかでも、何かを体現することができます。もうひとつの選択肢は、つらい感情に絡めとられて動けなくなり、ある意味で挑戦するのを諦め、人生を保留状態にすることです。どちらの選択肢を選びたいと思いますか？

この時点で、アレックスは悲しみや憤り、恐れの感情をひどく昂(たかぶ)らせていたため、アクセプタンスと脱フュージョン、セルフ・コンパッションに取り組みました。アレックスは、自分が失ったものに関するつらい感情を受け入れること、そして、自分を怒りと絶望に引きずり込んでいた思考――「私の望んでいた生活はもう二度と手に入らない」「こんなの不公平だ」「このまま生き続ける意味はない」――から脱フュージョンすることを学びました。

その後、私たちは価値の話に戻り、小さな現実的なゴールをいくつか設定することにしました。たとえば、アレックスの中核的価値には「貢献すること」「社交的であること」の２つが含まれていました。そこでスポーツのチームに貢献する代わりに、健康保健チーム――地域の老人ホームの看護師たち——の手伝いをすることにしたのです。彼は自分から進んでホームに通い、そこで暮らす高齢者たちと交流するようになりました。お茶を入れたり、最近のニュースについて話したり、一緒にチェスをしたりさえしました(これは競争心を持つという価値に基づく行動ですね)。そして、フットボールをプレーするのとは遠くかけ離れた活動であるにもかかわらず、アレックスはそこから大きな充実感を得られることに気づいたのです。

さて、ここまでをまとめるなら、ゴールが達成不可能なときやゴールまでの道のりが相当に長いときにやるべきことは、次の4つということになります。

1. 大きな「現実とのギャップ」から生じる苦悩を承認する
2. その苦悩に対し、アクセプタンス、脱フュージョン、セルフ・コンパッションを使って対応する
3. ゴールの根底にある（1つあるいは複数の）価値を見つける
4. その価値に基づいて、現在の生活状況に照らして現実的な新しいゴールを設定する

行動計画（アクションプランの立案）

クライエントのなかには、価値に導かれたゴールを設定してしまえば、その達成に向けて行動するのがとても上手な人もいます。ですがそうでない人は、小さなステップに細分化したアクションプランを作成するために手助けを必要とするでしょう。そのとき非常に役立つ質問が以下のようなものです。「これからの24時間で実行可能で、なおかつ少しだけその方向へ進んでいけるような、ごく小さい、本当に小さい、ものすごくシンプルで簡単なステップは何でしょうか？」

小さなステップを踏むことを学ぶのは重要です。クライエントが大きくて長期的なゴールに気を取られすぎると、今、この瞬間を生きることから引きはがされてしまいます。そうなると、「このゴールさえ達成できれば幸せになれる」というマインドセットに飲み込まれてしまいます。ですが当然のこ

となから、クライエントはそのゴールを永遠に達成できない可能性もありますし、予想したよりもだいぶ時間がかかってしまう可能性もあります。それを達成としたとしても幸せにはなれない可能性もあるのです。

ですから私はクライエントに、老子の『道徳経』にある有名なことわざ、「千里の道も一歩から」を思い出してもらうようにしています。自らの価値を生きるというのは、終わりのない旅です。人生の最期、息を引き取るその瞬間までこの旅は続きます。そして私たちが踏み出す一歩一歩は、それがどんなに小さなものであっても、その旅の有効かつ有意義な一部なのです（イソップの名言を引用するのも好きなんです。「少しずつ、少しずつが秘訣〔Little by little does the trick〕」)。

価値、ゴール、行動がいかにして一体となって作用するかを見てもらうために、サラのケースについて考えてみましょう。サラは38歳の看護師で、4年前に離婚しています。新しいパートナーを見つけて結婚して、子どもが欲しいと強く願っていますが、30代後半という年齢から、急がないと子どもを産めなくなってしまうことを心配していました。もちろん結婚も出産もゴール——（可能性としては）やることリストから消して、達成できた、終わり！ とすることができるもの——ですが、価値ではありません。そこで「SMART（スマート）なゴール設定」ワークシートを使うことで、サラにとって優先順位の高い生活領域を2つ見つけました。それは「親密なパートナー」と「子育て」でした。その後、この2つの領域における彼女の価値に目を向けていきました。

サラは当初、自分が望むのは愛されること、大切にされることだと語りました。さて、これらはどちらもよく見られるゴールですね。誰もが他者から愛されたいし、大切にされたいと思うものです。ですが、それは価値ではないのです。価値とは、何を手に入れたいかではなくて、自分がどのように振る舞いたいかなのです。さらに掘り下げていくことで（そして、浮かんできた強い悲しみのアクセプタンスに十分取り組むことで)、サラの「親密なパートナー」という領域における価値は、誰かとつながること、大切にすること、愛情深くあること、支えること、関係を育むこと、遊び心を持つこと、「今、ここ」に存在すること、情緒的に親密であること、性的欲求を表現すること、であることがわかりました。「子育て」の領域における価値も、（「性的欲求の表現」を除き）ほぼ同様だったのです。

サラは、結婚と出産が（24時間以内に達成可能な）直近のゴールとしても（数日から数週間以内に達成可能な）短期的なゴールとしても現実的ではないと認識したため、その2つを中期あるいは長期的なゴールとして書き込みました。

次に、サラは短期のゴールについて考えました。そして「親密なパートナー」という領域では、①スマートフォンのマッチングアプリを使って数人とデートをしてみる、②男女混合のラテンダンスのレッスンを受ける、という2つをゴールに設定しました。また、「子育て」の領域では、①10代の姪を日帰り旅行に連れていく、②小さな子どものいる友人数人を訪ねる、と設定しました。

しかし、直近のゴールになると、サラはつまずいてしまいました。そしてセッションは次のように進みました。

セラピスト：大切な価値をたくさん見つけられましたね。どれが一番重要であると感じますか？

サラ：うーん。そうですね、一番は誰かとつながることと、親密でいることでしょうか。

セラピスト：なるほど。では、この2つの価値に一致することで、これから24時間以内にできそうな、ごく小さい、シンプルで簡単なことは何でしょうか？

サラ：わかりません。

セラピスト：何も思いつきませんか？

サラ：思いつかないです。

セラピスト：そうですね、ここで大切なのは枠に囚われないことです。つながりが重要だとしたら、それを実現する方法は山ほどありますよね。たとえば、動物、植物、人、自分の身体、宗教とつながることもそうです。同じことが親密さについても言えます——いろいろな形で実現できると思いますし、自分自身と親しくなるというのも選択肢です。

サラ：そのように考えたことはなかったです。

この方向でしばらく話し合った後、サラは熱いお風呂にゆっくり浸かってくつろぐことを直近のゴールとしました。これは、自分自身との親密さを深め、自分の身体とつながる方法のひとつです。

コミットされた行為は、往々にして不快感を連れてくる

場合によっては、価値を行動に変換するのは難しくありません。人生がうまくいっているとき――大きな問題や障害がなくて、とくに無理や背伸びをしていないとき――は、価値に導かれて、ありたい自分らしく振る舞うことも、効果的な行動をとることも、たいていはそれほど難しくないでしょう。ですが一方で、それが信じられないくらい難しいときもあります。自分の快適ゾーンから踏み出して恐怖と向き合い、隠れてやり過ごしたい問題に立ち向かい、自然にできるものではない難しいスキルを学び、どんな結果になるのかわからないまま困難な状況に足を踏み入れるときは、それによって非常に不快な思考や感情――もっとも一般的には、不安――が、たいてい生じるものです。ですから、個人的成長に伴う不快感のためのスペースを作ることにウィリングになれなければ、成長に必要な行動をとることはできないでしょう。というわけで、次章ではアクセプタンスについて扱っていきます。

Extra Bits（おまけ）

ACT Made Simple : The Extra Bits（http://www.actmindfully.com.au）の第21章に、次のものを用意した。①成果に過剰に気を取られることで生じる問題の説明、②ゴール設定中に起こるフュージョンへの対応策、③印刷用「挑戦の方程式（challenge formula）」と、併せてクライエントに渡せる説明文、④印刷用「SMART（スマート）なゴール設定（SMART Goal-Setting）」ワークシート、そして、⑤ゴール設定と行動計画のためのACT Companionアプリの使い方。（英語）

スキルアップのために

私からの提案はこんな感じです。

- 前述のフォーマルなSMART（スマート）なゴール設定プロセスを自分で試してみよう。感覚をつかめるまで3回か4回はやってほしい。その後、実際のセッションでクライアントと試してみよう。
- 本章に出てきたセリフやスクリプト――とくに、挑戦の方程式と「銃を突きつけられる」メタファー――を通して練習してみよう。
- 「ごく小さなステップ」の質問を何度か練習しよう。そして実際のセッションでも定期的にこの質問をするようにしていこう。

第21章のまとめ

コミットされた行為とは、価値に沿ったゴールを達成するために、価値に沿って生き、効果的に――顕在的あるいは潜在的な――行動をとることを意味します。それには「味つけをしてあじわう」のようなインフォーマルなゴール設定が関わってくるかもしれませんし、あるいはフォーマルなSMART（スマート）なゴール設定が必要となるかもしれません。クライエントのなかには、行動を起こすことへの心理的バリアがほとんどない人もいるでしょう。その場合には、価値に触れるのを手助けして、価値に沿ったゴールについて尋ねるだけでも動き出すには十分でしょう。ですが大半のクライエントは、少なくともいくつかのバリアを抱えています。どんなバリアがありそれをどう乗り越えるかについては、第22章から第24章で見ていくことにしましょう。

第22章

フィフティ・シェイズ・オブ・アクセプタンス

何をアクセプトするの？

先に述べたように、アクセプタンスとは「体験的アクセプタンス」を略したものです。それはつまり、思考や感情、記憶といった私的体験を積極的に受け入れることであって、人生のそのときの状況を受動的に受け入れることではありません。ACTでは、置かれた状況をできるだけ改善するために、行動をとることを推奨しています。つまり、アクセプタンスとコミットメントです！　たとえば、パートナーとの親密な関係に問題を抱えているとき、ACTでは、（飲酒、喫煙、過食、反すう、心配といった自己破滅的なことをする代わりに）セルフ・コンパッションを実践し、あらゆるつらい思考や感情を置いておくためのスペースを作ることを推奨します。そして同時に、その関係を改善する（あるいは、必要であればその関係から離れる）ために、価値に導かれた行動をとるのです。

また、何度も繰り返してしまって申し訳ないのですが、本当に重要なことですし、多くの新米実践家が間違って理解してしまうので、言わせてください。私たちは、ありとあらゆる望まない思考や感情のアクセプタンスを推奨するのではありません。アクセプタンスを支持するのは、あくまで体験の回避が価値に基づく効果的な生き方の妨げとなっているときなのです。

アクセプタンスのまとめ

・簡単に言うと… **アクセプタンス**（*acceptance*）とは、自分の内的体験（思考、イメージ、記憶、感情、情動、衝動、欲求、感覚）に対してオープンになること、そして、それが快適なものであっても苦痛を伴うものであっても、あるがままにしておく（そのままを受け入れる）こと。内的体験に対してオープンになり、それを置いておくためのスペースを作り、それらとの戦いを手放し、好きなペースで自由に行き来させること。

・その目的は？ そうすることで価値に基づいて行動できるようになるのであれば、望まない内的体験に対してオープンになること。

・別の言い方をすると… ウィリングネス、エクスパンション（拡張、広げる）、戦いを手放す、オープンになる、置いておくためのスペースを作る。

・その方法は？ 望まない内的体験と、完全に、オープンに、防衛することなく、心理的に接触する。

・使用するタイミングは？ 体験の回避が価値に基づく効果的な生き方に対するバリアとなっているとき。

アクセプタンスの語り方

多くのクライエントは、「アクセプタンス」という言葉で私たちが言わんとすることを理解できません。一般的に、何かを受け入れるということは、それに甘んじる／耐える／我慢するとか、さらにはそれを好きになる／求める／賛同するということだと思われがちです。ですから私は、セラピーの初期段階ではアクセプタンスという言葉を避けるようにしています。代わりによく使われるのは、「ウィリングネス（willingness）」——今、この瞬間に、自分の思考や感情をあるがままに持っておこうとするウィリングネス——という言葉です。また、他には「エクスパンション（expansion）」という言葉も使えますが、これは、オープンになる、スペースを作る、置いておく場所を作るといった比喩的な語りとの相性が良いものです。他にもあれこれ使ってみることができそうな表現としては、

- そこにいるのを許す
- オープンになり、置いておく場所を作る
- その周りを広げる
- そのまま一緒にいる
- もがくのをやめる
- 戦うのをやめる
- 和解する
- スペースを与える
- 周りを柔らかくする
- そのままにしておく
- 息を吹き込む
- 優しく／軽く／そっと持つ
- 積極的に関わる（lean into it）[訳注1)]

アクセプタンスへと至る道

多くのACTプロトコルでは、アクセプタンスは創造的絶望（第8章）と、もがくのをやめる（第9章）に続いて導入されます。もしそのような筋道で進んでいるのなら、以下で見ていくように、「紙を押しやる」エクササイズ（第9章）がアクセプタンスへの移行にとても適しています。

訳注1）ネガティブな事柄を受け入れる、困難に立ち向かうとも。

セラピスト：では、簡単におさらいしましょう（「紙を押しやる」エクササイズを簡単に振り返り、クライエントに紙を押してもらう）。このように、押して押して押し続けていると、時間もエネルギーも、すべてそこに注がれてしまいます。肩は疲れ、追い込まれてしまい、こうしている間は、車の運転とか、料理とか、愛する人を抱きしめるといった有益なことが何もできません。では、今度は紙をただ膝に置いてみましょう（クライエントは紙を膝に置く）。そうするといかがですか？　労力はだいぶマシになりませんか？

クライエント：ええと……はい。マシですね。でもまだここにあります。

セラピスト：そのとおりです。まだそこにあるだけでなく、さっきよりもずっと近いですね。ですが、さっきとの違いに気づいてください。今なら、人生がうまくいくのに必要なことを自由にできます。愛する人を抱きしめたり、夕食を作ったり、車を運転したりできます。その紙はエネルギーを吸い取っていません。疲れさせてもいません。束縛しても、取り囲んでもいません。もちろん、それは単なる紙きれです。ですが、同じことを実際の気持ちに対してもできるようになるとしたらどうでしょうか？

思い出してください。ACT のコアプロセスに決まった順序というものはありませんでしたね。ですから、アクセプタンスへ至る道筋は他にもたくさんあります。他の ACT プロセスからアクセプタンスへつなげるときに使える表現の例を見てみましょう。

- **脱フュージョンから：**「さて、ここまで考えの釣り針から自分をはずす方法を見てきましたが、気持ちについてはどうでしょうか？」あるいは「○○さん［クライエント名］のマインドは、こんな気持ちつらすぎて耐えられないと言っているんですね。では、それが事実であるかを確認してみるのはいかがでしょうか？」
- **価値から：**「今、そうした価値について話しているとき、どんな気持ちが湧き出てきますか？」

- **コミットされた行為から**：「この行動を実行したら、どんな気持ちが出てきそうでしょうか？」あるいは「これを実行することについて考えると、どんな気持ちになりますか？」もしくは「これを行うためには、どんな気持ちのためにスペースを作る必要がありそうでしょうか？」
- **文脈としての自己から**：「では、その自分の中の気づくことのできる部分を使って、○○さんをずっと苦しめている気持ちのいくつかを見てみましょう」

もちろん、クライエントの体験の回避が顕著であればあるほど、望まない内的体験を受け入れることには消極的でしょう。ですから実際には、もっとゆっくり、穏やかに進める必要があります。もっと創造的絶望に取り組む必要があるでしょうし、繰り返しそこに戻る必要もあるかもしれません。

価値に関するワークもここでは重要になります。私たちには、アクセプタンスと人生の向上とを明確にリンクさせる必要があるのです。クライエントは、この不快感を受け入れるのは、何か重要な、意義のある、人生を充実させるもののためであるということを認識する必要があります。多くの場合、魔法の杖の質問が役立ちます。「私が魔法の杖を振ったら、いま抱えている苦しい気持ちが、もうどんな形でも○○さんをひるませなくなるとしましょう。もしそうなったら、毎日の生活のなかで○○さんの行動はどう変わるでしょうか？」。その回答に続いて、さらに次のように言えるでしょう。「なるほど。では、それが人生でしたいことなら、実現できるようにしましょう。魔法の杖は持っていませんが、苦しい気持ちが足かせとならないよう対応する方法を学ぶことはできますから」

もちろん、この取り組みが安全なものであるよう常に配慮したいものです。クライエントに説教したり強要したりしないよう気を配りたいですよね。いつも許可を求め、いつも選択肢を提示し、毎回いつでもやめられることを伝えましょう。

アクセプタンスの「3つのA」

個人的には、アクセプタンスを「3つのA」の観点から捉えることが有用だと思っています。それは、acknowledge（認識する）、allow（許す）、accommodate（和解する）の3つです（どれも公式のACT用語ではないですよ）。この3つは、それぞれ独立した輪郭を持つ個別の段階ではなくて、互いに流れ込みまたそこから流れ出ていくような、重なり合い絡み合ったフェーズであると捉えることができます。

Acknowledge（認識する） アクセプタンスの最初のフェーズには、多くの場合、苦しい内的体験をただ認識することが関わります。つまり、好奇心をもってそれに気づき、評価判断を下さずに名前をつけることです（ご存じのように、これは脱フュージョンの最初のステップでもありますし、あらゆる「碇を下ろす」エクササイズの重要な一側面でもあります）。

Allow（許す） 望まない内的体験の存在を認識した次のフェーズは、それを許すこと、そこにいることを許可して、そのままにしておくことです。それにはちょっとした独り言がよく役に立ちます（例：「この気持ちは好きじゃないけど、許してあげよう」もしくは「こんな気持ちを感じていたくないけど、そのままにしておこう」）。

Accommodate（和解する） 引き続くもっとも難しいフェーズが、その内的体験と和解することです。家に予期しないお客さんが訪れたときのことを考えてみてください。たとえば、悪い人ではないとわかっているけれどとくに好きではない親戚などです。あなたはまずドアを開けて、そこに立っている親戚を認識します。それから、親戚が家に上がるのを許すことにします。では、そこまで許したなら、次はさらに一歩進んでおもてなししようとしませんか？　座ってお茶でもいかがですか、と尋ねないでしょうか？

英語の「accommodate」という単語には3つの意味があって、そのすべてがこれと関連しています。その3つとは、①十分なスペースを提供する、②調和する(to fit in with)、③順応する(to adapt to)というものです。私たちが望まない思考や感情、衝動、感覚、記憶と「和解」するときは、そうした体験のために能動的に場所を作り、十分なスペースを提供し、それと「調和し」、好きなだけそこにいさせて、それらと一緒に生きることに順応するのです。

実践のためのヒント 本章では、感情のアクセプタンスが強調されている。しかし、この原理はどんな内的体験——思考、記憶、衝動、感覚など——のアクセプタンスにも当てはまる。

アクセプタンス・バイキング

アクセプタンスに取り組む方法は無数にあり、次ページの図にはそのうちのいくつか(すべてには程遠いですが)が載っています。10秒くらいでできるものもあれば、10分くらいかかるものもあります。ほとんどは本書内で扱っており、残りについてはExtra Bitsで読むことができます。

アクセプタンス・ツールキット

これからながーーーーーーいアクセプタンス・エクササイズを紹介していきますが、それはまさにいろいろなツールを詰め込んだツールキットと言えるでしょう。だからこそ、(申し訳ないのですが)改めて思い出してほしいのです。アクセプタンスはプロセスであって、テクニックではありません。ツールやテクニックは、セラピストとクライエントがこのプロセスを表から裏までくまなく学べるように使うものなのです。

このエクササイズは、実に13もの異なるテクニックがつなぎ合わされて構成されています。それらは、価値およびゴールとリンクさせる、好奇心旺盛な子どものように観察する、自分の気づく部分、ラジオマインド、気づ

気持ち

癒やしの手

その気持ちをもっとも強く感じる身体の部位に手を当ててください。その手を、癒やしの手──献身的な看護師さんや自分を大切にしてくれる家族、パートナーの手──だとイメージしてください。手を置いた部分に、温かさを送り込んでください──その気持ちを取り除くためではなく、その周りを広げて、置いておくスペースを作り、優しく持っておくためです。

協力者としての苦痛

その気持ちを、動機づけるため、コミュニケーションをとるため、光を当てるために使いましょう。

許す

その気持ちがそこにあることを許しておけるか試してみましょう。それを好きになったり求めたりする必要はありません──ただ許しましょう。

感じるという選択

私があなたに選択肢を提示できるとしましょう。

A. もう二度とその気持ちを感じなくて済みますが、同時に愛することや思いやることもできなくなってしまいます。

B. 愛することや思いやることはできますが、求めるものと手にしているものとの間にギャップがあると、今のような気持ちが現れます。

どちらを選びますか？

碇を下ろす

その気持ちに気づき、自分の身体とつながり、世界に関与してください。

コンパッション

泣いている赤ちゃんや怖がっている子犬をあやすように、その気持ちをそっと優しく抱きしめてください。

抵抗スイッチ

抵抗スイッチはオンですか？　オフですか？　それとも、私たちが「許容」と呼ぶ、その中間の状態でしょうか？
そのスイッチが、0から10のメモリのついたダイヤルだとします。
10が全力で抵抗している状態、0がまったく抵抗していない状態だとしたら、今はどの段階ですか？
メモリを1つ2つ下げられないか進んで試してみようと思えますか？

ノーマライズする

その気持ちは、あなたには心があり、気遣ったり心配したりする普通の人間であることを教えてくれます。求めるものと手にしているものとの間にギャップがあると、人間はそのように感じるものです。

エクスパンション／広げる

心を開いてオープンになり、気持ちの周りの空間を広げられるか試してみてください。それはまるで魔法がかかって、心の中にスペースが生まれるような感じです。

マインドフルに名前をつける

マインドフルにその気持ちにラベルをつけましょう。「不安に気づいている」「悲しみがある」「怒りの気持ちを持っている」

いろいろなメタファー

「流砂」
「バスの乗客」
「ボートの悪魔」
「沼地を渡る」
「紙を押しやる」

感情サーフィン

海の波に乗るように、気持ちや衝動の波に乗りましょう。

息を吹き込む

その気持ちに息を吹き込んでください。気持ちの中や周りに息が流れ込んでいくような気持ちで吹き込んでください。

好奇心旺盛な子ども

その気持ちが身体のどこにあるか意識してください。その気持ちにズームインしてください。好奇心旺盛な子どもが未知の物体に出合ったような気持ちで、それを観察してください。端はどこにありますか？　どこで始まりどこで終わっていますか？　動いていますか、じっとしていますか？　身体の表面にありますか、内側にありますか？　熱いですか、冷たいですか？　軽いですか、重いですか？

形を与える

その気持ちが形ある物体だと想像してください。それは液体、個体、気体のどれでしょうか？　大きさはどのくらいですか？　軽いですか、重いですか？　温度は何度くらいですか？　身体の表面にありますか、内側にありますか？　どんな形ですか？　何色ですか？　透明ですか、不透明ですか？　表面はどんな感じでしょう――熱いですか、冷たいですか？　デコボコですか、すべすべですか？　しっとりしていますか、乾いていますか？

気づく

その気持ちがどこにあるか意識してください。
それをどこで一番強く感じるか意識してください。
熱いところや冷たいところを意識してください。
その気持ちの中にいろいろな感覚があることに気づいてください。

一般的なアクセプタンス・テクニックのまとめ

く、名前をつける、息を吹き込む、広げる（expand)、許す（allow)、形を与える、ノーマライズする、セルフ・コンパッションを抱く、意識を広げる(expand awareness)、です。そう、盛りだくさんです。ですが心配はご無用です――この後、あなたのために一つひとつ、ひもといていきましょう。

このエクササイズはとても長いので、セラピーの初期段階では、多くのクライエントにとってハードルが高すぎるでしょう。ですが、容易に短縮してユーザーフレンドリーにすることができます。1つか2つのテクニックを取り出して、短いエクササイズとして実施できるのです（そして本章の後半で、各テクニックの超短縮バージョンも紹介しますね)。また、(他の好きなアクセプタンス・テクニックと併せて）好きな順番で好きに組み合わせることもできますし、好きでないものをはずすことも可能です。ですから、自分だけの短い（あるいは長い）エクササイズを簡単に作ることができるわけです。

ここで手短に確認しておきましょう。クライエントのなかには、呼吸に焦点を当てるタイプのエクササイズを好まない人もいます。そして以下のエクササイズにはひとつ、感情に「息を吹き込む」テクニックが含まれています。多くの人はこれがアクセプタンスに役立つと感じますが、もしクライエントが好まなかったら、シンプルに飛ばしてしまいましょう（同じことがあらゆるACTプロセスのあらゆるツールやテクニックについても言えます。そのうちのどれもが不可欠というわけではないのです)。

実践のためのヒント　こうしたエクササイズをクライエントと1対1の状況で行うときは、セラピストが話す間、クライエントに黙って座っていてもらう必要はない。独白ではなく、対話なのである。クライエントの様子を確認し、どのような感じかを尋ねて、フィードバックをもらい、必要に応じて内容を修正しよう。

「感情のアクセプタンス」エクササイズ

いつものとおり、クライエントに向かって語りかけているつもりで、以下のスクリプトを声に出して読むことをお勧めします。省略記号（……）は2秒から4秒の短い間を示しています。

価値およびゴールとリンクさせる

セラピスト：ではこれから、苦しい気持ちへの新しい対応の仕方を学ぶためのエクササイズをやってみようと思うのですが……難しい部分もあると思います……ですから、ここで少し時間をとって、○○さんのモチベーションをはっきり確認しておきたいと思います……このエクササイズをすることで、○○さんはどんな価値を実践することになるでしょうか？……このエクササイズをするのは何のためでしょうか？……これはどのように○○さんを助けてくれるでしょうか？……こうすることで、○○さんは今までと違うどんな行動をとれるようになるでしょうか？

好奇心旺盛な子どものように観察する

セラピスト：では、姿勢を正して椅子に座り、背筋を伸ばして、両足を床にしっかりつけてください。多くの方はこのように座ると、頭が冴えてすっきりすると感じます。○○さんも同じか、確かめてみてください。目は閉じていても、どこか一点を見ていても、どちらでも大丈夫です。

では少し時間をとって、自分の中の好奇心を引き出してみてください――好奇心旺盛な子どもになって、今までに見たことのない、まったく新しいものを見つけたつもりになってみてください――そしてその純粋な好奇心を持ったまま、自分がどのように座っているかを意識してください……床についている足を意識してください……背筋が伸びていることを……両手がどこにあるか……何に触れているかを……目が開いているか閉じているかを意識してください……何が見えるかを意識してください……何が聞こえるか……どんな匂いがするか……どんな味がするかを意識してください……そしていま考えていること……感じていること……していることを意識してください。

●自分の気づく部分

セラピスト：○○さんの中には、あらゆることに気づくことができる部分があります……それはいつもそこにあって、いつも気づいています。このエクササイズでは、苦しい気持ちの中へ引っ張り込まれたり、その気持ちに押し流されたりせずに、それから一歩下がって距離をとり、それを観察するためにその部分を使ってみましょう。

●ラジオマインド

セラピスト：バックグラウンドで流れているラジオのように、マインドに好きにおしゃべりさせましょう……自分の注意は、その気持ちに向けたままにしてください……そして、もしどこかの時点でマインドが○○さんを釣り上げて、このエクササイズから引っ張り出したら、それに気づいた瞬間にそのことを認識し、自分をマインドからはずし、もう一度注意を向け直してください……。

●気づく

セラピスト：その気持ちがどこから始まってどこで終わっているかを意識してください……その気持ちについて、できるだけたくさんのことを調べてみてください……。

もしその気持ちの輪郭を描くなら、どんな形になるでしょうか？……平面的でしょうか、立体的でしょうか？　身体の表面にあるでしょうか、中でしょうか、それとも両方でしょうか？……その気持ちは、○○さんの中のどれくらい深いところまで到達しますか？……どこで一番強く感じますか？……どこで一番弱く感じますか？（5 秒置く）

もしどこかの時点で釣られたと気づいたら、ただそこから自分をはずして、その気持ちに意識を向け直してください……。

その気持ちを、好奇心をもって観察してください……中心部は端の部分とどのように違いますか？　その中に鼓動や振動を感じますか？……軽いですか、重いですか？……動いていますか、止まっていますか？……温度はどのくらいですか？……熱いところと冷たいところがあるでしょうか？……。

その気持ちの中の、いろいろな違った要素に気づいてください……1つの感覚だけではないこと——感覚の中にまた感覚があること——を意識してください……いろいろな層があることを意識してください（5秒置く）。

名前をつける

セラピスト：少し時間をとって、その気持ちに名前をつけてみてください……それを何と呼びますか？……なるほど。では心の中で、「Xという気持ちに気づいている」と言ってみてください……〔X＝クライエントがその感情につけた名前。たとえば、不安〕。

息を吹き込む

セラピスト：その気持ちを意識しながら、そこに息を吹き込んでみてください……その気持ちの中と周りに息が流れ込んでいく様子を想像してください……その中と周りに、息を吹き込んでください……。

広げる

セラピスト：では、まるで魔法にかかったかのように、○○さんの内側にスペースが生まれたと想像してください……その気持ちの周りを広げます……それを置いておくスペースを作ります……その周りを広げます……このイメージを、どのように捉えていただいてもかまいません……そこに息を吹き込んで……心を開いて……その周りを広げてください……。

●許す

セラピスト：そして、その気持ちがただそこにあるのを許すことができるか、試してみてください。それを好きになる必要も、求める必要もありません……ただ許してください……ただそこにいさせてください……観察して、息を吹き込んで、その周りのスペースを広げて、あるがままにしておいてください（10秒置く)。その気持ちと戦いたくなったり、押しやったりしたくなる強い衝動に駆られるかもしれません。そのときは、それに従って行動せず、ただそうした衝動があることに気づいてください。そしてその感覚の観察を続けてください（5秒置く)。その気持ちを消そうとしたり、変えようとしたりしないでください。自然に変化した場合は、それで大丈夫です。変化しなかったとしても、それも大丈夫です。

その気持ちを変えることも、消してしまうことも、ここでの目的ではありません。○○さんが目指すのは、ただそれを許すこと……そのままにしておくことです（5秒置く)。

●形を与える

セラピスト：その気持ちが、物理的なモノであると想像してください……その物体は、どんな形をしていますか？……液体ですか、固体ですか、気体ですか？……動いていますか、止まっていますか？……どんな色ですか？……透明ですか、不透明ですか？

もし表面を触ったら、どんな感じでしょうか？……湿っていますか、乾いていますか？……デコボコしていますか、ツルツルしていますか？……熱いですか、冷たいですか？……柔らかいですか、硬いですか？（10秒置く）

その物体を、好奇心をもって観察して、そこに息を吹き込み、その周りのスペースを広げてください……好きになる必要も、求める必要もありません。ただそれを許して……そして、○○さんはその物体よりも大きな存在であることを意識してください……それがどれだけ大きくなっても、○○さんより大きくなることは決してありません

（10 秒置く）。

ノーマライズする

セラピスト：この気持ちは、○○さんに重要な情報を伝えています……○○さんは心を持った普通の人間であると……何かを大切に思ったり心配したりするのだと伝えています……人生には○○さんにとって重要なものがあるのだと伝えています……そして、欲しいものと手にしているものとの間にギャップがあると、人間は今の○○さんが感じているようなことを感じます……ギャップが大きければ大きいほど、その気持ちも大きくなります（5 秒置く）。

セルフ・コンパッションを抱く

セラピスト：片方の手を、身体の、その気持ちを感じる部位に当ててください……それを癒やしの手だと想像してください……慈愛に満ちた友人や親、看護師さんの手だと想像してください……そしてその手から身体に流れ込んでくる温かさを感じてください……その気持ちを消してしまうのではなく、ただそれを置いておくためのスペースを作ってください……その周りを柔らかく、緩めてください（10 秒置く）。

その気持ちを、泣いている赤ちゃんや怖がっている子犬のように見立てて、優しく抱きかかえてください（10 秒置く）。

そのままそこに手を置いておいてもいいですし、膝に戻してもかまいません。どちらでも好きなようにしてください。

意識を広げる

セラピスト：人生は、舞台劇のようなものです……舞台の上にはあらゆる考え、あらゆる気持ち、そして見えるもの、聞こえるもの、触れるもの、味わえるもの、匂いを嗅げるものすべてがあります……。

私たちが先ほどまでやってきたのは、舞台の明かりを落として、その気持ちにスポットライトを当てる作業です……そして今度は、残りのライトを灯す時間です……。

では、その気持ちにスポットライトを当てたまま、同時に自分の身体にもライトを向けてみてください……腕、脚、頭、首を意識してください……そして、何を感じていたとしても、自分の腕や脚はコントロールできることに気づいてください……腕や脚を少し動かして、そのことを自分で確かめてみてください……そして今度は少し伸びをして、身体を伸ばしている自分を意識してください……。

では今度は、周囲に広がっている部屋にライトを向けてみましょう……目を開いて、辺りを見回して、見えるものを意識してください……聞こえるものを意識してください……そして、今ここにあるのは1つの感覚だけではないことに気づいてください。身体の中にある気持ち、部屋の中に感じられるものもあります。ここでは二人で一緒に、とても重要なことに取り組んでいます……さて、おかえりなさい！

上記のスクリプトでは、たったひとつの感覚――もっとも強い感覚だけに焦点を当てました。多くの場合、アクセプタンスが身体中に「広がる」にはこれで十分です。ですが場合によっては、身体の別の部位に別種の強い感覚があることもあります。そのときは、それぞれの感覚に同じ手続きを繰り返してもよいでしょう。また、クライエントがどこかの時点でフュージョンしたり、飲み込まれてしまったりしたときは、「碇を下ろす」と脱フュージョンへ速やかに移行し、その後アクセプタンスに戻ってきましょう。

実践のためのヒント　麻痺や無感覚についても、他の感情と同じように取り組むことが可能だ。麻痺や無感覚がもっとも著しい部位を探し、それに気づき、名前をつけ、描写し、それに対してオープンになり、置いておく場所を作り……、と進めていこう。そうやって取り組んでいると、麻痺や無感覚は消失し、それ以外の「埋没していた」あるいは「隠されていた」感情が「表面に浮かび上がって」くることが多い。

クライエントにこの種のエクササイズを行ってもらうと、次のいずれかのことが生じます。クライエントの感情が変化するか、しないかです。どちらでも問題ありません。目的は感情を変化させることでも減らすことでもなく、それらを受け入れること——認識し、許し、和解することです。なぜか？　それは、膨大な時間やエネルギーや努力を感情のコントロールに費やさなければ、それらを代わりに価値に向けて行動するために使うことができるからです。

クライエントは、つらい感情や感覚を受け入れると、それがすごく軽くなったり、ときには消えてしまったりすることによく気づきます。そのときは、①それはボーナスであってゴールではないこと、②いつも起こるわけではないから期待してはいけないことを、はっきり伝える必要があります。たとえば次のようなことが言えるでしょう。「そうなんです、おもしろいですよね？　心を開いて置き場所を作ると、その気持ちの激しさが弱まることがとても多いんです。ときには消えてしまうことさえあります。ですが、いつそうなるかを予測することはできないんです。そうならないこともあります。ですから、弱まったり消えたりしたとしたら、そうなったときは満喫しましょう。ですが覚えておいていただきたいのは、それはボーナスであってメインではないことです。もしこうしたテクニックを、そうした気持ちを消し去るために使い始めたら、すぐに『うまくいきません』と私に言いに来ることになると思います」

そう言われてクライエントが混乱したりガッカリしたりしたようであったら、「紙を押しやる」エクササイズか「抵抗スイッチ」のメタファー（本章のもう少し後で登場します）を繰り返して、この点がしっかり伝わるようにするのが賢明でしょう。そうしておくことの重要性は、どれだけ強調してもしたりないほどです。もしこの問題を明確に扱っておかなければ、脱フュージョンのときと同じく、クライエントは「疑似アクセプタンス」——つまり、「アクセプタンス」のテクニックを望まない内的体験の回避や排除のために使うこと——を始めてしまうでしょう。そうなればもちろん、すぐに裏目に出てしまい、ガッカリして戻ってきたクライエントは「うまくいきません」と不満を口にすることになります。こうした状況に対しては、第16章で扱ったやり方で対応していきます。

「感情のアクセプタンス」エクササイズをひもとく

では、先ほど登場したテクニックについて、いくつかポイントを確認していきたいと思います。併せて各テクニックの10秒バージョンもお示ししましょう。

価値およびゴールとリンクさせる

思い出してほしいのですが、ACTでは無条件に苦痛や不快感を受け入れるよう促すわけではありません。そうするのは、あくまでそれが価値を実践し、価値と一致したゴールを追い求めるのに役立つ場合だけです。ですから、セラピストは何度も何度もアクセプタンスと、価値およびゴールとをリンクさせる必要があるわけです。そのような動機づけがなければ、多くのクライエントはアクセプタンスに抵抗するでしょう。

〈10秒バージョン〉

セラピスト：なぜこのエクササイズをしているのか、おさらいさせてください。こうすることで、○○さんの行動を変えるどんな手助けになるでしょうか？

好奇心旺盛な子どものように観察する／気づく／名前をつける

つらい内的体験を受け入れる最初の一歩は、それに気づくこと、それが今ここにあることを認識することです（この点で柔軟な注意とアクセプタンスは重なり合っています）。「好奇心旺盛な子どものように観察する」というメタファーは、その感情に対するオープンさと好奇心――言い換えると、回避ではなく接近――を促す助けとなります。

また、その感情に名前をつけることもしたいですね（次章で見るように、クライエントは名前をつけるのに手助けを必要とすることが多いです）。日常の言葉では、自分の感情に名前をつけるときには、よく「私は悲しい」というような言い方をします。これでは、「私はその感情である」と言っているように聞こえてしまいます。ですからマインドフルネス話法では、「不安に気づいている」「悲しみの気持ちがある」「怒りの感情を持っている」といった言い方をします。こうした方法で感情に名前をつけると、その感情はクライエント自身ではなく、自身を通過していく体験のひとつなのだということを認識する助けとなります。

〈10 秒バージョン〉

セラピスト：その気持ちを意識してください。それがどこにあるか意識してください。それをどこで一番強く感じるか意識してください。

自分の気づく部分

他のマインドフルネス・エクササイズと同様に、ここでも文脈としての自己の種を蒔(ま)くことができます。その種に後から水をあげることになりますが、それについては第 25 章で触れましょう。この「気づく自己」がアクセプタンスを促進するのは、自分の内側に「安全な場所」、言い換えると、そこから観察する「安全な視点」ができるからです。

〈10 秒バージョン〉

セラピスト：これをしっかり観察するために、○○さんの気づく部分を使いましょう。

ラジオマインド

アクセプタンスを行っているときには、あらゆる種類の助けにならない思考が浮かんでくると思って間違いありません。すでにいくらかでも脱フュージョンに取り組んでいるなら（そうであることを強くお勧めします）、ここにそれを持ち込むことが可能です。私自身は「バックグラウンドで流れるラジオのように、マインドに好きにおしゃべりさせておく」というシンプルなメタファーの大ファンです。

〈10秒バージョン〉

セラピスト：マインドに釣り上げられたときはいつでも、それを認識して、自分を釣り針からはずし、注意を向け直してください。

息を吹き込む

多くのクライエント——全員ではないですが——は、感情に息を吹き込むことで、それを置いておくスペースを作ることができると感じます。穏やかでゆっくりとした腹式呼吸がとくに有効なようです（ただし、ごく少数の人はそれでめまいがしたり、クラクラしたり、不安になったりするので、その場合には飛ばして次に進んでください）。

〈10秒バージョン〉

セラピスト：その気持ちに気づいて、そこにゆっくり息を吹き込んでください。

広げる

場所を空ける、スペースを作る、開く、広げるといった比喩的な表現は、往々にして有用です。それによって、「認識する」「許す」領域から「和解する」領域へと移ることができます。

〈10秒バージョン〉

セラピスト：その気持ちの周りを広げることができるか試してみてください——少し場所を作ってあげてください。

許す

私たちは何度も何度も何度も、アクセプタンスはある思考や感情を好きになることでも、求めることでも、賛同することでもないことをクライエントに思い出してもらいます。アクセプタンスはそうした思考や感情を許すこと、そのままにしておくことを意味するのです。

〈10 秒バージョン〉

セラピスト：○○さんがこの気持ちを感じたくないことは承知しているのですが、少しの間、そのままそこに置いておけるか試してみてください。好きになる必要はありません——ただそこにあることを許してください。

形を与える（またはモノ化〔objectify〕する）

非常によくあることなのですが、クライエント、とくに視覚優位のクライエントは、感情の観察を依頼すると自然とこれを行っています。感情を物理的なモノとして思い描くことは、その感情は自分よりも大きいわけではないこと、それを置いておくスペースが十分あることを体験するのに役立ちます。

いくつかのセラピーモデルでは、思い描いた物体を白い光を使って溶かしたり、さまざまな方法で小さくしたりすることを試みるかもしれません。ACT ではそういったことはしません。というのも、それが感情コントロールのアジェンダを強化する可能性があるからです。ですが実のところ、思い描いた物体はほぼ間違いなく、自然に変化します。小さくなったり柔らかくなったりすることがほとんどですが、ときには大きくなることもあります。後者の変化が起こったときには、次のように言えるでしょう。「その気持ちがどれだけ大きくなっても、○○さんよりも大きくなることはありません。ですから、よく観察して、息を吹き込み、それを置いておくスペースを作りましょう」

重要なのは、そのモノを縮ませる必要も取り除く必要もないということです。必要なのは、ただそれを置いておく場所を作ることです。深刻な悲嘆に取り組むワークをしたときには、クライエントが胃に真っ黒な重たい石を抱えたり、胸に分厚い木の板を乗せたりしたまま私のオフィスから帰っていくことも珍しくありません。それは自然なことです。大きな喪失は、つらい感情を呼び起こします。そんなとき、感情と揉み合って身動きが取れなくなるのではなく、自分の意志で感情を抱えていられるよう、クライエントを手助けしましょう。そうすればクライエントは、日々の生活にしっかり意識を向け、大切なことを実行できるようになります。

〈10 秒バージョン〉

セラピスト：もしその気持ちがモノだとしたら、どんな見た目をしていますか？

ノーマライズする

つらい感情を抱くことは、自然でノーマルなことだ——人間であるということの避けられない一部なのだ——と認識することができれば、その感情をより受け入れやすくなるでしょう。

〈10 秒バージョン〉

セラピスト：そのように感じることは、まったく自然でノーマルなことです。

セルフ・コンパッションを抱く

セルフ・コンパッション——自分自身に対して優しく思いやり深くあること——は、アクセプタンスに付加的な要素をもたらします。おそらく、手の温かさと「癒やしの手」という豊かなメタファーが、その有効性に貢献するでしょう。

〈10 秒バージョン〉

セラピスト：それを一番強く感じる部位に、手を置いてください——そして、それを優しく包んであげてみてください。

意識を広げる

ときには、自分の感情にひたすら集中したいこともあるでしょう——たとえば、マインドフルネス・スキルを学んでいるときや、愛する人を失って悲しんでいるときがそうです。ですがたいていの場合、感情にあまりに強く集中することは、人生を生きる妨げになってしまいます。クライエントはときに、強烈な身体的不快感や不快な感情を抱えたまま、セッションを終えて帰っていきます。とくに、慢性疼痛を抱えている人、突然大切な人を失い強い悲嘆に暮れている人、切迫した重大な危機や困難について不安を感じている人はそうなる可能性が高いと言えます。私たちが目指すのは、人生がうまくいくのに必要なことを何でもできるようになるように、クライエントが感情を置いておくスペースを作り、意識を広げ、周囲の世界に関与できるようになることです。

この意識の拡張（expansion）というのはもちろん、あらゆる「碇を下ろす」エクササイズの主要な構成要素です。ですから「碇を下ろす」メタファーに明示的に触れてもいいですし、そうしない場合は「舞台劇」メタファーが良い代替案になります。そうすれば、意識を広げるのは気を逸らすのとは違うということをはっきりと示すことができます。感情は舞台上に残っていますが、照明が舞台を照らせば、劇全体を眺めることができます――そして感情はその一部にすぎないのです。このメタファーは、それ自体がアクセプタンスを促進します。「劇全体の一部」にすぎないのであれば、その感情はもはや大きなものとも脅威とも思われないでしょう。

〈10 秒バージョン〉

セラピスト：その気持ちに気づいてください。そして自分の身体、周囲に広がる部屋、そして○○さんと私が一緒に取り組んでいることを意識してください。たくさんのことが起こっていますね。

誤解の解消

アクセプタンスに関してよくある誤解は、①アクセプタンスは 0 か 100 かである、と、②アクセプタンスの目的は感情を無視または拒絶することである、の 2 つです。実際はまったく逆です。

アクセプタンスは 0 か 100 かではない

ACT のテキストのなかには、アクセプタンスとは 0 か 100 かの状態であると主張するものもあります。つまり、受け入れているか受け入れていないかのどちらか、とか、白か黒だけで灰色はない、というものです。私にはこの主張は奇妙に思えます。私自身の経験では、アクセプタンスには多くの色合いがあります（there are many shades of acceptance）[訳注2)]。たとえば不安が現れたときは、それを認識したり、許したり、そのままにしておいたり、置いておくスペースを作ったり、積極的に関わったり、それを抱きしめたりできます。私にとっては、こうした表現の一つひとつがそれぞれ異なるアクセプタンスの度合いを感じさせるものです。たとえば私にとっては、不安を認識するのは抱きしめるのよりずっと簡単です。あなたにも似たような感覚があるでしょうか？

臨床的には、多くの場合0から10の尺度の観点からアクセプタンスを語るのが有用だと感じます。ですが、クライエントはたいてい、アクセプタンスの程度よりももがき苦しんでいる程度を評価するほうが容易に感じるようです。ですから個人的には、以下のメタファーをよく使います。

■抵抗スイッチ

「抵抗スイッチ（Struggle Switch）」のメタファー（Harris, 2007）は、アクセプタンスのワークに使える、強力な双方向的なツールです。クライエントに身体的な問題があって「紙を押しやる」エクササイズ（第9章）ができないときには、「抵抗スイッチ」が私の頼みの綱になります（このメタファーのアニメーションがYouTubeにアップしてあります。「Russ Harris Struggle Switch」で検索してみてください[訳注3)]。自分で話す代わりにこれをクライエントに見てもらうのもよいでしょう）。

訳注2）ここで本章のタイトル（Fifty Shades of Acceptance）を回収している。なお、『アクセプタンス & コミットメント・セラピー（ACT）第2版』（スティーブン・C・ヘイズほか著，星和書店，2014）の第10章「アクセプタンス」において、「全か無か」の性質への言及があるが（pp. 445-446）、それはウィリングネスに対するものであり、アクセプタンスについてではない。

訳注3）英語の動画だが、自動翻訳機能による日本語字幕の表示が可能。

セラピスト：私たちのマインドの裏側に、「抵抗スイッチ」がついていると想像してください。スイッチがオンになっていることは、自分の身に起こるどんな身体的、精神的な痛みに対しても、抵抗してもがくことを意味します。何か不快なことが生じると、全力でそれを避けようとしたり、消してしまおうとしたりするのです。

では、いま不安が姿を現したとしましょう（クライエントの問題に合わせて、怒り、悲しみ、つらい記憶、飲みたい衝動などに変える)。もし私の抵抗スイッチがオンだったら、その不安を絶対に消してしまわないといけません！　「大変だ！」「またあのひどい気持ちが出てきた！」「なんでいつも戻ってくるんだ？」「どうしたら消してしまえるんだろう？」といった感じです。今や、不安について不安になってしまいました。

つまり、私の不安はひどくなってしまったわけです。「なんてことだ！」「もっと不安になってきた！」「なんでこうなるんだろう？」。さらに不安はひどくなります。そのうち、自分の不安に対して怒りを覚えるようになるかもしれません。「こんなのフェアじゃない」「なんでいつもこうなるんだ？」。あるいは、不安のことで気持ちが落ち込むかもしれません。「もうやめてほしい」「なんでいつもこんな気分なんだろう？」。このような二次的に現れた気持ちはどれも役に立ちませんし、不快ですし、助けにもなりません。私のエネルギーや活力を吸い取ります。そして――この後どうなると思いますか？　私は、またそのことに関して不安になるんです！　悪循環に気づいたでしょうか？

では今度は、私の抵抗スイッチがオフだったとしましょう。この場合、どんな気持ちが現れたとしても、それがどれだけ不快なものでも、私はそれに抵抗しません。だからまた不安が姿を現しましたが、今度はもがきません。「なるほど、おなかに重たいかたまりがあるな。胸が苦しい感じもする。手が汗ばんで、足も震えている。マインドがいろいろ怖い話をしてくる」といった感じです。でもこれは、私が不安が好きだとか、不安を求めているということではありません。不快であることに変わりはありません。ですが、それに抵抗して時間とエネルギーを無駄にはしません。代わりに、自分の腕や脚をコントロールして、意義のあること、人生をより良くすることにエネルギーを使います。

ですから、抵抗スイッチがオフのときは、不安レベルは状況に応じて上がったり下がったりします。高いこともあれば、低いこともあるでしょう。すぐに通り過ぎてしまうこともあれば、しばらくそこに居座ることもあるでしょう。いずれにしても良いところは、感情に抵抗して時間やエネルギーを無駄にしていないという点です。ですから、自分のエネルギーを、人生を有意義にするような他のことをするために使うことができます。

ですがスイッチがオンだと、感情増幅器のようになります——怒りについて怒り、不安について不安になり、気分の落ち込みについて落ち込み、罪悪感について罪悪感を抱きます（ここでクライエントに確認しましょう。「共感できる部分があるでしょうか？」）。

抵抗しなければ、自然なレベルの不快さを感じます。そのレベルは私たちが何者であるかや、そのときしていることによって決まります。ですが、ひとたび抵抗してもがき始めれば、不快レベルは急激に上がります。感情はその大きさを増し、粘り気を増し、いっそうゴチャゴチャになり、居座る時間も長くなり、私たちに与えるネガティブな影響も大きくなります。ですから、抵抗スイッチをオフにする方法を身につけることができれば、大きな違いが生まれます。そして、○○さんがやってみようと思えそうでしたら、これからその方法をご紹介したいと思っています。

＊＊＊

上記メタファーとともに、（0 か 100 かの概念として扱うのとは対照的に）アクセプタンスの「度合い」を測るシンプルな方法を導入しましょう。抵抗尺度が 0 であればアクセプタンスの度合いが最大で、10 であれば回避の度合いが最大に相当します。5 はその中間で、私たちが許容とか我慢と呼ぶ状態です。その次のステップは、つらい感情を扱って、積極的に抵抗スイッチを下げる練習です（スイッチを0まで下げ切ることはできないかもしれませんが、少し下げられるだけでも上々のスタートです）。以下のやりとりはその一例です。

クライエントに自分の身体をスキャンするよう依頼し、不安を一番強く感じる部位を探してもらったところです。

セラピスト：（ここまでをまとめて）なるほど、のどにしこりがあって、胸がぎゅっとこわばっていて、胃がむかむかするんですね。そのなかで一番気になるのはどれですか？

クライエント：ここです（のどに触れる）。

セラピスト：わかりました。では、先ほど抵抗スイッチについて話したのを覚えていますか？（クライエントはうなずく）では、今、この瞬間、スイッチはオンだと思いますか？　オフだと思いますか？

クライエント：オンです！

セラピスト：わかりました。その抵抗スイッチに0から10のダイヤルがついているとしましょう。10が完全にオンで、徹底的な抵抗――「何としてでもこの気持ちを排除しなければ」――です。0はまったく抵抗していない状態――「この気持ちは好きじゃないけど、抵抗はしないかな」――です。そして5はその真ん中で、いわゆる許容とか我慢と言われる状態です。この尺度に照らすと、今の○○さんの抵抗レベルはどのくらいですか？

クライエント：9くらいです。

セラピスト：なるほど。まさに今かなり抵抗してもがいているんですね。では、そのレベルを少し引き下げられないか試してみましょう。できるかどうかはわかりませんが、とにかくやってみましょう。

（セラピストはクライエントに、前述の「感情のアクセプタンス」エクササイズのいくつか――好奇心旺盛な子どものように観察する、息を吹き込む、気づいて名前をつける、周りを広げる――をやってもら

う。その後、何が起きたかを一緒に確認する）

セラピスト：さて、抵抗スイッチは今どんな感じですか？

クライエント：ええと、さっきより不安が和らぎました。

セラピスト：そうですか。それについてはこの後で触れたいと思います。いま気になるのは、抵抗の度合いです。0から10で言うと、○○さんは今、その気持ちにどのくらい抵抗していますか？

クライエント：ああ、それは3くらいです。

セラピスト：3くらいですね。わかりました。そして先ほど、不安が和らいだとおっしゃいましたよね。

クライエント：はい、少し減った感じです。

セラピスト：おもしろいですね。そういうことが起こったときは、ぜひ満喫してください。場合によっては、不安への抵抗を手放すとそれが軽くなることがあります。ですが、それはここで達成しようとしていることではありません。ここで目標としているのは、抵抗を手放すことです。このまま続けてみようと思えますか？　抵抗スイッチをもう何段階か下げられないか、試してもいいでしょうか？

感情は大切！　拒絶も無視もしません！

もうひとつのよくある誤解――セラピストの間でもクライエントの間でも――は、私たちは感情（情動）を拒絶または無視しているというものです。まったくそんなことはありません！　感情は貴重な情報源であり、指針源です。ですから逆にそれらを活用したいと思っているのです。問題は、感情との戦いや回避に必死な状態では、その貴重な情報や指針にアクセスすることができないということです。まずは抵抗を手放して、感情を置いておくスペースを作らなければなりません。そうすれば感情の「叡智」と接触し、それらを指針として使うことができるようになります。次の章、「協力者としての情動」では、その方法について見ていきましょう。

アクセプタンス・エクササイズを振り返る

こうしたエクササイズを振り返るときは、多くの場合、「どんな感じでしたか？　何かの違いに気づきましたか？」といった開かれた質問から始めるのがよいでしょう。

たいていは「心が落ち着く／安らぐ／穏やかになる／鎮まる／無理がない／気楽」といった答えが返ってきます。しかし、ときには「奇妙な感じ」「変わった感じ」といった答えが返ってくることもあります。そういうときは、クライエントの感想を承認しましょう。「そうですね、最初は多くの人が奇妙だとか変だと感じます。厄介な感情への対応方法としては、ちょっと変わっていますから」。またときには、「いい感じです――あの気持ちが消えてしまいました！」といった答えも返ってきます。この場合は、それはボーナスであって本来の目的ではないことを説明する必要があります。そしてさらに、「うまくいっていません」といったことを耳にすることもあります。これに対しては、第16章に記載したように対応しましょう。

こうした開かれた質問の後は、「碇を下ろす」の振り返りと同じように、より誘導的な質問へ進んでもよいかもしれません。

- 何らかの違いに気づきますか？　そうした気持ちに釣られる度合いが低くなったでしょうか？　それらに引きずり回されにくくなったでしょうか？　今は自分の行動にもっとコントロールが利きますか？　自分の身体や言葉をうまくコントロールできるでしょうか？
- そうした気持ちへの抵抗度は低くなったでしょうか？　それによってどんな違いが生まれましたか？　あまり疲れないでしょうか？　あまりエネルギーを吸い取られないでしょうか？
- 私と関わりやすくなったり「今、ここ」に留まりやすくなったり、私の言葉や一緒にしていることに集中しやすくなったりしましたか？

そしてもちろん、振り返りの一部として常にこう尋ねたいところです。

「XYZの視点からは、これがどのように役立つでしょうか？」。ここでのXYZは、セラピーにおけるクライエントの行動のゴールです。

セラピストがよくはまる落とし穴

脱フュージョンと同じく、アクセプタンスに取り組んでいるときも、よくある落とし穴のいくつかに注意しましょう。それは、①話しすぎて行動が不足してしまう、②回避を強化してしまう、③無神経である、④アクセプタンスと価値とをリンクさせることに失敗してしまう、⑤あまりに強引になってしまう、の5つです。それぞれ簡単に見ていきましょう。

1. **話しすぎて行動が不足してしまう**　脱フュージョンとアクセプタンスを授業的に説明しようとするのは、概して時間の無駄遣いです。ですから体験的にしていきましょう。「分析麻痺」に陥れば——つまり、体験的なワークをするのではなく、話し合ったり、分析したり、論理的に処理しようとしたりすれば、フュージョンと回避を容易に加速してしまいます。

2. **回避を強化してしまう**　すでに触れたとおり、つらい感情が和らぎ苦しい思考が消えるたびに大喜びしていると、回避を強化する（あるいは「疑似アクセプタンス」を促す）ことになってしまいます。

3. **無神経である**　もしクライエントへの承認と共感を怠れば、もし気の利いたツールやテクニックをあれもこれも使って無神経にどんどん進めようとすれば、クライエントとの治療関係を損ねることになってしまいます。

4. **アクセプタンスと価値とをリンクさせることに失敗してしまう**　価値づけられた生き方とアクセプタンスとのつながりをうまく示すことができなければ、クライエントがアクセプタンスに抵抗する可能性が高まってしまいます。

5. あまりに強引になってしまう　クライエントの準備ができていないのに強烈な体験的エクササイズを押しつけてしまったら、重大な害を及ぼすことになり、クライエントはセラピーからドロップアウトしてしまうかもしれません。

ホームワーク

ホームワークとしてひとつ考えられるのは、感情のアクセプタンスを中心としたマインドフルネス・エクササイズをフォーマルなやり方で練習してもらうことです。これはとくに不安症やグリーフワークに対して有効です。理想的には、そうしたエクササイズをセッションで実際にやってみて、それを録音し、クライエントに持ち帰ってもらうのがよいでしょう。あるいは、事前に録音されたCDやMP3——自分が用意したものでも、売られているものでも——を渡して練習してもらう方法もあります（私のMP3音源、「Mindfulness Skills：Volume 1」のトラック3には、本章の「感情のアクセプタンス」エクササイズとよく似たものが収録されています。また、スマートフォンアプリのACT Companionにも同様の音源が用意されています〔英語〕）。

また、次のような提案もできるでしょう。「もしやってみようと思えるなら、今から次回のセッションまでに、今日やったように感情を置いておくためのスペースを作る練習をしていただけないかと考えています。感情に抵抗していると気づいたらすぐに、あのエクササイズをやってみてください」。そしてクライエントが忘れないように、練習してもらいたい重要なステップをメモして渡しておきましょう。たとえば、「観察する、息を吹き込む、広げる」とか「気持ちをモノ化して、息を吹き込む」といった感じです。

3つ目の選択肢は次のようなものです。「これからの一週間、自分が感情に抵抗してもがくことがあったら、それを意識してみてください。感情に対して心を開き、それを置いておくためのスペースを作れていることがあったら、それにも気づくようにしてください。そして、それぞれの反応の仕方の効果も意識してみてください」。また、「抵抗する vs. 心を開く（Struggling vs. Opening Up）」ワークシート（Extra Bits を参照）のコピーを使って、クライエントに書いてきてもらうよう依頼してもよいでしょう。

Extra Bits（おまけ）

ACT Made Simple : The Extra Bits（http://www.actmindfully.com.au）の第 22 章に、次のものを用意した。①任意のマインドフルネス・エクササイズのアクセプタンス要素を強める方法、②上記の「抵抗する vs. 心を開く（Struggling vs. Opening Up）」ワークシート、③感情サーフィンと衝動サーフィンを含む、アクセプタンスのための追加エクササイズとメタファー、④子ども時代のプログラミングによっていかに感情に抵抗するようになるか、⑤感情が行動をコントロールするという信念への立ち向かい方、そして、⑥クライエントが圧倒されないような、アクセプタンスの漸増法。（英語）

スキルアップのために

本章で紹介したテクニックを自分に対して使ってみましょう。感情に対して心を開いてオープンになり、それを置いておく場所を作る練習を――とくに、骨の折れるセラピーセッションの最中とそれが終わった後に――してみましょう。なぜなら、良いセラピストが備える能力のひとつは、自分自身の情緒的反応をアクセプトできることだからです。さらに、

- すべてのエクササイズ、メタファー、その他の介入を、クライエントに体験してもらっているつもりで声に出して読もう。
- クライエント 2、3 人のケースを振り返り、彼らが戦っている、あるいは避けようとしている内的体験は何であるかを考えよう。その後、各クライエントにどのアクセプタンス・テクニックが使えそうかを考えよう。

第 22 章のまとめ

アクセプタンスとは、望まない私的体験のために、それを置いておく場所を積極的に作るプロセスです。本章では感情（情動）に焦点を当てましたが、同じ（あるいは多少修正を加えた）テクニックを、思考、イメージ、記憶、気持ち、衝動、欲求、感覚を受け入れるために使うことが可能です。アクセプタンスと脱フュージョンは密接に関連しています。アクセプタンスでは、私的体験と直接的かつ体験的に接触するにつれて、関連する思考から脱フュージョンしていくことになります。反対に、思考から脱フュージョンして（変えたり避けたりしようとせずに）あるがままにしておけば、それはアクセプタンスの振る舞いになります。脱フュージョンとアクセプタンスを併せて、「オープンになる」ことだとみなすことができるのです。願わくは、私が「ヘキサフレックスの各側面は、ダイヤモンドの 6 面のように相互につながり合っている」と言ったとき、この表現で何を伝えようとしているか、あなたにも少しずつ見えてきていますように。

第23章

協力者としての情動

情動は大切だ

ときどき、「ACT は認知的すぎる。情動を扱っていない」と主張する人たちに遭遇します。私はそういうとき、あまりの驚きにその人たちの顔を見て、「どんなテキストを読まれましたか？　どんなワークショップに参加されましたか？」と尋ねます。確かに、ACT を非常に認知的なやり方で実践することは可能です。純粋に思考だけに注目して、感情はすべて飛ばしてしまうのです――けれどもそれでは、このモデルの重要な部分をごっそり飛ばしていることになってしまいます。

本章では、主に2つのトピックについて見ていきましょう。それは、①情動の性質と目的に関する心理教育と、②自分の情動の積極的な使い方です。

情動 vs. 物理的行為

科学者たちは、情動とは実際のところ何であるかという問題について、なかなか合意に至れないでいます。もし誰もが同意するような素晴らしい定義を見つけようとするなら……まあ、幸運をお祈りします。ですが、情動の分野の専門家は、たいてい次の2点には同意するようです。

1. いかなる情動であっても、その中核には、全身の神経系、心臓血管系、筋骨格系、およびホルモンにおける一連の複雑な変化が存在する
2. こうした物理的変化は、私たちに行動をとる準備をさせる

私たちはこの物理的変化を、おなかの「ざわざわ」、のどの「つっかえ」、涙目、じとつく手といった感覚として意識します。また、それらを特定の行動に対する衝動としても意識します。たとえば、泣きたい、笑いたい、叫びたい、隠れたい、といったものです。特定の情動を体験したときに特定の行動をとる可能性は、よく「行動傾向」と呼ばれます。ここで、重要な単語に注目してください。それは「傾向」です。傾向とは、何かをする意向があることを意味します。選択肢がないというように、何かをしなければならないということではありません。特定のやり方で行動するよう強制され、他のことはまったく何もできない、ということではありません。単に、そのように行動しがちであるということです。

ですからたとえば、遅刻しそうで不安になったとき、速度制限を超えたスピードで運転する**傾向**があるかもしれませんが、それでもそうしたいと思えば、相変わらず安全に法定速度で運転することを選択できるのです。あるいは、誰かに対して腹を立てたとき、その人に向かって怒鳴りたいという**衝動、欲求、願望、心の傾き**を感じるかもしれませんが、そうしたいと望めば、落ち着いて話すことを選べるのです。

言い換えると、私たちは自分がどう感じるかをコントロールできないときでも、依然として自分の顕在的行動――物理的行為――はコントロールすることができるのです。ACT では何度も何度もこの能力を活用します。人が情動と物理的行動を切り離す手助けをするのです。もしクライエントが「アンガーマネジメント」のためにセラピーにやって来たら、その人が怒りの感情に対してオープンになり、それを置いておく場所を作り、怒りの思考から脱フュージョンし、同時に自分の声、表情、姿勢、そして物理的行動に対するコントロールを利かせる方法を身につける手助けをします――そうすれば、たとえ激しい怒りを感じていても、落ち着いて行動することができるでしょう。同様に、もしクライエントが不安症を抱えていたら、その人が不安の感情に対してオープンになり、それを置いておく場所を作り、そして同時に自分の声、表情、姿勢、物理的行動をコントロールして、恐怖を掻きたてられる状況においても有効な行動をとれるよう手助けをします――そうすれば、たとえ恐怖を感じていたとしても、勇気をもって行動することができるでしょう。

実践のためのヒント　ときどき、クライアントに上記の内容を実践してもらおうとすると、「ああ！　つまり、うまくいくまでごまかすってことですね！」と言われることがある。それに対する私の返事はこうだ。「いいえ！　これは『ごまかす』ということではありません。実際はそうでないのに偽るということではないんです。この目的は、自分に正直になること、自分が感じていることを正直に認め、その気持ちを本当の意味で受け入れて、そして同時に、本当になりたい自分らしく行動することです。ごまかすことは必要ないんです！」

物理的行動を情動から切り離せるようになることは、ものすごく役に立ちます。特定の強い情動を感じているときでも、自分の姿勢、表情、声、行動をコントロールすることができれば、より良い結果につながる形で行動をとることが可能になるのです。

たとえば、私が息子に激しい怒りを感じていたとしましょう（そう、よくあることです）。ですがそこで、腕は身体の横に置き、両手を広げた状態で、柔らかく忍耐強い調子で話すことができて、何が問題で息子にどうしてほしいのかをはっきりと根気強く説明することができたら……、怒りのままに怒鳴ってしまう（これもよくあることです）よりも、私たちの関係にとってずっと健全でしょう。親ならみんな知っていることですが、怒鳴るのは短期的にこちらのニーズを満たすのには効果的でも、長期的には健全な関係の維持にとって（子どもに対するロールモデルという点でも）うまくいかないものです。

情動はどんな目的を果たすのか？

多くのクライエントは情動の目的について十分な知識を持っていません。情動はなぜ進化したのでしょうか？　情動は私たちがこの世界に適応するのをどのように助けてくれるのでしょうか？　さて、クライエントとのセッションをこうした話題について長々と語るセミナーにしたいわけではないのですが、多少の心理教育はクライエントが自分の情動により柔軟に対応できるようになるのを大いに助けてくれる可能性があります。つまり、なぜ、そしてどのようにつらい情動が進化してきたのかを理解できれば、そうした情動を受け入れやすくなり、よりセルフ・コンパッションを抱きやすくなるかもしれません。そして情動への注意の向け方とその使い方を身につければ、情動知能（emotional intelligence）が上がり、さまざまな恩恵を得られるでしょう。というわけで、シンプルにまとめるならば、私たちの情動は主に3つの目的を果たしていると言えるでしょう。それは、伝達する（communicate）、動機づける（motivate）、照らし出す（illuminate）というものです。

情動は伝達する

私たちは特定の情動を体験したときに、特定の物理的行動をとる傾向にあります。この物理的行動は多くの場合、自分の感じていることを他者に伝達してくれます。その際、言葉で伝える必要はないのです。これは多くの社会的場面で有用です。たとえば目に涙が浮かび、頭は下がってうつむき、打ちひしがれた表情をしているのを見れば、悲しいのだろうとうまく推測できます。私とあなたの関係が良好であれば、そして私が優しく、思いやりのある人間であれば、おそらく私はあなたに対して、優しく支持的に対応するでしょう。

もちろん厳密に言えば、コミュニケーションをとるのは情動ではありません。情動とは私的な内的体験で、他者が直接的に知ることはできないものです。他者とコミュニケーションをとるのは、物理的行動のほうです。それは表情であり、姿勢であり、身体動作であり、呼吸パターンであり、発声なのです（さらに、涙、青ざめ、紅潮といった不随意の身体的変化も同様です）。こうした物理的行動こそが、「感情を表現する」と言ったときに指しているものです。あなたの顔、姿勢、動き、声が、内側にある情動を他者へ「表現する」のです。

私たちの大半は、小さい頃からそうした物理的行動をどう調整するか——どう表情、姿勢、身体動作、呼吸パターン、発声を変えるか——を学び、他者から「本当の気持ちを隠す」ことができるようになります。そして感情を隠せるのは良いことです。というのも、それが非常に便利で適応的な場面がたくさんあるからです。

ですが、この能力にはマイナス面もあります。状況によっては、感情を適切に「表現」せずに「隠して」しまうと、逆効果になってしまうことがあります。なぜか？　それは、そうすることで他者が私たちの感じていることを直感的に知るのが難しくなってしまい、その結果として誤った解釈をすれば、私たちが望むような形で対応してくれないかもしれないからです。たとえば、本当はすごく悲しいのに「楽しい表情をして」、「人生最高」と口にしていたら、あなたが心の底では本当は求めている、思いやりに満ちた支持的な反応を他者から引き出すことができないかもしれません。

同じように、たとえばあなたが悲しみを感じているときに抵抗スイッチがオンになり、その悲しみに対して怒りを抱いたとしましょう。そして表情、声、姿勢を通して、その怒りを他者に表現したらどうなるでしょうか。その場合、（悲しみを表現していたら得られたかもしれない）優しさや思いやりのこもった反応ではなく、おそらく皆はあなたから距離をとって近づかなくなるか、いさかいに発展することになるでしょう。

そうした状況では、クライエントが自分の抱いている情動を、表情やボディランゲージ、言葉を通して適切に「表現」できるよう手助けします。同時に、いつ、どこで、誰に対して情動を表現するのが有効かについてのより良い認識を、クライエントが高められるよう助けることもできます。たとえば、実際に悲しみを表現したとしても、どんな反応を得られるかは、相手がどんな人物か、どのような状況か、その人といかなる関係を築いているかといった要因に左右されます。ですから、悲しみを表現したときに特定の人たちが敵意を向けて攻撃的な反応をしやすいことを知っているなら、基本的には表現しないのが最善です！

適切な状況において、思いやりのある人たちに対して適切なやり方で物理的に情動を表現すると、次のような内容が伝達される可能性が高いでしょう。

- 恐れが伝えるのは「気をつけて、危険です！」または「あなたに脅威を感じている」
- 怒りが伝えるのは「これはフェアじゃない／正しくない」または「あなたは私の領域を侵している」もしくは「私は自分のものを守っている」
- 悲しみが伝えるのは「何か大切なものを失った」
- 罪悪感が伝えるのは「間違ったことをしてしまったので、それを正したい」
- 愛が伝えるのは「あなたの存在に感謝している」「あなたにそばにいてほしい」

情動は動機づける

「情動（emotion）」「動機づける（motivate）」「動き（motion）」「動く（move）」といった言葉は、すべてラテン語で「動く」という意味の単語「movere」を語源とします。情動は、身体を特定のやり方で動かすよう私たちを備えさせます。情動はこれまで、悠久の刻（とき）を経て、特定の刺激に対する行動に私たちを備えさせるよう進化してきたのです。つまり、情動は私たちに適応的で人生を豊かにするであろう特定の行動をとるよう仕向けるのです。

原始的な「闘争 — 逃走（fight-or-flight）」反応は、元々は魚が脅威に遭遇したとき、戦って撃退したり逃げたりできるように進化しました。現代の人間においては、「闘争 — 逃走」反応はさまざまな強い情動を喚起します。フラストレーション、いらだち、怒り、激情（闘争）、そして、懸念、不安、恐れ、パニック（逃走）などです（注意：専門的には「闘争 — 逃走 — 凍結〔fight, flight, or freeze〕」反応ですが、凍結〔freeze〕という単語には3つの異なる意味があるので、この用語は混乱を招きやすいと言えます。その解説は本書の範囲を超えますが、興味があればYouTubeで私のアニメーション「The Three Meanings of Freeze」を観てください）。対照的に、罪悪感や恥といった社会的情動はもっと後になって進化したもので、哺乳類にしか見ることができません。こうした情動は、多くの人が「哺乳類脳」と呼ぶ、脳の辺縁系の中心から生じます。今日私たちが体験する情動はどれも、進化の過程で適応的であった特定の仕方での行動や物事へと向かわせます。たと

えば、

- 恐れは、逃げるか隠れることを動機づける
- 怒りは、自分の立場を固守すること、戦うことを動機づける
- 悲しみは、ペースを落とし、引きこもり、休むことを動機づける
- 罪悪感は、償い、社会的ダメージの修復を動機づける
- 愛は、愛情深くあること、思いやり深くあること、気遣いや世話を動機づける

情動は照らし出す

情動は、大切な物事を照らし出してくれます。何か重要なこと、注意を向ける必要のあることが起こっていると気づかせてくれます。情動は、次のように、私たちの心の底にあるニーズや欲求に「光を当てて」くれるのです。

- 恐れは、安全と保護の重要性に光を当てる
- 怒りは、自分の領域を守ることの重要性、境界を守ることの重要性、自分のもののために立ち上がり戦うことの重要性に光を当てる
- 悲しみは、何かを失った後に休んで回復することの重要性に光を当てる
- 罪悪感は、他者への接し方の重要性と社会的な結びつきを修復する必要性に光を当てる
- 愛は、人とのつながり、親密性、絆の形成、思いやり、分かち合いの重要性に光を当てる

言い換えると、情動とはお土産を携えてやって来るメッセンジャーなのです。お土産の中身はさまざまですが、それらは他者と効果的にコミュニケーションをとること、自分や愛する人たちの世話をすること、そして重要な物事に気づき注意を向けることを助けてくれます。だから情動を切り離したり情動と断絶したりすればするほど、情動の恩恵を逃すことになってしまうのです。

情動の叡智をどのように得るか

第22章で触れたとおり、多くのセラピストとクライエントが「ACTでは感情（情動）を拒絶または無視する」という誤った考えを抱くようです。ご承知のとおり、まったくそんなことはありません。「紙を押しやる」エクササイズの最後のほうにも、「両手を思考や感情に見立てる」メタファーの最後のほうにも、こんなセリフがあります。「もしそれを使って有用なことができるなら、ぜひ使ってください。ものすごくつらく、不快で、望ましくない考えや気持ちも、多くの場合、私たちに何か有益なことを伝えてくれます」。ACTの考え方では、ただ情動を受け入れるのではありません。それらに注意を払い、活用するのです。これはACTの古典的キャッチフレーズの根底にある考え方です。「痛みはあなたの協力者である（Your pain is your ally）」（Hayes et al., 1999）。

クライエントがつらい情動を受け入れた際の、内省を促す質問をいくつか示しておきましょう。

- 自分や周囲の人のケアという点では、その気持ちは何を思い出させてくれますか？
- その気持ちが何かアドバイスをくれるとしたら、どんなものでしょうか？
- もしそのアドバイスに従ったら、進（すすむ）ムーブにつながるでしょうか？逸（それる）ムーブにつながるでしょうか？
- もしその気持ちを適切に他者に表現したら、相手にはどんなことが伝わるでしょうか？
- それが伝わることで、その人たちはどのような対応で助けてくれそうでしょうか？
- その気持ちは、以下の内容についてどんなことを教えてくれますか？
  - ・自分が大切に思っていること
  - ・自分にとって本当に重要なこと

・こうありたいと思う人
・本当に欲しいもの
・取り組んだり、対応したり、集中したり、立ち向かったりする必要のあるもの
・もっと増やす必要のあること、減らす必要のあること、やり方を変えるべきこと
・自分自身や他者への接し方で変える必要のあること

多くの場合、こうした掘り下げによって重要な価値、ゴール、ニーズ、願望が見えてきます――そうしたら、次はそれをクライエントの進（すすむ）ムーブに変換する手助けをしましょう。

情動のエネルギーを利用する

情動のなかには、とてもエネルギーに満ちているものがあります――わかりやすいのは恐れと怒りです。役に立たない思考から脱フュージョンし、その感情を置いておくスペースを作り、自分をグラウンディングさせることができれば、そうした情動のエネルギーを利用してコミットされた行為をとることができます。よくある例は、プロの俳優やミュージシャンが観客の待つ舞台へ出ていく前に感じる、パフォーマンス不安です。これはうまく手綱を取れば、パフォーマンスに生かすことができるものです。だから多くのパフォーマーは、この内的体験を不安と呼ぶのではなく、「ワクワクしている」「気持ちが高まっている」「エンジンがかかる」「アドレナリンラッシュ」と表現します（この話題についてもっと深く知りたい場合は、『自信がなくても行動すれば自信はあとからついてくる』〔*The Confidence Gap*; Harris, 2011〕を参照してください）。

解離については？

では、もしクライエントが自身の情動にアクセスすることができなかった

らどうでしょう？　なかには、情動から自分を切り離しすぎて、「何も感じない」と話すクライエントもいます。専門的には**解離**（*dissociation*）として知られ、高レベルの体験の回避と関連しています。ですが実際には、こうしたクライエントも何かを感じています。つまり、彼らがよく、空っぽ、虚しさ、死んでいるようと表現するような、不快な麻痺の感覚です。ACT にはこの問題を助けるためにできることがたくさんあります。ここではそれについて書くにはスペースが足りないので、Extra Bits に載せておくことにしましょう。

Extra Bits（おまけ）

ACT Made Simple : The Extra Bits（http://www.actmindfully.com.au）の第 23 章に、次のものを用意した。①解離にどう取り組むか、②情動に集中するのが有用なとき――そして有用でないとき――の見極めを手助けする方法、③情動の神経科学について私が作った YouTube アニメーションへのリンク、④ ACT における情動調整。（英語）

第 23 章のまとめ

情動は、叡智と指針をもたらしてくれる豊かな情報源ですが、情動を避けようとして手一杯になっていれば、それにアクセスすることはできません。ACT において情動に取り組む際には、気づき、名前をつけ、受け入れることがすべてではありません。それらを積極的に活用するのです。ACT の古典的キャッチフレーズを思い出しましょう。「痛みはあなたの協力者である」

第24章

何があなたを邪魔しているのだろう？

変化は簡単ではない

セッションが終わって、やる気に満ちあふれ意気込んだクライエントが「あれもこれも、ついでにそれもやってみます」と言いながらオフィスを出て行った経験はありませんか？　そして次のセッションに来たときには、それを一つもやっていなかった、という経験は？　もちろんあるでしょう。と言っても、せいぜい数千回くらい？　私のクライエントがそんな報告をしてきたら、すぐにこう答えます。「まるで私みたいですね！」（クライエントのポカンとした顔は見ものです）。「はい、」と私は続けます。「私が『これをやるぞ』と言って実際にはやらなかったことが、いったい何度あると思いますか？」

たいていクライエントは固まって言います。「あのー、そのー、先生がそうだとは……」

「これについては、みんな同じ穴の狢（むじな）です」と私は言います。「そして、〇〇さん［クライエント名］のマインドが私のマインドと似ているとしたら、今頃〇〇さんをボコボコにしながら『不十分』物語を語っているのではないかと思います」。そう言われたクライエントはだいたいうなずいてくれるので、そこで一緒に自己批判から自分をはずすワークをして、不安と罪悪感を置いておくためのスペースを作り、セルフ・コンパッションを実践してもらいます。

その後、このように伝えます。「では、他のことへ移る前に、少し時間をとって、何が〇〇さんを妨げたのかを考えてみてもいいでしょうか？　というのは、今回○○さんを邪魔した何かは、次回もその次も邪魔をする可能性が高いからです。ですから、どんな壁が立ちはだかっているのかを突き止めて、対応策を考えてみてもいいでしょうか？」

バリアを乗り越える

変化に対するバリアとして、さまざまなものが考えられます。また、SMART（スマート）なゴールを設定する、クライエントが考えられる障害に備えて計画するのを助けるといった、第21章の重要な要素を省くことで、セラピストが無意識にバリアを強化していることも多いものです。ですから確認しましょう。あなたとクライエントの双方がゴールをはっきりと認識しているでしょうか？　そのゴールはSMART（スマート）でしょうか？　つまり、具体的（S = Specific）ですか？　価値に動機づけられて（M = Motivated by values）いますか？　適応的（A = Adaptive）ですか？　現実的（R = Realistic）ですか？　時間と期間が決まって（T = Time-framed）いますか？　潜在的な障害を見つけ出し、どう対応すべきか方略を練りましたか？　プランBは思いついていますか？　第21章にあるその他すべての内容を実行しましたか？

こうした重要な要素の省略の他に、もっとも一般的に見られる変化へのバリアは4つあり、それはHARD（ハード）という頭字語を構成します。

H — **H**ooked（釣られる）
A — **A**voiding discomfort（不快感の回避）
R — **R**emoteness from values（価値との隔たり）
D — **D**oubtful goals（不確かなゴール）

以下に載せるのは、この4項目を説明して、それぞれへの「解毒剤」を示した、クライエント向けの簡単なワークシートです。ダウンロード用のファイルはExtra Bitsに用意しました（この本の初版に載せた「FEAR（フィア）からDARE（デア）へ（恐れから勇気へ）」ワークシートの代わりとなる、よりシンプルなワークシートです）。

何があなたを邪魔していますか？

このワークシートの目的は、心の中にある、変化に対するバリア（障壁）を明らかにすること──何が自分の快適ゾーンから踏み出すことや新しい物事への挑戦、恐れに直面すること、大きな困難に立ち向かうこと、ゴールを追い求めること、新しいスキルを練習すること、問題解決のために行動することなどを阻止しているのかを突き止めること──です。

このワークシートに記入する方法は２つあります。ひとつは、生活のなかの具体的な領域（例：仕事、教育、友人、パートナー、子育て、スピリチュアリティ、趣味、健康）や、新たに始めたい具体的な行動（例：運動、料理、子どもと遊ぶ、勉強する）について考えながら答えるという方法です。もうひとつは、生活全体について広い視点で振り返りながら答えるというものです。

H＝Hooked（釣られる）

マインドはあなたが「できない、すべきでない、行動する必要さえない」と判断するための、どのような理由を提案してきますか？　もし行動したらどんな悪いことが起こると言ってきますか？　以下の空欄に記入してください。

____

____

____

解毒剤：こうした考えに釣り上げられたら、おそらく行動は起こせないでしょう。ですから、マインドの釣り針から自分をはずすスキルを使いましょう。マインドがこうしたことを言ってくるのは止められませんが、そこから自分をはずすことはできます。

A＝Avoiding discomfort（不快感の回避）

個人的成長や意義ある変化とは、自分の快適ゾーンから踏み出すことを意味します。そのため、不快感、落ち着かなさを避けることはできません。そして、その不快感を置いておくためのスペースを作ろうと思えなければ、自分にとって本当に大切なことを行うことはできないでしょう。持っていたくないと思う苦しい考え、気持ち、感覚、情動、感情、記憶、衝動などを以下の空欄に書いてみてください。

解毒剤：「広げる（エクスパンション）」スキルを使いましょう。つまり、不快感の周りを広げて、それらを置いておくスペースを作りましょう。「自分にとって重要だけれども大変なこと」をしてみようと思ったときは、次のことをまず考えてみましょう。どんな不快感が生じる可能性があり、そしてその不快感のために場所を作ってあげようと思えそうでしょうか？

R = Remoteness from values（価値との隔たり）

自分にとって重要なことをしなかったとき、どんな価値を無視、放棄していますか？　どんな価値を忘れて、置き去りにしていますか？　どんな価値に従って行動する機会を逸したでしょうか？

解毒剤：自分の価値とつながりましょう。もしそれが重要でないのだとしたら、なぜわざわざ大変なことをしなくてはいけないのでしょうか？　もしそれが重要なら、それがなぜ重要なのかに触れてみましょう。行動に向かうその一歩一歩が、どんな価値を実践していると言えるでしょうか？

D = Doubtful goals（不確かなゴール）

0 から 10 で評価すると（10 ＝完全に現実的。何があっても絶対やる。0 ＝完全に非現実的。絶対やらない）、あなたのゴールはどのくらい現実的に思えますか？　6 以下だと感じる場合、そのゴールを達成できる可能性は低いかもしれません。そのゴールはあまりに過剰ではないですか？　無理しようとしていませんか？　急ぎすぎていませんか？　完璧を目指しすぎていませんか？　リソース（時間、お金、エネルギー、健康、社会的サポート、必要なスキルなど）が足りないことをやろうとしていませんか？　自分のゴールを以下に書き、それがどのくらい現実的に思えるか、0 から 10 で評価してみてください。

解毒剤：もっと現実的なゴールを設定しましょう。0 から 10 で評価したときに、少なくとも 7 くらいは現実的だと思えるまで、ゴールをもっと小さく、シンプルに、簡単に、利用できるリソースに見合うように修正してみましょう。

＊＊＊

ねらいは、上記のようなよくあるバリアをクライエントと一緒に確認し、どれが関連しているかをチェックして、それに対応する計画を考えることです。そのために必要となる脱フュージョンやアクセプタンスのスキルをクライエントがまだ身につけていなかったら、それをそのセッションのアジェンダとして、積極的に取り組みましょう（もちろん、上記のワークシートを使わなければならないということではありません。書き出さなくても、すべて会話上で行うこともできます――とはいえ、このワークシートはとても便利ですよ）。

動機づけ：有効性とウィリングネス

動機づけを助けてくれる便利なツールはたくさんあります。私のお気に入りは（ご想像のとおり）チョイスポイントです。たとえば、自分の行動パターンが自己破滅的だと認識してはいるのに、それを変えることについては両価的、あるいはためらっているクライエントがいたとしましょう。なじみがありますか？　では、そんなクライエントをどう助けるかを考えてみましょう。

問題となっている行動を眺める視点のひとつは……

有効性

ある行動の有効性を探るために、基本的に、その行動の**見返り**（クライエントの望む結果）を突き止めて承認し、思いやりと敬意を忘れないようにしながらその行動のコスト（クライエントの望まない結果）と対比させます。ある行動の見返りに注目してもらうには、以下のような質問をするとよいでしょう。

- そのようにすると（あるいはした直後には）何が起こりますか？
- 何らかの形で気分が良くなったり、気持ちが楽になったりしますか？　たとえば、ほっとする、落ち着く、苦しさが和らぐ、気持ちが静まる、リラックスできる、元気になる、正しい感じがする、自分を主張できる、自信が湧く、力が湧くなどは？
- 望まないものから逃げたり、避けたりすることができますか？　たとえば、厄介な相手、場所、イベント、状況、やりとり、タスク、義務、責任、課題や、苦しい考え、気持ち、記憶などは？
- 欲しいものが得られたり、それに近づけたりしますか？　何らかの形でニーズが満たされますか？

実践のためのヒント　思い出してほしいのは、「見返り」は「強化的結果事象」と同義ではないことだ。あらゆる行動には見返りがある。その行動の恩恵、利益、報酬、望ましい結果がそれだ。そしてそれらの見返りがその行動を繰り返し続けるのに十分な場合にだけ、それを強化的結果事象と呼ぶ（第４章参照）。

有効でない行動に対しては、見返りの満足感を下げて、それ以上その行動の強化的結果事象として機能しないようにすることを目指します。有効でない行動にはさまざまな強化的結果事象があるかもしれませんが、突き詰めるとすべて以下の２点の組み合わせになります。

- 望まないものから逃げる
- 望むものに近づく

有効でない行動にもっともよく見られる強化的結果事象をいくつか挙げましょう。

- 人、場所、状況、イベントから逃げる／それを避ける（顕在的回避）
- 望まない思考や感情から逃げる／それを避ける（体験の回避）
- 気分が良くなる
- ニーズを満たす
- 注意を引く
- （自分や他者に対して）見栄えや体面が良い
- 自分が正しい気がする
- 手に入れて当然のものを手に入れている気がする
- （たとえば人生、世界、自分、他者が）意味をなす、道理に適う

では、クライエントの有効でない行動の見返りを承認しつつコストを強調する方法の一例を見てみましょう。このセラピストはチョイスポイントを用いて、まず行動の見返りを特定して承認します。

見返りを承認する

クライエントは19歳の少女で、トラウマ関連症状があり、麻痺、虚しさ、「心が死んでいる」感覚を訴えています。この感覚は夜に独りでいるときにもっとも強くなります。そして感覚が強くなるにつれて、不安も強まるようです。これらはすべて行動の先行事象であり、チョイスポイントの最下部に位置づけられます。こうした先行事象への反応として、彼女はカミソリで前腕を浅く切っていました。この行動には重大な見返りがあります。それは、痛み、血が見えることと、アドレナリンが放出されて「生きている感じ」に

してくれると同時に、麻痺感や虚無感から気を逸らしてくれることです。

セラピストはこうした見返りを書き出しながら、それを承認します（ちょっとした注意を。チョイスポイントは便利な視覚的ツールですが、使わなければならないわけではありません。同様の介入は図示したり書き出したりしなくても、会話上でもできるのです）。その後、セラピストは寄り添う気持ちと敬意を払いながら、この行動のコストを探っていきます（第４章で触れたとおり、あらゆる行動にはコストが伴います。その行動による喪失、損害、欠損、エネルギー消費、望まない結果がそれに相当します。それらのコストが行動を減少させていくのに十分な場合、専門的にはそれを**弱化的結果事象**と呼びます）。

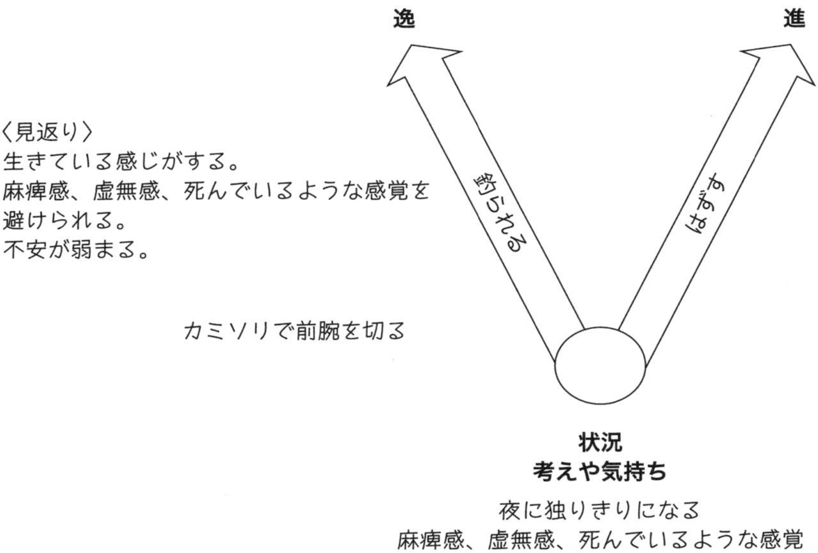

続いて、セラピストは、この行動のコストに触れていきます。

コストを強調する

ある行動のコストを引き出すのに使える質問の例は、

- この行動によって何を失いますか？　どんな機会を逃しますか？
- 長期的にはどんなコストを払うことになるでしょうか？
- この行動の結果、どんな望まないことが起こるでしょうか？
- どんな価値／ゴールから引き離されてしまうでしょうか？
- そうするとき、どんなリスクを冒しているでしょうか？
- この行動によって、どんな苦しい考えや気持ち、記憶が浮かんでくるでしょうか？

セラピストはそこで、見返りの上にコストを書き込みます。

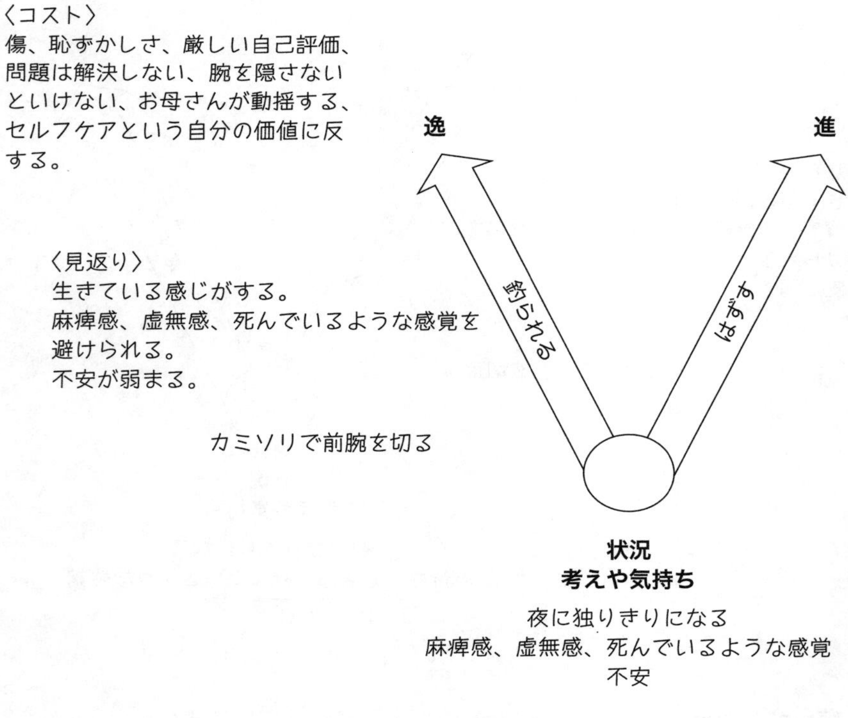
〈コスト〉
傷、恥ずかしさ、厳しい自己評価、問題は解決しない、腕を隠さないといけない、お母さんが動揺する、セルフケアという自分の価値に反する。
逸
進
〈見返り〉
生きている感じがする。
麻痺感、虚無感、死んでいるような感覚を避けられる。
不安が弱まる。
釣られる
はずす
カミソリで前腕を切る
状況
考えや気持ち
夜に独りきりになる
麻痺感、虚無感、死んでいるような感覚
不安

ここでのねらいは、見返りとそれに伴うあらゆるコストとをリンクさせることで、見返りが与える影響を小さくすることです。セラピストはこれを――大きな敬意と寄り添う気持ちを持ちながら――次のようにまとめました。「アームカットにはいくらか実際の見返りがあることを認識するのはとても大切です。ご自身を切ることで、心の中の死んでいるような感覚、空っぽの感覚から気を逸らし、生きている実感を持つことができて、○○さんの役に立ってきました。ですから、アームカットをやめることに複雑な思いを抱くのは当然だと思います。だからもしやめたくないと思うなら、無理強いするつもりはありません。ここで取り組むことは、○○さんが自分の人生に望むことについてであって、○○さんがこうすべき、こうすべきでないと私が考えることについてではありません。ですが、話してくださったことを振り返ると、アームカットには確かに大きな見返りがありますが、同時にとても大きなコストもあるということでした。つまり、腕に傷ができたり、恥ずかしく感じたり、傷を隠さないといけなかったり、お母さんを動揺させてしまったりするということです。それに、○○さんが見つけた重要な価値のひとつ、セルフケアからも遠ざかってしまうんでしたね」

現在の行動の非有効性を強調すると同時に、新しい、より有効な行動に対するウィリングネスも高めたいですね。

ウィリングネス

ウィリングネスの介入は、有効性の介入の裏面のようなものです。まず（価値とゴールへの取り組みを通じて）クライエントがどんな行動を変えたいのかを明らかにします。そのとき、「この行動をやめたいです」と言うだけでは不十分です。「代わりに何をしたいですか？」という部分まで明確にしなくてはなりません。言い換えると、次に似たような先行事象が存在しているとき、有効で価値に導かれた行動という観点から見て、クライエントはこれまでとどのように反応を変えたいのでしょうか？

今回のケースでは、クライエントは——セラピストのコーチングにより——2つのより望ましい行動を考えつきました。それは、①スキンクリームを使って前腕をマッサージすること、そして、②「優しい手」のセルフ・コンパッション・エクササイズ（第18章）を練習することでした。しかし当然のことながら、彼女は実行にためらいがあるようでした。新しい、より有効な行動に対するクライエントのウィリングネスを高めるために、新しい行動の見返りを強調しながら、同時にクライエントの気持ちに寄り添いつつ、そうすることのコストも承認したいところです。まずは見返りについて見てみましょう。

見返りを強調する

より有効な行動をとることの見返りを突き止めるために、以下の２つを探りましょう。

A. 即座の見返り（価値を実践することですぐに得られる利益）
B. 潜在的な見返り（ゴールを達成することで得られるであろう利益）

ここで役に立つ質問の例を挙げると、

- こうすることで、ありたいと思う自分に近づけそうですか？
- こうすることで、行きたい方向へ進んでいる感じがしますか？
- 踏み出す小さな一歩一歩が、どんな価値の実践になると思いますか？
- これは進（すすむ）ムーブでしょうか？
- これによって何を体現できると思いますか？
- これをすると、〇〇さんについてどんなことがわかるでしょうか？
- これをすることは、自分らしい生き方をすることになりますか？
- これをうまく達成できたら、どんな良いことがあると思いますか？

見返りを強調した後は、思いやりと敬意を示しながら関連するコストを探り、承認することができるでしょう。

コストを承認する

ここで役立つ質問の例を挙げましょう。

- どんな苦しい考え、気持ち、記憶が浮かんできやすいですか？

- どんなリスクを冒すことになるでしょうか？
- 何を失ったり、逃したり、諦めたりする必要があるでしょうか？

先ほどのクライエントの話に戻りましょう。クライエントの反応を引き出した後、セラピストは下図のとおり、その情報をチョイスポイントの反対側に書き込みます。

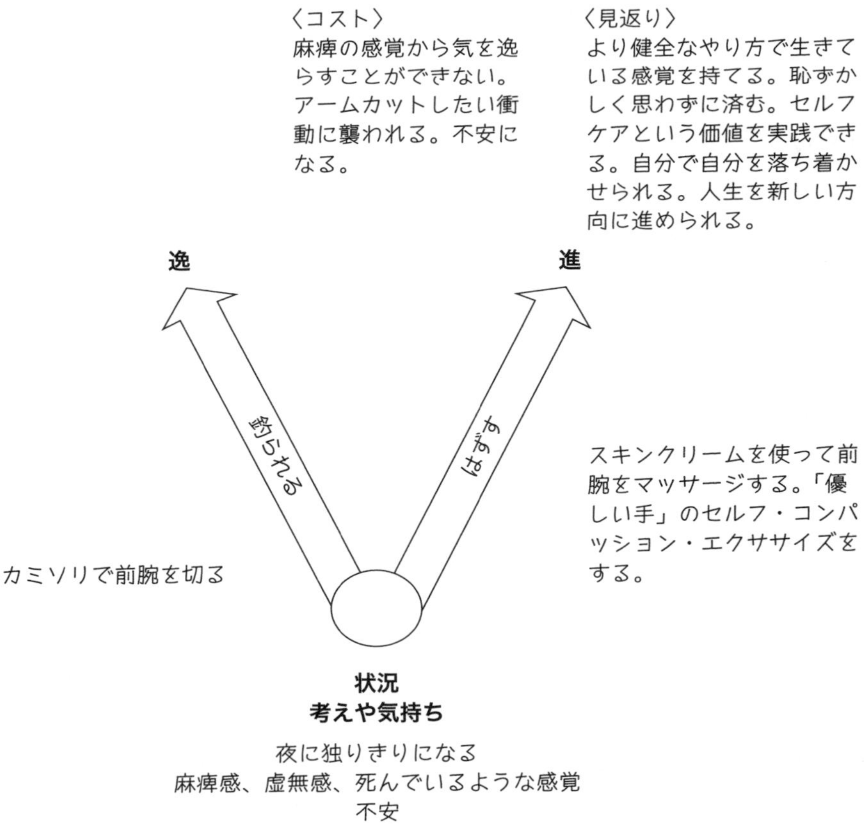
〈コスト〉
麻痺の感覚から気を逸らすことができない。アームカットしたい衝動に襲われる。不安になる。
〈見返り〉
より健全なやり方で生きている感覚を持てる。恥ずかしく思わずに済む。セルフケアという価値を実践できる。自分で自分を落ち着かせられる。人生を新しい方向に進められる。
逸
進
釣られる
はずす
カミソリで前腕を切る
スキンクリームを使って前腕をマッサージする。「優しい手」のセルフ・コンパッション・エクササイズをする。
状況
考えや気持ち
夜に独りきりになる
麻痺感、虚無感、死んでいるような感覚
不安

これでセラピストはウィリングネスについて探っていくことができます。「さて、今度夜に独りきりになって、麻痺や不安を感じたとき、○○さんにはチョイスポイントがあります。普段やっていることをすることもできますし、違うことをすることもできます。選ぶのは○○さんです。もし腕のマッサージや『優しい手』エクササイズの実践を選んだら、いろいろな見返りがあります。たとえば……（主な利益をまとめる)。同時に、それに伴って困難も生じるでしょう。たとえば……（コストをまとめる)。ですから、ここでの重要な質問は、これらの進（すすむ）ムーブに向かうために、こうした苦しい物事を置いておくためのスペースを作ろうと思えるでしょうか？」(これはウィリングネスの本質を捉えた質問です)

もちろん、クライエントが不安やアームカットしたい衝動、麻痺の感覚に対処できないんじゃないかと思うと言ったら、セラピストはそれを額面通りに受け取って、マインドから自分をはずすスキル――脱フュージョン、アクセプタンス、碇を下ろす、セルフ・コンパッションなど――の積極的な練習にそのセッションを費やすべきです。

また、セラピストとしては先行する状況の変化にも目を向けたいと思うかもしれません。もしクライエントが独りきりで過ごすことが多くて、それを変えたいと思っているなら、人との交流や外出がその先のコミットされた行為の焦点となるでしょう（思い出してください。私たちは社会的孤立といった困難な状況を受動的に受け入れるのではありません。それらを改善すべく行動することにコミットするのです)。

コミットメントを破る

誰でもときにコミットメント[訳注1)]を破るものです。これは人間であることの一部と言えるでしょう。クライエントがすぐさま失敗にまつわる問題を持ち出すことも多いものです。「もしできなかったら？」「前にも試しましたが、長続きしませんでした」。そしてクライエントが自分からこの問題について話題にしなければ、私たちのほうからこの問題に触れる必要があるでしょう。以下がその一例です。

訳注1）コミットメントという語は、決心、義務、公約、責任といった意味があり、promise（約束）よりも熱意や決心が強い様子を含意する。

セラピスト：当然のことなのですが、○○さんには、こうした物事をやり抜くことができないときもあると思います。なぜだかご存じですか？

クライエント：なぜですか？

セラピスト：それは、○○さんが本当の意味で人間であるからです。マーベル・コミックス[訳注2)]のスーパーヒーローではありません。完璧な人間なんて一人としていません。いつも価値に沿って生きられる人も、やると言ったことを常に実行できる人もいません。もちろん、少しずつうまくやれるようにはなっていけます。ですが、完璧になることはありません。

クライエントとこういった重要な話をするのは、クライエントが「すべき」「しなくてはならない」という思考、非現実的な期待、完璧主義的考えから自分をはずすのを手助けするためです。現実には、進路を保ち続けることも、進路から外れたときに素早く気づくことも、そしてまた進路へと戻ることもうまくなっていけるのです。そして同時に、私たちは間違いを犯しがちな、不完全な人間です。ですから以前のパターンに戻ってしまうときが（何度も何度も）あるのです。そうやって進路から外れてしまったときに助けとなるのが、セルフ・コンパッションです。自分自身に対して、優しく、思いやりを持ち、受容的になることです。そしてそこから再び価値とつながって、また動き出すことができます。反対に助けにならないのは、自分を責めることです。私はクライエントに次のように言うのが好きです。「もし行動を変えるための良い方法が自分を責めることだったら、今頃○○さんは完璧になっていると思いませんか？」。そしてこう付け加えます。「マインドが○○さんを責めるのをやめさせる方法はわかりません。ですが、またマインドが○○さんを責め始めたら、それに気づき、名前をつけ、そこから自分をはずすことはできます」

また、クライエントに２つの主要なコミットメントのパターンについて伝

訳注2）マーベル・コミックス（Marvel Comics）は米国のマンガ出版社であり、スパイダーマンやキャプテン・アメリカなど、アメリカン・コミックを代表するスーパーヒーローを描いている。

えるのも効果的です。

- **パターン1：**宣誓（公約、決意、確約; make a commitment）して、それを破り、諦める
- **パターン2：**宣誓（公約、決意、確約）して、それを破り、傷を癒やし、立ち上がり、その体験から学び、再び進路に戻り、新たに宣誓する

最初のパターンは、最終的には行き詰まってしまいます。2つ目のパターンは、継続的な成長につながるでしょう。クライエントに自分のパターンを見極めるよう依頼するのもよいですね。もしパターン1だったら、有効性の観点から正直に評価してもらいましょう。

基本的に私たちは、クライエントに価値に基づく行動パターンをどんどん増やしてもらい、生活のあらゆる領域にそれを広げていってほしいと思っています。そしてその過程において、クライエントには自分自身のACTセラピストに——自分の抱えるバリアを突き止め、ACTのコアプロセスでそれに対応できるように——なってほしいと思っているのです。

どれもうまくいかなかったら

もし上記のどれも助けにならず、クライエントが行き詰まったままだったら、そのときは以下のようにクライエントに勧めることができます。

A. 現時点では何も助けになっていないことを認めて受け入れる。将来的には変わるかもしれない。けれども今はそれが現実である。
B. 自分の抱える苦しい思考や感情を認めて受け入れ、セルフ・コンパッションを実践する。
C. 人生はこの1つの問題よりももっとずっと大きなものであることを認識する。そして、価値を実践できて、進(すすむ)ムーブを選択できて、人生が与えてくるものに意識を向けて関与できる、人生の別の側面に焦点を移す。

ホームワークと次のセッション

ホームワークとして、できればセッション中に宣誓したことを実行してもらいたいところです。次のセッションでは、実際はどうなったかを振り返りましょう。クライエントはゴール（あるいはプランB）を達成できたでしょうか？　もしそうなら、やってみてどんな感じだったでしょうか？　生活にどんな違いを生んだでしょうか？　そして価値づけられたこの方向性での次のステップは何でしょう？　もしゴールを達成できなかったら、何が行動の妨げになったかを掘り下げ、必要なステップ——本章で紹介したような——を踏んで、クライエントがもう一度動き出せるようにしましょう。

Extra Bits（おまけ）

ACT Made Simple : The Extra Bits（http://www.actmindfully.com.au）の第 24 章に、「HARD なバリア（HARD Barriers）」ワークシートを用意した。（英語）

スキルアップのために

私からの提案をいくつか挙げておきます。

- 「HARD なバリア（HARD Barriers）」ワークシートに自分でも取り組んでみよう。自分にとっての重要な人生の一領域において、どういった部分で行き詰まっているかを見つけ出し、もう一度動き出すために何ができるかを明らかにしよう。価値づけられた方向に踏み出せる小さな一歩を考え、それをやり抜くことを公的に（たとえば友人、同僚、パートナーに向かって）宣誓しよう。
- そのコミットメントを実行する際は、マインドフルに行い、その行動が人生にもたらす違いに気づこう。もしやり抜けなかったときは、HARD

の観点から自分を押しとどめた要因を特定しよう。

- クライエントが行き詰まっているケースを2つ選び、HARDの観点を使って考えられるバリアを特定しよう。そしてクライエントがもう一度動き出すためにどんな手助けができそうか、いくつかアイデアを書き出そう。
- クライエントが行き詰まっているケースを2つか3つ選び、コストと見返りも含めてチョイスポイントの図に一人ひとりの問題を描き出そう。

第24章のまとめ

クライエントは、私たち自身とまったく同じように、人生をより良くするであろう行動をたびたび実行しそこねます。セラピストとしては、それをノーマライズし、承認し、その道行きを邪魔しているものを明らかにし、そのバリアを乗り越えるための有効な方略を考え出したいものです。HARD（ハード）という頭字語——Hooked（釣られる）、Avoiding discomfort（不快感の回避）、Remoteness from values（価値との隔たり）、Doubtful goals（不確かなゴール）——は、あなたとクライエントの双方にとって、一般的な行動へのバリアを思い出して見つけ出すための良いキーワードになるでしょう。

第25章

気づく自己

警告：この先に厄介な概念あり

文脈としての自己、またの名を気づく自己は、ACT を学ぶうえで（そして ACT について執筆するうえで）間違いなくもっともややこしい、もっとも厄介な要素です。私のマインドは、「おまえにはできないよ！」「複雑すぎるでしょ」「これをわかりやすくだなんて無理だよ」「読者全員を混乱させるだけだ」と言っています。うん、ありがとうマインド！　さて、それではその難題に挑戦してみましょう……。

文脈としての自己のまとめ

・**簡単に言うと…　文脈としての自己**（*self-as-context*）とは、あなたのすべての気づきを担う一部分である。比喩的に言えば、それは、①苦しい思考や感情に対して「オープンになり」、それを置いておく「場所を作る」ことのできる、あなたの中の「安全な場所」である。そして、②思考や感情から「一歩下がって」それを観察することのできる「視点」「観点」である。私たちは、自分が気づいている（noticing）ことに能動的に気づくことで、言い換えると、自分自身の意識（awareness）に意図的に意識を向けることで、この「心理的スペース」にアクセスする。

・**その目的は？**　脱フュージョン、とくに概念化された自己からの脱フュージョンを強化すること。苦しい内的体験を観察するための安全かつ不変な視点にアクセスすることで、アクセプタンスを強化すること。「今、この瞬間」との柔軟な接触を強化すること。絶え間ない変化の渦中で、安定した自己の感覚を体験すること。超越的な自己の感覚を体験すること。すなわち、自分には身体とマインド以上のものがあるのだと体験すること。

・**別の言い方をすると…**　視点としての自己、観察する自己、気づく自己、観察者としての自己、沈黙する自己、超越した自己、純粋なる意識、切れ目のない自分、気づく自分の要素（the part of you that notices）[訳注1)]、気づく「私」。

・**その方法は？**　どんな継続的なマインドフルネス実践も、通常は遅かれ早かれ文脈としての自己の体験につながる。これは、自分が気づいていることに能動的に気づくエクササイズと、気づく自己を象徴化するメタファーによって強化することができる。

・**使用するタイミングは？**　アクセプタンスを促すため――とくにクライエントが自身の内的体験によって傷つけられることを恐れているとき。脱フュージョンを促すため――とくにクライエントが自己概念とフュージョンしているとき。安定した自己の感覚を促すため――とくに人生が混沌としているときや劇的な変化の渦中にあるとき。トラウマとなる出来事への対応として、あるいは精神的成長の一側面として、超越した自己の感覚を促すため。

訳注1）「私は誰？」のセクションで語られるように、自分を「身体」「マインド」「気づきを担う部分」の３つの役割・部分・要素から構成されるものとして捉えたときの表現と思われる。身体のどこかに気づきを担う分割可能な要素があるという意味ではない点に注意されたい。

混乱の地へようこそ

なぜ文脈としての自己は、ほとんどの人にとってACTモデルのもっともわかりにくい要素なのでしょう？　そうですね、少なくとも大きな理由のひとつは、この用語自体に2つの意味――互いに関連してはいますが、同時に大きく異なる2つの意味があるからでしょう。ACTのテキストで「文脈としての自己」という言葉を使う場合、たいていは**気づく自己**（あるいは**観察者としての自己**）を意味しています。つまり、自身の内的および外的世界についてのあらゆるマインドフルな気づきをもたらす、人間の超越的な側面を指しています。その体験は、「メタ意識（meta-awareness）」や「純粋なる意識（pure awareness）」と呼ぶこともできるでしょう。これは、その人の意識（awareness）に対する意識、気づいている（noticing）ことへの気づき、意識（consciousness）に対する気づきから生じるものです（注意：それらを「自己」「部分」「側面」と呼ぶのは比喩的な表現です。厳密には潜在的行動のレパートリーのひとつです）[訳注2)]。

それに比べてまれですが、ACTのテキストで「文脈としての自己（self-as-context：SAC）」という言葉が、**柔軟な視点取得**（*flexible perspective taking*）のプロセスを指すために使われることもあります。柔軟な視点取得は多くのACTスキル――たとえば脱フュージョン、アクセプタンス、「今、この瞬間」との接触、自己認識、内省、共感、コンパッション、心の理論、未来や過去への心的投影――の根幹を成しています。この、SACの一般的でないほうの意味については、上級テキスト『使いこなすACT』（*Getting Unstuck in ACT*; Harris, 2013）のなかで掘り下げています。本書ではわかりやすくしておきたいので、大部分はより伝統的で一般的な用法に則りま

訳注2）awarenessは何らかの存在の認識を指し、consciousnessはawarenessの状態や質を表すより深い（in-depth）認識を指す、awarenessはconsciousnessの必要条件であるというような説明がなされることがあり、異なる意味合いを有する。本書ではnoticeとの訳し分けも考慮して、文脈に応じて「意識」や「気づき」などの語を当てる。また、part of you noticing Xに類する表現が頻出するが、ここでのpartは文脈に応じて「部分」「一部分」などと訳出する。

す。すなわち「気づく自己」または「観察者としての自己」という意味でこの言葉を使っていきます。ですがSACのもうひとつの意味——柔軟な視点取得——についても、第27章で触れるつもりです。

さらに混乱に拍車をかけるように、多くのテキストが「プロセスとしての自己（self-as-process）」と呼ばれるものについても書いています。この用語にも2つの意味があります。

A. 自分の思考、感情、行動、そして自分が見聞きする、触れる、味わう、匂いを嗅ぐあらゆるものに意図的に気づく継続的なプロセス。おそらく、この意味でより適切な表現は、「自己認識（self-awareness）」だろう。
B. 上述のプロセスから生じる自己の感覚。残念ながら、「プロセスとしての自己」という言葉がこの意味で使われると、セラピストの多くは「文脈としての自己」との区別が不可能ではないにしても、そうすることに苦労する。

こうした混乱があるため、私はこの先「プロセスとしての自己」という言葉は使いません（安堵のため息をついてもらっていいですよ）。

ですがちょっと待ってください。私たちはまだ完全に「混乱村」を抜けたわけではありません。まだ**概念化された自己**（*conceptualized self*）あるいは**自己概念**（*self-concept*）についても話す必要があります。これは、編み合わさることであなたの自己概念や自己イメージを形成する、あらゆる信念、思考、アイデア、事実、評価判断、ナラティブ、記憶などです。つまり、人として「どんな存在か」、いかにしてそのような人になったのか、どんな資質を持っているか、何ができる（そして何ができない）のかなどの描写です。自己概念とのフュージョンは、無数の異なる形態でセラピーに現れます。「私は壊れています」「欠陥品です」「価値のない人間です」「依存症です」「優れています」「劣っています」「役立たずです」などです。（自己概念と同一化して、それを自分が「何者であるか」を示すものとみなしてしまう体験を、専門的には「内容としての自己〔self-as-content〕」と呼びます。私たちはこの自己の感覚とフュージョンすることも、そこから脱フュージョンすることもできます)。

まとめると、文脈としての自己は気づきが起こる場所であり、気づきが生じる視点や観点であり、意識されているものが何であれ、それに気づく自分の側面なのです。

ほとんどのテキストや研修で、ヘキサフレックスのこの要素に該当する、3つの広範な介入のクラスが見つかることでしょう。

A. 気づく自己のメタファー
B. 自分が気づいていることに気づくことに関する体験的エクササイズ
C. 自己概念から脱フュージョンするためのエクササイズ

これから、それらについて探求していきましょう。

気づく自己はあらゆるマインドフルネスに潜んでいる

マインドフルネスの基本教示である「Xを意識せよ」は、Xが意識される地点あるいは視点の存在を暗示しています。そして、この地点あるいは視点は決して変わることがありません。私は自分の思考を意識し、自分の感情を意識し、自分の身体を意識し、自分の身体の外に広がる世界を意識します——そして、自分の気づきさえ意識することができるのです。私が意識しているものは絶え間なく変わり続けます。ですが、気づきが生じている地点や視点は決して変わりません。生涯を通じて、すべては常に、「私／今／ここ」の地点や視点から意識されます。そして、すべてに気づくこの普遍的な地点こそ、ACTが**文脈としての自己**と呼ぶものなのです。

もしこのことを理解できずに困っているとしても、それは自然なことです。なぜなら、気づく自己はあらゆる言葉を超えた体験だからです。どんな言葉を使ってそれを説明しようとしても、それについてのどんなイメージを作ろうとしても、それにまつわるどんな信念や概念を形成しようとしても——どれも*それ*ではありません！　文脈としての自己とは、私たちがそれをどうにか描写しようと駆使するあらゆる言葉、イメージ、信念、概念を意識する、あるいは観察する、私たちの非言語的側面なのです。言語を用いてこの非言語的体験に最接近できるとしたら、それはメタファーを通じてです。この後いくつかの例を紹介していきましょう（注意：関係フレーム理論を学ぶと、文脈としての自己は本当の意味では非言語的な体験ではないことに気づくでしょうが、ここでの目的のために、非言語的と考えておくことにしましょう）。

文脈としての自己に至る道

6つのコアプロセスすべてがそうであるように、文脈としての自己も、どのセッションにも組み込むことができます。第10章と第15章で、毎回のセッションのいたるところで文脈としての自己（SAC）の「種を蒔（ま）く」ことについて話しました。種を蒔いておけば、セラピーで役に立つと思ったときにはいつでも、本章での方法を用いてその種に積極的に「水やり」をすることができます。

ほとんどのACTプロトコルでは、何セッションかかけて脱フュージョン、アクセプタンス、柔軟な注意に焦点を当てた後に、文脈としての自己が導入されます。たとえば次のようなことが言えるでしょう。「ここまで、気づくことが関わるいろいろなことをやってきました――考えに気づく、気持ちに気づく、呼吸に気づく、進（すすむ）ムーブと逸（それる）ムーブに気づく、などなど。おもしろいことに、この、私たちのすべての気づきを担う部分なのですが――実のところ、日常的な言葉にはそれを呼ぶための名前がないんです。一番近いのは、『意識』とか『気づき』ですが、それも正確ではありません。個人的には、『気づく自分』とか『気づく自分の要素部分』と呼んでいます。そして実は、これまで学んできたさまざまな自分をはずすスキルのすべてで、常にこの気づく一部分を使っているんです。これが意外と重要です。このことについて、少し掘り下げてみてもいいでしょうか？」

クライエントが同意したら、通常はまずSACが「腑に落ちる」ようにメタファーを導入し、次にSACを実際に体験してもらえるようにマインドフルネス・エクササイズを行います。

文脈としての自己のメタファー

文脈としての自己（SAC）のメタファーはたくさんありますが、クライエントにこの複雑な概念の感覚をつかんでもらうのに一番わかりやすいと思うのは、以下に示す「舞台劇」のメタファーです。

舞台劇のメタファー

セラピスト：ちょっと考えていることがあるのですが、お伝えしてもいいですか？

クライエント：もちろん。

セラピスト：私はときどき、人生を非常に大きな舞台劇として捉えるのが役に立つと考えます。いかがでしょう？　大きな舞台があって、そこでさまざまなことが起こっています。○○さん［クライエント名］にはあらゆる考えと気持ちがあり、あらゆる見聞きできるもの、触(さわ)れるもの、味わえるもの、匂いを嗅げるものがあり、自分の身体を使ってできるあらゆる物理的な事柄があります。そして劇の内容は、そのときどきで常に変わっていきます。それで、舞台上ではものすごく素晴らしいことが起こっていることもあれば、ものすごくひどいことが起こっていることもありますよね？

クライエント：うーん、そうですね。

セラピスト：そしてそこには、○○さんの一歩下がって劇を眺めることのできる部分があります。いつもそこにいて、いつも眺めています。劇の一部にズームインして細部を観ることもできますし、ズームアウトして全体を眺めることもできます。

(注意：ほとんどのクライエントはこのメタファーをたやすく理解します。そのため、多くの場合、私はこの時点でやめてしまいます。ですが、継続性や不変の存在といった他のSACの超越的性質にも触れておきたいと思った

ら、以下のように続けることもできます）

セラピスト：重要なのは、劇はそのときどきで常に変化しているということです。ですが、○○さんのそれを眺める部分は常に変わりません。舞台上でどんなことが起ころうと、劇がいかに素晴らしいものであろうとひどいものであろうと、その部分はいつもそこにあって、いつも気づいています。

＊＊＊

このメタファーは、先に実践している脱フュージョンとアクセプタンスのワークに結びつけることができます。思考や感情は劇の演者のようなもので、あなたの注意を一身に集めようと一生懸命です――だから気をつけていないと、あなたをつかんで舞台に引っ張り上げてしまいます（フュージョン）。脱フュージョンとアクセプタンスは、どちらも舞台から離れることを含んでいて、それによって演者のことをよりはっきり見て、劇全体をよりよく捉えることができるのです。

他の評判の良いメタファーは、「チェス盤（Chessboard）」（Hayes et al., 1999）と「空と天気（Sky and Weather）」の２つです。この２つはSACの空間的性質――自分の内にある「安全な場所」としての感覚、あるいは思考や感情を入れておく空間や容器であるという感覚――をより際立たせます。ですからとくにアクセプタンスの強化に役立つのです。「空と天気」のメタファーは以下に載せますが、「チェス盤」についてはExtra Bitsを参照してください。

■空と天気のメタファー

（ヒンドゥー教や仏教、道教で出会う）この素晴らしいメタファーでは、観察する自己を空に喩えています。このメタファーはクライエントとの会話上で触れることができます。ですが、私はフォーマルなマインドフルネス・エクササイズの後に、以下のような感じで話すのが好みです。

セラピスト：○○さんの気づく自分は、空のようなものです。考えや気持ちは天気のようなものです。天気は常に変わり続けますが、どれほどの悪天候であっても、空を傷つけることは決してできません。これ以上ない激しい雷雨も、史上最悪のハリケーンも、記録的な猛吹雪も——どれも空を傷つけることはできません。そしてどんなひどい天気だったとしても、空にはその天気のための余地があります——そして遅かれ早かれ、天気は必ず変わります。

さて、私たちはときどき、空がそこにあることを忘れてしまいます。でも、空は変わらずそこにあります。ときには雲に覆い隠されて空が見えないこともあります。でもその雲の上まで昇っていけば——たとえそれがものすごく厚くて真っ黒な積乱雲であっても——いずれは真っ青な空に到達します。どこまでも広がっていて、一点の曇りもない空です。○○さんはこれから少しずつ、自分のこの部分にアクセスすることができるようになっていきます。それは心を開いて苦しい考えや気持ちを置いておくスペースを作ることのできる、安全な場所です。考えや気持ちから一歩下がって距離をとり、観察することができる安全な観測地点なのです。

体験的エクササイズ：気づいていることに気づく

上記のメタファーを通じて直接的に文脈としての自己を体験できる人は、まずいません。そうしたメタファーは気づく自己を概念化して、その性質がどんなものかをつかむのに役立ちますが、実際の体験を提供してくれるわけではありません。実際に体験するためには、体験的エクササイズが必要です。

文脈としての自己をマインドフルネス・エクササイズに組み込むシンプルな方法は、次のような教示を滑り込ませることです。「そしてそのX（呼吸／思考／胸にあるその感覚／舌に乗ったレーズンの味）を意識しながら、自分が意識していることに気づいてください。そこにはXがあり、さらにXを意識している自分の一部があります」

このバリエーションとして、次のようなものもあるでしょう。「そこに『自分』がいることに気づいてください——目の奥には、そのすべてを意識している『自分』がいます」

以下のエクササイズでは、このタイプの教示の一例を示しています。

■ほら、そこに思考が……

セラピスト：椅子に楽に腰かけて、目を閉じてください。では意識してください。考えはどこにあるでしょうか？……どこに位置している感じがしますか？　自分の上、後ろ、目の前、それとも右側か左側でしょうか？（10秒置く）では、その考えの姿形を意識してみてください。映像、言葉、それとも音でしょうか？（10秒置く）次に意識していただきたいのは——それは動いていますか？　じっとしていますか？……もし動いていたら、どんなスピードでどの方向に動いているでしょうか？（10秒置く）今ここで、2つの別々のプロセスが同時進行していることに気づいてください。まず、考えるプロセスがあります——○○さんのマインドが、ありとあらゆる言葉や映像を吐き出しています——そして、意識するプロセスもあります——○○さんには、そのありとあらゆる考えに気づいている一部分があります（10秒置く）。

今これを聞いて、○○さんのマインドは音を立てながらぐるぐる考えて、分析していると思います。ですから、もう一度やってみましょう。

自分の考えがどこにあるか意識してください……それは映像でしょうか、言葉でしょうか？　動いているでしょうか、じっとしているでしょうか？（10秒置く）このように、そこに考えがあります——そして、その考えが行ったり来たりすることに気づくことのできる一部分があります。○○さんの考えは常に変わっていきます。ですが、それに気づく「自分」は変わりません。

またマインドが音を立てながらぐるぐる考えて分析していると思いますので、最後にもう一度だけやってみましょう。意識してください、考えはどこにありますか？……それは映像なのか、言葉なのか？　動いているのか、じっとしているのか？……（10秒置く）そこに考えがあります――そして、それを観察している「自分」もいます。考えは変わっていきます。ですが、気づく自分は変わりません。

実践のためのヒント　こうしたエクササイズの教示にはさまざまなバリエーションが考えられる。他にも、「○○さんの気づいている部分があります」「今○○さんは意識しています」「誰が意識しているのかを意識してみましょう」「○○さんには、『そこで』気づいている一部分があります」などと言えるだろう。自分とクライエントにとって一番しっくりくるものはどれか、実験して見つけ出そう。

■話す部分と聞く部分

これはまた別の、超手短エクササイズです。

セラピスト：これから30秒間、マインドが話していることに静かに耳を傾けてみてください。もし考えが止まったら、また話し始めるまで、ただ耳を傾け続けてください（30秒置く）。ほら、見つかりましたね。マインドの、おしゃべりしている部分――考えている部分――と、マインドの、それに耳を傾ける部分――意識する部分――があります。

■切れ目のない自分

次に載せるのは、Hayesら（1999）による古典的な「観察者としての自己（Observer Self）」エクササイズの超短縮版です。これは「切れ目のない自分（continuous you）」エクササイズとしても知られています。一見複雑に見えますが、基本的には以下の5つの教示の繰り返しから成り立っています。

1. Xを意識してください。
2. そこにはXがあります——そして、Xを意識しているあなたの一部分があります。
3. Xを意識できるということは、あなたはXではないということです。
4. Xはあなたの一部です。そして、あなたにはX以上のものがあります。
5. Xは変わっていきます。あなたのXを意識する部分は変わりません。

Xには、自分の呼吸、思考、感情、物理的身体、役割のうちのいくつか、あるいはすべてを当てはめることができます。私はほとんどのクライエントに対して、このエクササイズを最初から最後まで一度に実施します。所要時間は15分ほどです。ですが、全体を小さなセクションに分解して、1つ終わるたびに振り返るのもよいでしょう。私は普段、このエクササイズを「空と天気」メタファーで締めくくっています。そうすると非常に印象的になります。

セラピスト：それでは、背筋を伸ばして腰かけて、足はまっすぐ床につけてください。目は一点を見つめるのでも、閉じるのでもかまいません……自分の息が肺に出入りするのを意識してください……鼻孔から息が入ってきて……肺まで入って……そしてまた外に出ていくのを意識してください……そしてそうしながら、それを意識していることに気づいてください……呼吸をしており……それを意識している自分がいます（5秒置く）。自分の呼吸を意識できるなら、○○さんは呼吸ではありません（5秒置く）。呼吸は絶え間なく変化します……ときには浅く、ときには深く……ときには速く、ときには遅く……ですが、呼吸を意識している○○さんの一部分は変わりません（5秒置く）。○○さんが小さかった頃は、肺も今よりずっと小さかったでしょう……ですが、子どもの頃に呼吸を意識できた自分は、いま大人として呼吸を意識している自分と同じです。

今この話を聞いて、マインドが音を立てながら分析して、哲学者のようにもの思いにふけって、あれこれ考えていると思います……ではそこから一歩下がって距離をとり、意識してみてください。考えは今どこにありますか？……どの辺りに位置している感じがしますか？……動いていますか、じっとしていますか？……映像ですか、言葉ですか？（5 秒置く）。考えを意識しながら、自分が意識していることに気づいてください……そこに考えがあります……そして、その考えを意識している自分がいます（5 秒置く）。考えを意識することができるなら、○○さんはその考えではありません（5 秒置く）。考えは○○さんの一部です。ですが、○○さんにはその考え以上のものがあります。考えは絶え間なく変化します……ときには正しく、ときには誤っていて……ときにはポジティブで、またあるときはネガティブで……ときには楽しく、そしてまたあるときには悲しく……ですが、そうした考えを意識している○○さんの一部分は決して変わりません（5 秒置く）。○○さんが小さかった頃は、考えることも今とはだいぶ違っていたでしょう……ですが、子どもの頃に考えを意識していた自分は、いま大人として考えを意識している自分と同じです（5 秒置く）。

さて、○○さんのマインドが、いま私の言ったことに賛成してくれるとは思っていません。むしろこのエクササイズのこの先も、マインドは私の言ったことについてぐるぐる考えたり、分析したり、攻撃したり、合理化したりしようとすると思います。ですから、もしそういう考えが浮かんできたら、横を通り過ぎる車のように、それらを好きに行き来させておいてみてください。そして、マインドがどれだけ一生懸命○○さんをこのエクササイズから引き離そうとしても、こちらに集中してみてください（5 秒置く）。

では、椅子に座っている自分の身体を意識してください……（5 秒置く）。そしてそれを意識しながら、自分が意識していることに気づいてください……そこに○○さんの身体があり……それを意識している自分がいます（5 秒置く）。その身体は、赤ちゃんの頃とも、小さな子どもだった頃とも、10 代の頃とも違います……前になかったものがあったり、前はあったものがなかったりするかもしれません……傷、しわ、ほくろ、しみ、そばかすがあるかもしれません……若い頃の肌とは間違いなく違うでしょう……ですが、自分の身体を意識している自分の一部分は、決して変わりません（5秒置く）。子どもの頃、鏡に映っていた自分は、今の自分とだいぶ違っていたでしょう……ですが、そのとき鏡に映る自分を意識できた自分は、いま鏡に映る自分を意識できる自分と同じです（5秒置く）。

では、自分の身体を頭からつま先までさっとスキャンして、さまざまな感覚を意識してみてください……そして興味を惹かれた感覚にズームインして……それを好奇心をもって観察してください……どこから始まってどこで終わるのか……どのくらい深くまで行くのか……どんな形をしているのか……その温度を意識してください……そしてその感覚を意識しながら……自分が意識していることに気づいてください……そこにその感覚があり……そして、それを意識している自分がいます（5秒置く）。それらの感覚を意識できるということは、○○さんはそれらの感覚ではありません（5秒置く）。そうした感覚は○○さんの一部です。そして、○○さんにはそれらの感覚以上のものがあります。気持ちも感覚も絶え間なく変化します……ときには嬉しく、ときには悲しく……元気なときもあれば、調子が悪いときもある……ストレスを感じるときもあれば、リラックスしているときもある……ですが、そうした感覚を意識している自分の一部分は、決して変わりません（5秒置く）。そして、毎日の生活のなかで怖くなったとき、腹が立ったとき、悲しくなったとき……そういう気持ちを意識することができる自分は、子どもの頃に気持ちを意識することができた自分と同じです。

では、この瞬間○○さんが担っている役割を意識してください……そしてそれを意識しながら、自分が意識していることに気づいてください……今この場では、○○さんはクライエントの役割を担っています……ですが、役割は絶え間なく変化します……ときには父親／母親であり、息子／娘であり、兄弟／姉妹であり、ときには、友人、敵、隣人、ライバル、学生、先生、市民、客、労働者、従業員、あるいは雇用主などです。

（5秒置く）そしてもちろん、もう決して担うことのない役割もあります……たとえば小さい子どもの役割……困惑した10代の役割（5秒置く）。ですが、自分の役割を意識する自分は変わりません……小さな子どもの頃に自分の役割を――そしてその役割での自分の言動のすべてを――意識できた自分と、まったく同じ自分です。

日常的に使う言葉には、○○さんのその部分を指すよい名前がありません……これからそれを「気づく自分」と呼ぼうと思いますが、必ずそう呼ばないといけないわけではありません……好きなように呼んでかまいません……そしてこの気づく自分というのは、空のようなものです（「空と天気」のメタファーでエクササイズを締めくくる）。

このエクササイズの長いバージョンでは、クライエントを過去のさまざまな時点でのいくつかの記憶に連れ戻し、どの記憶が「記録」されたときにも、そこには気づく自己がいたことに気づいてもらいます。

このエクササイズは、多くのクライエントにとって深く心動かされるスピリチュアルな体験であると感じられます。ですが、終わった後に分析をしないほうが賢明です。そうでないと、知的な処理に走ってしまう危険があるからです。

気づく自己を導入することができたら、脱フュージョンとアクセプタンスを強化する簡易的な介入として、どのセッションにもこんなセリフとともに組み込むことができます。「ここで、その考え／気持ちから一歩下がり、気づく自分の視点から眺めることができるか試してみてください」。以下に載せるのは、脱フュージョン、アクセプタンス、そして文脈としての自己に取り組んだ後の、4回目のセッションでの実践例です。クライエントは中年女性で、26歳の息子に実家を出ていくよう伝えたがっていました。

クライエント：（青ざめた顔で、緊張し、落ち着かず、不安そうな様子で）できるかわかりません。つまりその、息子には出ていってほしいのですが……もううんざりなので……でも……なんというかすごく……だって、私は母親じゃないですか？　もう本当に、この気持ちに耐えられないんです。

セラピスト：では少しの間一歩後ろに下がって、すべての気づきを担う○○さんの一部分を使うことができるか試してみてください……いま頭の中でうなっているあらゆる考えを……身体のまわりに渦巻いているあらゆる感覚を意識してください……椅子に座っている身体を意識してください……周りに広がる部屋を意識してください……何が見聞きできるでしょう……ここに座っている私のことも見えるでしょうか……今ここでは、舞台全体が進行しています——そしてそこには、一歩下がって劇全体に気づくことのできる、○○さんの一部があります……その部分を使って、身体にある感覚を意識してください……そして、それはもっとずっと大きな劇のごく一部にすぎないことに気づいてください……舞台上では、他にもたくさんのことが起こっています。○○さんのマインドは「この気持ちに耐えられない」と言っていますが、気づく自分を使って、そこから一歩下がって眺めてみると、本当にマインドの言うとおりでしょうか？

クライエント：いいえ。その——こんな感じで見てみると、少し気楽です。

セラピスト：その気持ちを置いておくスペースを作りやすくなりましたか？

クライエント：ええ。

セッションはここで、母親の価値の掘り下げへと舵を切りました。それによって、息子に家を出ていってほしいのは、息子の自立を促し、「成長する」のを助け、そして家庭の雰囲気をもっと夫との親密さが感じられるようなものにしたいからであることが明らかになりました。およそ10分後、セラピストは再び気づく自己へと立ち戻ります。

セラピスト：少しの間、もう一度気づく部分を呼び起こしていただいてもいいでしょうか？（クライエントはうなずいて了承する）ありがとうございます。ではもう一度、頭を横切っていくさまざまな考えをただ意識してください……身体を通り抜けていく感覚を意識してください……そして、数分前とは舞台劇の内容が変わっていることを意識してください……ですが、劇に気づいている○○さんの一部分は変わっていません。

セラピストは、セッションの終わり頃にこの短いエクササイズをもう一度繰り返した後、以下のように続けます。

セラピスト：このエクササイズを、1日に2、3回ほど練習してみようと思ってもらえればと考えています。少し時間をとって一歩後ろに下がり、舞台劇を意識していただきたいんです。そして、舞台劇の内容は常に変わっていくこと――舞台上では次々と新しい考えや気持ちが際限なく登場してはアピールし続けていること――を意識してみてください。そうしながらも、気づく自分の要素とつながってみてください。その要素は常にそこにあって、いつでも利用することができ、必要に応じて劇にズームインしたり劇からズームアウトしたりするのを助けてくれる、という感覚を持つことができるかどうか、試してみてください。

自己概念から脱フュージョンするためのエクササイズ

クライエントはよく、「私には自己肯定感がありません」「もっと自己肯定感がほしいです」と言います。自己肯定感にはさまざまな解釈がありますが、突き詰めるとほとんどはこれに落ち着くでしょう。これとは、「自己肯定感＝ポジティブな自己イメージの構築」です。自己肯定感に関するプログラムの大半は、自分を肯定的に評価すること、自分の強みに注目すること、否定的な自己評価を減らすか排除することを非常に重視しています。しかしACTの観点からすると、それがポジティブであれネガティブであれ、自己イメージとのフュージョンは問題につながる可能性が高いと言えるでしょう。以下の脱フュージョンエクササイズのやりとりが、この点を明確にしてくれます（そうであることを願っています）。

■良い自分／悪い自分エクササイズ

これは自己概念から脱フュージョンするための、シンプルでありながらも強力なエクササイズです。実施には紙とペンが必要です。

クライエント：でも自己肯定感が高いのは良いことですよね？

セラピスト：ええと、○○さんにはまだ小さいお子さんが３人いらっしゃいますよね？

クライエント：ええ。

セラピスト：では、○○さんのマインドが、「私は優秀な母親だ。母親として素晴らしい仕事をしている」と言ったとしましょう。もしこの考えを強く握りしめたとしたら、高い自己肯定感が得られるのは間違いないと思います。ですが、もしこの考えに完全に釣られてしまったとしたらどうでしょう？　自分は優秀な母親で改善点などないほど素晴らしい仕事をしている、と確信しながら毎日を過ごしたとしたら？

クライエント：（くすっと笑って）あの、そもそも事実ではないですよね。

セラピスト：なるほど、つまりコストのひとつは現実が見えなくなることですね。他はいかがでしょう？　もし○○さんが、自分のすることはすべて素晴らしいと100％信じていたら、お子さんたちとの関係はどうなるでしょうか？

クライエント：自分が間違ったことをしていても気づかないかもしれません。

セラピスト：そうですよね。自己認識が欠けて、無神経になるかもしれません。それに、より良い母親へと成長、発展することもないでしょう。成長や発展というのは、自分の間違いに気づいてそこから学ぶときに起こるものだからです。ではこんな質問をさせてください。○○さんが、魔法のような力でなぜか——天使なのか、優しい幽霊なのか、天国から見下ろしているのか——自分のお葬式に参列することができたとします。そのとき、お子さんたちには次のどちらのように言ってほしいですか？　「お母さんは私たちが必要としたとき、いつもそこにいてくれました」あるいは「お母さんは本当に自己評価の高い人でした」

クライエント：（笑って）最初のほうです。（困惑したように）でも、自己肯定感は良い母親になるのを助けてくれるのでは？

セラピスト：良い質問です。その答えを探すために、ちょっとしたエクササイズを一緒にやっていただけますか？

クライエント：もちろん。

セラピスト：ありがとうございます（白紙を取り出す）。では、マインドが○○さんをボコボコにしたいときに言う一番ひどいことは、たとえばどんなことですか？

クライエント：（ため息をついて）おなじみの内容です。太っているとか。バカだとか。

セラピスト：わかりました。では、これが「悪い自分」です。「太っている」「バカだ」。他にはいかがですか？（ネガティブな自己評価をさらにいくつか引き出し、紙の片面に書き留める。それから紙を裏返す）では、珍しくマインドが○○さんに対して優しいとき、○○さんについてたとえばどんな良いことを言いますか？

クライエント：うーん。私は良い人とか。人に親切とか。

セラピスト：わかりました。ではこちらが「良い自分」です。「良い人」「人に親切」。他にはいかがですか？（ポジティブな自己評価をさらにいくつか引き出し、裏返した面に書き留める）このエクササイズは、以前のセッションで行ったものに少し似ています。ではもしよかったら、この紙を顔の前に掲げるように持って、そこに書いてあるネガティブな内容を全部読んでいただけますか？　そうです——全部見えるように、顔の前に持っておいてください（クライエントは顔の前に紙を掲げ、セラピストが視界に入らなくなる）しっかり握りしめてください。「悪い自分」にすっかり没頭してください。そうすると、これはとても自己肯定感が低い感じですよね？

クライエント：ええ。

セラピスト：では、今○○さんのすぐ前に、人生での大切なものがすべて並んでいると想像してください。○○さんにとって大切な人や場所、もの、活動全部です。そうすると、こうした自分の物語に没頭していると、生活の残りの部分はどうなるでしょうか？

クライエント：消えてしまいます。

セラピスト：大切な人や重要な物事に意識を向けて関与できて、つながっていると感じますか？

クライエント：いいえ。見ることもできません。

セラピスト：わかりました。では今度は紙を裏返して、自分についてのポジティブな考えが見えるようにしてください。そうです――紙は顔の前に掲げたままにしてください（クライエントは紙を裏返し、顔の前に掲げる)。では、「良い自分」に没頭してみてください。しっかり握りしめてください――それらの素敵でポジティブな考えすべてに釣られてみてください。そうすると、これで高い自己肯定感が手に入りました。ですが、こちらにある、○○さんの生活の残りの部分はどうなりますか？　大切な人や物事に意識を向けて関与できて、つながっている感じはしますか？

クライエント：（くすくす笑いながら）いいえ。

セラピスト：いいでしょう。それでは紙を膝の上に置いてください（クライエントはそれに従う)。さて、何か違いが生まれましたか？

クライエント：（クライエントはセラピストを見る。双方にこっと笑う）だいぶマシです。

セラピスト：重要なことに意識を向けて関与したりつながったりしやすいでしょうか？

クライエント：はい。

セラピスト：そして意識していただきたいのですが、その紙が膝に乗っている限り、どちらの面が上になっているかは関係ありません――良い自分でも悪い自分でも関係ありません――強く握りしめたり夢中になったりしなければ、その紙は○○さんがしたいことをするのを邪魔しません。ですから、自分がなりたいと思う母親でいるという意味では、何がより大切でしょうか？　自分の美点に関する考えすべてを強く握りしめて、ネガティブな考えから逃げることでしょうか、それとも、お子さんたちに意識を向けて関与して、つながり、本当の意味でお子さんたちのためにそこにいることでしょうか？

クライエント：もちろん、子どもたちのためにそこにいることです。

私は誰？

クライエントはときに、次のようなことを尋ねてきます。「だとしたら、私は誰なんですか？　頭の中のこの物語でないとしたら、私は誰ですか？」。ここで気をつけないと、この時点で簡単に深遠な哲学的議論にはまってしまいますし、ACT の目的からするとそれは望ましくありません。私たちはコーチやセラピストであって、哲学者でもグル[訳注3)]でもないのです。ですから、私はふつう次のような方向の回答をします。「それは良い質問ですね。『自分』というものについてはさまざまな角度から語ることができると思いますが、日常語では、2つの視点から語られることが多いと思います。物理的な自分――つまり私たちの身体――と、考える自分――私たちのマインド――です。ですが、実は3つ目の視点があり、それについては普段ほとんど触れられることがありません。それがこの、マインドと身体の両方に気づくのに使われる、『気づく自分』です。そして○○さんは、いま言ったものすべてだと言えます。マインド、身体、気づく自分、すべてが一体となっています。ですから、こうした別々の『自分』や『部分』について話すのは、単にそうするのが便利だからです。現実には、○○さんは全体としてひとつの人間存在です。分けられる部品ではありません。身体から切り離されたマインドや、考える自分から切り離された気づく自分を見出した人などいません。どれもあくまで比喩表現です。人間のさまざまな側面について話すための手段なんです」

訳注3）ヨガなどの指導者や師。

文脈としての自己は必ず明示すべき？

この質問に対する答えはノーです。実践の場では、多くのACTセラピストが文脈としての自己（SAC）以外の5つのコアプロセスを優先しており、セラピー内でSACに明示的に触れることはめったにありません。その理由のひとつは、SACはどんなタイプのマインドフルネスの実践にも暗示的に含まれているため、脱フュージョン、アクセプタンス、柔軟な注意に積極的に取り組んでいる限り、「副作用」「副産物」として気づく自己が養われていくからです。また、SACを明示するときでも、ほとんどのACTセラピストは「観察する自己」「気づく自己」といった言葉を使いません。むしろ、「気づく自分の要素」「気づく私（I that notices）」「気づくあなた（you that notices）」といった表現を使うことのほうがずっと多いでしょう。明示的にSACに取り組むための基本的な機会は以下の5つです。

1. 脱フュージョン、とくに概念化された自己からの脱フュージョンを強化する
2. 恐れている私的体験のアクセプタンスを強化する
3. 「今、この瞬間」との柔軟な接触を強化する
4. 安定した自己の感覚にアクセスする
5. 超越的な自己の感覚にアクセスする

最初の4つの目的を達成するためにSACを明示することが役立つこともありますが、不可欠というわけではまったくありません。同じ結果は、脱フュージョン、アクセプタンス、柔軟な注意のスキルに直接取り組むことでも容易に達成可能です。ですが5つ目の目的達成をねらうのであれば、通常は明示的にSACに取り組むことが必要です。

ホームワークと次のセッション

本章のホームワークとして、2種類が考えられます。ひとつは文脈としての自己との接触に関するもので、もうひとつは自己概念からの脱フュージョンに関するものです。そしてもちろん、「良い自分／悪い自分」エクササイズを、より具体的にするのもよいでしょう。たとえば、良い母親／悪い母親、良いセラピスト／悪いセラピスト、あるいはさらに、良い警官／悪い警官というように。

別のシンプルな選択肢もあります。過去に行ったいずれかのマインドフルネスの実践を続けることを提案して、次のような教示を付け加えるものです。「今後マインドフルネスをするときは、途中でときどき、自分が意識していることを意識できるかどうか確かめてみてください」

また、明確に「文脈としての自己」指向のマインドフルネス・エクササイズを実践してもらうのもよいでしょう。その場合、セッションで行ったエクササイズを録音するか、クライエントにCD、MP3、あるいはスマートフォンアプリの市販の音源を用意してもらうとより効果的です。

この後のセッションでは、必要に応じて文脈としての自己も体験的に取り入れながら、価値とコミットされた行為に関するさらなるワークに移っていくのが一般的でしょう。

Extra Bits（おまけ）

ACT Made Simple : The Extra Bits（http://www.actmindfully.com.au）の第25章に、次のものを用意した。①「チェス盤（Chessboard）」のメタファーのスクリプトと、そのYouTubeアニメーションへのリンク、②セラピー vs. 神秘主義に関する論考、③クライエントに「これは魂ですか？」と聞かれたときどうするか、そして、④クライエントが気づく自己にアクセスできないときの対応。（英語）

スキルアップのために

警告してくれなかった、と言わないでくださいね。文脈としての自己は本当に複雑です！　ですが良いニュースは、練習が助けになることです。ですから、

- すべてのエクササイズとメタファーを声に出して読み、実際にクライエントと行っているつもりで練習しよう。
- 自分が担当するクライエントを2、3人選び、それぞれの概念化された自己がどんな思考、信念、評価判断、その他の自己描写によって構成されているか考えよう。そして一人ひとりに対してどのように文脈としての自己のワークを導入できるか――簡易な介入と長い介入の両方について――を考えよう。
- エクササイズを自分にも試してみよう。とくに、索引カードを使って「良い自分／悪い自分」エクササイズを行い、一週間そのカードを持ち歩いてみよう。
- もし可能なら、友人か同僚にセラピスト役をお願いして「切れ目のない自分」エクササイズを体験してみよう。あるいは自分で録音してそれを聴いてみよう（もしくはACT Companion appにある私の音源を使おう〔英語〕)。

第25章のまとめ

文脈としての自己には2つの意味があります。柔軟な視点取得（第27章参照）と気づく自己です。あらゆるマインドフルネスに潜んでいる「気づく自己」は、実際にはまったく「自己」ではありません。むしろ、そこからすべてを観察、意識することのできる場所、あるいは視点なのです。多くのマインドフルネスに基づくセラピーモデルは、文脈としての自己を決して明示しません。継続的なマインドフルネス瞑想を通じてクライエント自身が見つ

けるに任せています。ですがACTでは、しばしば文脈としての自己を明示して、脱フュージョン、アクセプタンス、「今、この瞬間」との接触を強化すること、あるいは安定した自己や超越的な自己の感覚を養うことを選びます。そしてそれは、互いに重なり合った3つのタイプの介入を通じて行われます。それは、気づく自己のメタファー、自分が気づいていることに気づく体験的エクササイズ、そして自己概念から脱フュージョンするためのエクササイズです。

第 26 章

柔軟なエクスポージャー

エクスポージャー：変わりつつある科学

ACT はエクスポージャーベースのモデルです。もし心理学の学位をお持ちなら、あるいは、眼球運動による脱感作と再処理法（eye movement desensitization and reprocessing：EMDR）、認知行動療法（cognitive behavioral therapy：CBT）、弁証法的行動療法（dialectical behavior therapy：DBT）、持続エクスポージャー（prolonged exposure：PE）、行動分析学（behavior analysis：BA）といったモデルのトレーニングを受けているなら、エクスポージャーという概念にはなじみがあるでしょう。もしそうしたバックグラウンドがなければ、この概念はまったく目新しいものかもしれません。いずれにしても重要なのは、エクスポージャーが ACT の中核を成していることを知っておくことです。私たちセラピストはしょっちゅうエクスポージャーを行っているのです。ですが、ACT におけるエクスポージャーは他の多くのモデルにおけるそれとは大きく異なっています。

エクスポージャーとは？

普遍的な同意が得られているエクスポージャーの定義はありません。ですが、エクスポージャーを取り入れているセラピーモデルの多くは、だいたいそれを次のように定義する傾向にあります。それは、「馴化（じゅんか）を目的とする、恐怖喚起刺激との系統的な接触」です（馴化とは、日常語で言えば、その刺激による苦痛が減っていくように「慣れること」です）。恐怖喚起刺激は外的なもの（例：社交不安症における社会的状況、閉所恐怖における閉所、クモ恐怖におけるクモ）かもしれませんし、内的なもの（例：パニック症における身体感覚、PTSD におけるトラウマ記憶）かもしれません。

「伝統的（old-school）」なエクスポージャー

不安症の治療にもっとも頻繁に用いられる「伝統的」なエクスポージャーでは、クライエントの苦痛のレベルが低下するまで、自分を苦しめる刺激と接触し続けるよう促します。典型的には、そうしたプロトコルは「エクスポージャー・ヒエラルキー」による「段階的エクスポージャー」の必要性を強調しています。そこでは、エクスポージャーの取り組みでの課題難度を徐々に上げるために、漸進的な計画を立てることが必要となります。たとえば、抱えている問題がクモ恐怖だとしましょう。伝統的なエクスポージャー・ヒエラルキーは、こんな感じになるでしょう。

ステップ 1.　クモについて話す
ステップ 2.　クモの姿形を想像する
ステップ 3.　クモの絵を見る
ステップ 4.　クモの写真を見る
ステップ 5.　クモのビデオを見る
ステップ 6.　ガラス瓶に入った本物のクモの死骸を見る
ステップ 7.　ガラス瓶に入った本物の生きたクモを見る
ステップ 8.　本物のクモが床や天井でじっとしているのを見る
ステップ 9.　本物のクモが床や天井を這っているのを見る

クライエントは恐怖喚起刺激と接触しながら、自分の感じる苦痛のレベルを SUDS（subjective units of distress scale：主観的不快尺度）を用いて評価します。通常 SUDS は 0 から 10 までの尺度で、10 が極めて苦痛、不安、圧倒された状態を指し、0 が落ち着いて、リラックスして、不安や苦痛でない状態を指します。セラピストは、クライエントの SUDS スコアが下がるまで恐怖喚起刺激と接触し続けられるよう手助けをするのです。

ほとんどの治療プロトコルでは、SUDSスコアが50％（例：0から10の尺度で8点から4点まで）低下すればそのエクスポージャーを成功とみなします。言い換えると、そうしたプロトコルでのエクスポージャーの主な目的は、情動的苦痛（あるいは不安レベル）を下げることです。そして、実際に低下すればエクスポージャーは成功とみなされます。苦痛や不安レベルの著しい低下がなければ、エクスポージャーは不成功とみなされることになります。

ですが、**制止学習理論**（*inhibitory learning theory*）に基づく最近の研究（Arch & Craske, 2011；Craske et al., 2008；Craske, Treanor, Conway, Zbozinek, & Vervliet, 2014）によると、エクスポージャー中の苦痛や不安の低下と、結果的としてのポジティブな行動変容には相関がありませんでした。つまり、エクスポージャー中に苦痛や不安レベルが低減しなかったクライエントでも、アウトカムとして著しいポジティブな行動変容を示すことがあるのです。反対に、エクスポージャー中に苦痛や不安レベルが大幅に低減したクライエントでも、アウトカムとしてポジティブな行動変容がまったく見られないこともあります。この話を聞いて驚いたら、ぜひ制止学習理論に関して上記で引用した論文に目を通してください（制止学習理論は、すごい勢いでさまざまなタイプのCBTにおける新たなエクスポージャーモデルとなりつつあります）。

では「進歩的（new-school）」なエクスポージャーとは？

ACTでは、エクスポージャーを他の多くのモデルとはいくらか異なる仕方で定義します。それは、「**反応の柔軟性の向上**を目的とする、**レパートリーを狭める**刺激との系統的な接触」です。

「レパートリーを狭める」とは、基本的に、行動が硬直化し、非柔軟で、限定されること――わずかな範囲の効果的でない行動的反応に狭められること――を意味します（チョイスポイントでは、すべてではないにしてもほとんどの逸(それる)ムーブがこのカテゴリーに当てはまります）。

私たちの行動レパートリーは、あらゆる刺激によって――恐怖喚起刺激だけではなく、悲しみ、怒り、罪悪感、恥、身体的痛み、孤独、嫌悪、嫉妬、羨望、熱情、強欲などを喚起する刺激によっても――狭められます。チョイスポイントの最下部にある厄介な、あるいは困難な刺激――状況、思考、感情――は（ほぼ常に）レパートリーを多いに狭めるのです。

ですからACTにおけるエクスポージャーの目的は、苦痛を減らすことではありません（副産物として実現することは多いのですが）。その目的は、レパートリーを狭める刺激に対して、より柔軟に反応できるようにすることです。この**反応柔軟性**（*response flexibility*）には、情動的柔軟性、認知的柔軟性、行動的柔軟性が含まれます（チョイスポイントでは、こうした新しい柔軟な反応は進（すすむ）ムーブと呼ばれます）。

私はこれを、「進歩的」なエクスポージャーと呼びます。なぜなら、先に紹介した最先端のエクスポージャーモデル――**制止学習理論**――と完全に一致しているからです（この理論とそれを支持する研究についてぜひもっと語りたいのですが、そのスペースがありません。ですから、先に引用した論文を読むことを強くお勧めします）。

マインドフルで価値に導かれたエクスポージャー

ACTでは、マインドフルで価値に導かれたエクスポージャーを実践します。自分の価値のために、私たちは行動を起こし、以前は避けていた、あるいはおざなりにしていた人、場所、状況、活動、イベントに自分を曝（さら）すのです。つまり、「皮膚の外側」にある、レパートリーを狭める刺激に自分を曝露していきます。

また、苦しい思考、記憶、感情、情動、感覚といった、「皮膚の内側」にあるレパートリーを狭める刺激に自分を曝す練習もしていきます。その助けとして、4つのマインドフルネス・プロセス――脱フュージョン、アクセプタンス、柔軟な注意、文脈としての自己――のいずれかもしくはすべてを使うことができます。つまり、（狭くて硬直した行動レパートリーではなく）オープンさ、好奇心、柔軟性をもって、意識的かつ意図的に苦しい思考や感情（レパートリーを狭める刺激）に向き合うこと、それがエクスポージャーなのです（そう、アクセプタンスはエクスポージャーです！）。

ACT で行うエクスポージャーには2つのタイプがあります。それは、インフォーマルなものとフォーマルなものです。

インフォーマル・エクスポージャー　インフォーマル・エクスポージャーは、すべての種類の障害に対するACTで、全セッションを通じて生じます。インフォーマルという言葉で、ACTを誰かと行っていると現れる、レパートリーを狭める刺激（つらい思考、感情、状況）に対する、自然に生じる当意即妙なエクスポージャーを表現しています。ここまで本書に出てきたほぼすべての介入に、インフォーマル・エクスポージャーが含まれています（唯一の例外は、人生が順調で、レパートリーを狭める刺激がないときに行う事柄でしょう）。

フォーマル・エクスポージャー　フォーマル・エクスポージャーとは、レパートリーを狭める特定の刺激（例：PTSDにおけるトラウマ記憶、強迫症における強迫観念、パニック症における不安にまつわる身体感覚、社交不安症における社会的状況、多くの臨床的問題における恥、罪悪感、恐れ、怒りといったつらい感情）を標的とするようデザインされた、計画的かつ構造化されたエクスポージャー手続きを指します。

フォーマル・エクスポージャーの理論的背景

伝統的エクスポージャーの理論的背景は、クライエントの不安レベルを下げることにあります。これはもちろん、ACT流のエクスポージャーには当てはまりません。ACTでの目的は心理的柔軟性を増大させることであって、望まない気持ちを避けることではないからです（もちろん、ACTでも不安レベルの大幅な低下が見られますが、それはボーナスであって主たる目的ではありません。主目的を忘れてしまった場合には、第22章の「紙を押しやる」エクササイズにもう一度目を通しておいてください）。

ACTにおけるエクスポージャーの理論的背景は常に、クライエントが価値を実践し効果的に行動するのを助けることにあります。チョイスポイントの図を使うと、この点を手早く伝えることができます。チョイスポイントの一番下には、人、場所、モノ、活動、思考、感情、感覚、記憶などの、レパートリーを狭める刺激を書きます。その後、逸（それる）ムーブ（現在の自己破滅的な狭い行動レパートリー）と望ましい進（すすむ）ムーブ（代わりにクライエントが実行したい、価値に導かれた顕在的・潜在的行動）を明らかにします。

そうしたら、次のようにまとめることができるでしょう。「今の時点では、○○さん［クライエント名］はXYZ（レパートリーを狭める刺激）に遭遇するとABC（逸（それる）ムーブ）をする傾向にあります。ですから私たちのここでの目標は、XYZに対する新しい反応の仕方を身につけて、この先XYZに遭遇したとしても、それに／振り回されない／人生を乗っ取られない／尻込みさせられない／打ちのめされない／大切なことをする邪魔をさせないようにすることです。それはつまり、新しい反応の仕方を学ぶために、少しの間XYZに接触する／XYZを行う／XYZのいる・あるところに自分もいる必要があるということになります」

さらばSUDS！

伝統的エクスポージャーでは、（SUDSスコアの低下によって測定される）苦痛や不安の低減が重視されるため、体験の回避のアジェンダが容易に強化されてしまいます。しかも先ほど述べたように、SUDSスコアや不安レベルの低減と効果的な行動変容というアウトカムには相関関係がありません。ですからACTでは、エクスポージャー中にSUDSスコアを測りませんし、不安レベルを評価することもありません。

代わりに、反応柔軟性のさまざまな側面——アクセプタンスまたは回避の程度、フュージョンまたは脱フュージョンの程度、「今、ここ」に存在する／意識を向けた関与の程度、物理的行動に対するコントロールの程度、価値とのつながりの程度など——を測るために、シンプルな0から10の尺度を作ることができます。そうした測度をまとめた図を以下に示します（ですが、臨床家としての私の意見を言わせていただくと、私が一番見たいのは、測定尺度の数字の変化ではなくて、クライエントが能動的に自分の価値を実

「今、この瞬間」との接触

碇を下ろす、意識を広げる、マインドフルにストレッチする／呼吸する／動く。
０～10で言うと、この瞬間どのくらい「今、ここ」に存在していますか？
あなたと私が、チームとして、一緒に取り組んでいることを意識してください。

「今、ここ」に存在する

アクセプタンス

気づき、名前をつける。
オープンになり、許す。
自分の中を流れゆくままにさせる。
自分を優しく抱きしめる。
これを進んで持っていようと思えますか？
０～10で言うと、今これとどのくらい戦って／取っ組み合ってもがいていますか？

価値

何のためにこのワークをしていますか？
これをやろうと思えるくらい大切なものは何ですか？
まさにこの難しいワークを行うなかで、どんな価値を実践していますか？
０～10で言うと、今そうした価値とどのくらいつながっていますか？

脱フュージョン

苦しい思考や記憶に気づき、名前をつける。
私は～の記憶を持っています：サイズ、形、場所、動きを意識する。
０～10で言うと、今どのくらい釣られていますか？

レパートリーを狭める刺激

コミットされた行為

こうすることはどんなゴールに役立つでしょうか？
これを続けても大丈夫ですか？
腕、脚、身体をマインドフルに動かしてください。
０～10で言うと、いま自分の行動をどのくらいコントロールできていますか？

オープンになる　　　　**大切なことをする**

エクスポージャーにおける反応柔軟性の測定

践し、人生に意識を向けて関与している姿です)。

だからもしEMDRや持続エクスポージャーをACTと組み合わせたければ、もちろんそれは可能です。ですがその場合には、SUDSを測るのをやめて、代わりに反応柔軟性を測るようにする必要があるでしょう。

Extra Bits（おまけ）

ACT Made Simple : The Extra Bits（http://www.actmindfully.com.au）の第26章に、次のものを用意した。①「エクスポージャーにおける反応柔軟性の測定（Measuring Response Flexibility in Exposure)」の印刷用ファイル、② ACTにおけるフォーマル・エクスポージャーのやり方ついての追加資料、そして、③エクスポージャーについてさらに学ぶためのリソース。(英語)

第26章のまとめ

ACTにおけるエクスポージャーの定義が定義なので、その実践法は非常に柔軟です——他のどんなエクスポージャーに基づくモデルと比べても、はるかに柔軟であることはほぼ間違いないでしょう。本章を読むことで、知らず知らずのうちにすでに実践しているインフォーマル・エクスポージャーに気づいていってもらえればと願っています。そして、上級のトレーニングやテキストで、これからさらにエクスポージャーについて学んでもらうことを期待しています。

第27章

認知的柔軟性

そう、ACTはあなたの考え方を変えるのです！

ACTに関するもっと大きな誤解のひとつは、ACTは「その人の考え方を変えない」というものです。これが正しくないとあなたがわかっていることを願っていますし、そう信じています。クライエントが（そしてセラピストが）ACTと出会うと、たいていは非常に幅広い話題や問題――自身の思考や情動の性質と目的、自分がどう振る舞いたいか、自分自身や他者に対してどう接したいか、自分の人生をどんなものにしたいか、効果的に生き、行動し、問題に対応する方法、何が自分を動機づけるのか、なぜ自分はその行動をとるのかなど――に関するその人の考え方が劇的に変わります。

ですが、ACTはこれを、思考に疑問を呈す／異議を唱える／反証することによって、あるいは思考を無効化することによって達成するわけではありません。また、その人が思考を［から］避ける／抑圧する／気を逸らす／はねのける／「書き換える」手伝いをするわけではないし、「ネガティブな」思考を「ポジティブな」思考に変換しようとするわけでもありません。ACTは、①役に立たない認知と認知プロセスから脱フュージョンすること、そして、②他の認知パターンに加えて、より柔軟で効果的な新しい考え方を身につけることを通して、その人が自分の考え方を変えられるよう手助けするのです。

なぜ私は、加えてという部分を強調したのでしょう？　それは、役に立たない認知レパートリーを排除しないからです。ACTの言い回しにあるように、「脳に消去ボタンはない」のです。新しい考え方を身につけることはできますが、それで古い考え方が消えることはありません。私はクライエントによく次のように伝えます。「もしハンガリー語を覚えても、それで自分の語彙から英語が消えるわけではないですよね」。私たちセラピストは、何度も何度も手を変え品を変え、この重要なポイントをクライエントに伝えます。たとえば、「論理的にも合理的にも、この考えが真実でないことをご存じですよね――それを知っていてもこうした考えが現れなくなるわけではありません」。あるいは、「そうですね、この思考パターンが役に立たないことをよくわかっていらっしゃいますよね――それをわかっていても、マインドがこの思考パターンを続けるのをやめさせられません」。あるいは、「この物語が釣り上げてくるときや、それによって逸（それる）ムーブに引っ張り込まれてしまうことをよく理解しているわけですね――知っていても、それで物語が消えるわけではありません。また何度でも戻ってくるでしょう」。

ACTで柔軟な考え方を能動的に育てるための主な方法をいくつか挙げると、

- リフレーミング
- 柔軟な視点取得
- コンパッションとセルフ・コンパッション
- 柔軟なゴール設定、問題解決、計画、方略立案
- 自分のマインドをガイド、コーチ、友達と考える

リフレーミング

ACTモデルには膨大な量のリフレーミングが含まれています。もっとも明白なのは**ノーマライズ**（*normalizing*）と**承認**（*validating*）でしょう。私たちは何度も何度も、クライエントが自身の苦しくて望まない思考や感情を「アブノーマル」ではなく「ノーマル」であり、「認められない無効なもの」ではなく「認められる正当なもの」としてリフレームするのを手助けしていきます（もちろん多くのセラピーモデルがリフレーミングをしますが、ACTはそれ以上に力を入れています）。原始人のマインドのメタファーは、

役に立たない認知プロセスをノーマルで正当な、目的のあるものとしてリフレームします。脱フュージョン・テクニックでは、思考やイメージを「言葉や映像」以外の何物でもないものとしてリフレームします。第23章で示したテクニックは、情動をなにがなんでも避けるべき敵としてではなく、貴重なリソースを携えた協力者としてリフレームします。そして価値に基づく生活は、成功や幸福にまつわる多くの一般的な見方を強力にリフレームするのです[訳注1)]。

柔軟な視点取得

ACTでは「文脈としての自己（self-as-context：SAC)」という言葉に2つの意味があることを覚えているでしょうか。もっとも一般的には、SACとは気づく自己の体験を指します。あまり一般的でない意味としては、**柔軟な視点取得**（*flexible perspective taking*：FPT）と総称される、幅広い行動を指します。

FPT介入は、2つの大きな（ただし互いにつながり、重なり合っている）クラスに分けられます。1つ目のクラスにはあらゆるマインドフルネス・スキル——脱フュージョン、アクセプタンス、気づく自己、碇を下ろすなど——が含まれます。どのスキルにも、自分の視点、つまり、何に気づくか、そしてそれにどう気づくかを柔軟に変化させることが関わります。

FPT介入のもうひとつのクラスには、起こっている出来事を認識し、別の視点から概念を理解する力——平易な表現をすれば、「物事を違った目で見る」力——を養うような、考え方のスキルが含まれます。たとえば、マインドフルネス・エクササイズのなかには、クライエントに未来の自分が今の自分の生活を振り返っていることを想像してもらい、その視点から自分の現在の行動について振り返ってもらうものがあります。他には、今の大人の自

訳注1）「不快な体験から解放されており、望む物事が得られており、身体的にも健康であることが幸福である」というようなよくある見方から、「不快な体験がありつつも価値に沿った行動にコミットしていく過程に幸福を見出す」というようなあり方へのリフレームを意味している。

分が過去に遡(さかのぼ)ったと想像し、子どもの自分、あるいは思春期の自分を慰め、気遣い、教示やサポートを与える「インナーチャイルド」ワークが関わるものもあります。

さらに別の介入では、クライエントに他者の視点に立ってもらうものもあります。

- もし相手と立場が入れ替わったら、どんなことを感じると思いますか？
- もし相手と立場が入れ替わったら、相手からどのように接してもらいたいですか？
- もし自分が相手の立場だったら、どんなことを考えて、どんなことを感じると思いますか？
- 同じことが自分の大切な人に起こったら、その人に対してどんな言葉をかけますか？
- その人はどんな気持ち／考えでいると思いますか？　何を求めて／望んでいると思いますか？

ときには、クライエントに「価値に導かれた自分」の視点に立ってみるよう依頼することもあります。たとえば、「今、パートナーについてとても批判的なコメントをたくさんされています。それはこれまでのあらゆる苦労を考えればまったく無理もないことです。ただ問題なのは、そういった考えに釣られると、叫ぶ、怒鳴る、責める、悪口を言うなど、関係をますます悪化させてしまうようなことをしがちだということです。ですから、いろいろと考えているのですが——先ほど、もっと愛情深く、忍耐強く、優しくありたいとおっしゃっていたので——そう、ずっと考えているのですが、もし本当に、○○さん［クライエント名］がなりたいような、愛情深く、忍耐強く、優しいパートナーになれるとしたら、今のこのことについて、どんな違った考え方をするでしょうか？　問題によりうまく対応できるような、この状況の違った見方はないでしょうか？　お二人の関係性にとってより健全な見方はありませんか？」

さらに言えば、自分の一部分の視点に立ってみるようお願いすることもあるでしょう。「もしこの気持ちが言葉を話せたら、○○さんに何をするよう言うと思いますか？」

コンパッションとセルフ・コンパッション

ACTはセルフ・コンパッション（自分への思いやり、気遣い）と他者へのコンパッションの両方を非常に重んじています。多くの人にとって、それらは根本的に新しい考え方と言えるものです。（自分の、あるいは他者の）苦しみを無視したり、はねのけたり、それに背を向けたりするのではなく、それらを意識的に認め、それに対してオープンであり続け、好奇心を持ち続ける――そして（評価判断、敵意、その他の思いやりを欠く反応ではなく）優しさをもって反応する――というのは、私たちの大多数にとって自然なことでも簡単なことでもありません。たとえば、苦痛のさなかにいて、心の中で「今は苦しいときだ。いま私の人生は苦境にある。自分のために何ができるか考えてみよう」とつぶやくことを考えてみましょう。これは、くよくよ反すうしたり（「なんでこんなにひどい気分なんだろう？」「私の何が悪いんだろう？」）、自己批判したり（「もっとタフな人間じゃないといけない」「なんてみじめな負け犬なんだ」）するのとは明らかにまったく違う考え方です。一般的には、意識的に、積極的に、そして定期的に新しい思考パターンを練習しないと、コンパッションの力を伸ばすことはできません――それは多くのクライエントが強く抵抗するであろう困難な試みなのです。

柔軟なゴール設定、問題解決、計画、方略立案

第21章で見たとおり、コミットされた行為には、ゴール設定、問題解決、行動計画、そして方略立案に関連した、さまざまな柔軟な思考が求められます。多くのクライエントにとっては、それら自体が新しい思考スキルなのです。

行動に向けて準備するとなったら、クライエントには以下のような内容について検討してもらうのもよいでしょう。

- 起こりうる最悪のことは何でしょうか？　もしそれが起こったらどう対応しますか？　それが起こる可能性を減らすために、何ができるでしょうか？
- プランAがうまくいかなかった場合の、プランBは何ですか？
- 起こりうる最良のことは何でしょうか？　そうなる可能性を高めるために、何ができるでしょうか？
- どんなことが起こる可能性が高いと思いますか？　もしそれが起こったら、次はどうなりますか？　もし起こらなかったら、次はどうなりますか？
- ここではどんな方略を使いますか？　それには何が必要ですか？
- よりうまく対応するのに役立ちそうな、別の考え方はありますか？

自分のマインドをガイド、コーチ、友達と考える

これも大事なことですが、ACTではよく、自分のマインドを、ガイド、コーチ、友達に喩えるメタファーを使います。こういったメタファーは、柔軟な思考を養うためにさまざまな形で活用できます。いくつか例を挙げてみましょう。

▒賢いガイド／無謀なガイド

セラピスト：私たちのマインドは、ときに賢いガイドです。素晴らしいアドバイスをくれて、人生をうまくいくよう助けてくれます。ですがそうでないときは、マインドは無謀なガイドです。無茶なリスクを負うよう背中を押したり、私たちを危険にさらしたりします。では、まさに今、どちらのガイドが話していますか？

クライエント：無謀なほうです。

セラピスト：なるほど。では、賢いガイドだったらどんなアドバイスをくれると思いますか？

お節介すぎる友達／真に親切な友達

セラピスト：うーん。前に、私たちのマインドはときとして「お節介すぎる友達」になる、ということを話したのを覚えていますか？　もしかしたら、○○さんのマインドは今まさにその状態になっていないでしょうか？　もしマインドが過剰なお節介ではなく本当の意味で助けになりたいと思っていたら、どんなことを言うと思いますか？

厳しいコーチ／優しいコーチ

セラピスト：学校の部活動には、たいてい2種類のコーチがいますよね。厳しいコーチだと、子どもを怒鳴って、きつい言葉を投げかけて、ミスするたびに激しく叱り、常に粗を探し、比較し、批判します。でも優しいコーチだと、子どもを励まし、強みを伸ばし、ミスをしたときは優しく気配りをしながら誠実なフィードバックをくれます。良いニュースは、厳しいコーチという生き物は急速に絶滅に向かっていることです。なぜだかご存じですか？

クライエント：なぜですか？

セラピスト：それは、優しいコーチのほうがずっと良い結果を出せるからです。では、まさに今、○○さんのマインドの話し方ですが、厳しいコーチですか、それとも優しいコーチですか？

クライエント：厳しいコーチです。

セラピスト：では、優しいコーチだったら何と言うでしょうか？

Extra Bits（おまけ）

ACT Made Simple : The Extra Bits（http://www.actmindfully.com.au）の第27章に、ポジティブシンキングと認知再構成に関する考察と、両者とACTの類似点、相違点を掲載した。（英語）

スキルアップのために

マインドをガイド、コーチ、友達とみなすというテーマには、さまざまなバリエーションが考えられます。アドバイザー、メンター、ヘルパー、アシスタント、補佐官に喩えることもできますし、異なる性質を対比することもできます。用心深い vs. 不用心、注意深い vs. 不注意、優しい vs. 厳しい、受容的 vs. 批判的、賢い vs. 無謀、助けになる vs. 助けにならない、といった感じです。だから練習としては、

- こうしたアイデアをあれこれ試して、自分でもいくつかのバージョンが作れそうかを考えてみよう。
- それから、こうしたメタファーを一緒に使えそうなクライエントを何人か考えて、実際のセッションで試してみよう。

第 27 章のまとめ

願わくは、ACT は往々にして人の考え方を大きく変えるということを理解してもらえればと思います。ですがその変化は、つらい思考や役に立たない思考に疑問を呈すること、異議を唱えること、無視すること、はねのけること、あるいはそこから気を逸らすことで生じるわけではありません。ACT では、①そういった思考から脱フュージョンすること、②そういった思考は繰り返し現れ続けるものだと受け入れること、そして、③同時に、新しい、より柔軟で効果的な考え方を積極的に養うことを通じて変化を起こすのです。

第28章

恥、怒りとその他の「問題」となる情動

何が情動を「問題あるもの」にするのか？

セラピストからはよく、特定の情動にはどのように取り組めばいいのか、という質問を受けます。名前が挙がることが多いのは、恥、罪悪感、そして怒りです。本章では主に恥に焦点を当てますが（単純に、恥について聞かれることが一番多いからです）、これから紹介する原則はどんな情動にも適用可能です。

さて、どんな「厄介な」情動に取り組むときでも、その情動がどのようにそのクライエントにとって問題となっているかを、具体的に知る必要があります。思い出してください。ACTでは、どんな情動もそれ自体が本質的に問題だとはみなしません。ある情動が「問題なもの」「厄介なもの」となるのは、それが豊かで有意義な人生の妨げとなる場合だけです。そしてそれらが人生を妨げるのは、フュージョン、回避、そして有効でない行動という特定の文脈においてのみです。

だから、クライエントの逸(それる)ムーブと進(すすむ)ムーブについて知るための質問をしたいところです。

A. 逸(それる)ムーブ：この情動に釣られて振り回されるときは、だいたいどんなことが起こりますか？　よくやってしまうことで、それをすると望む人生から遠ざかったり引き離されたりしてしまうことは何でしょうか？　その情動は○○さん［クライエント名］の注意を引きつけて、もっと大切なことから気持ちを逸らしてしまいますか？　意識を向け

て関与できなくなったり、集中できなくなったり、気が逸れてしまったりしますか？

B. 進ムーブ：もしもうこの情動に釣られたり、振り回されたりしなくなったら、何をするのをやめますか？　何をやり始めますか？　今よりも減らしたいこと、増やしたいことは何ですか？　自分、周囲の人、人生、世界への接し方はどう変わりますか？　どんなゴールを追い求めたいですか？　どんな活動を始めたり再開したりしたいですか？　どんな人、場所、イベント、課題に対してより上手に関わり、立ち向かい、取り組み、対応しますか？　どんなことにもっと集中できるようになったり、意識を向けて関与できるようになったりするでしょうか？　もっときちんと一緒に時間を過ごしたい人、意識を向けたい人、気遣いたい人は誰でしょうか？

もしそうしたければ、我らが旧友チョイスポイントを視覚的補助として取り入れるのもよいでしょう。そのときは扱っている情動を一番下に書き込みましょう（思い出してください。すべての回答を図に書き入れても、書き入れなくても、どちらのやり方でもかまいません）。

実践のためのヒント　多くの場合、クライエントに「抑うつ状態」は情動ではないことを説明する必要がある。簡単なのは、チョイスポイントを使う方法だ。まず図の一番下に思考（例：「私は不十分だ」）や情動（例：不安、悲しみ、罪悪感、恥、怒り）を書き込む。そしてあらゆる逸ムーブを書き込み、「抑うつ状態」という言葉で意味するものはこれらの逸ムーブである――その引き金となる思考や感情ではない――ことを説明する。

文脈を変える

フュージョンと回避の文脈では、どんな情動も問題になります。これは恥、罪悪感、怒り、不安、悲しみといったつらい情動だけでなく、愛や喜びといった心地良い情動にも当てはまります。だから ACT では、フュージョンと回避の文脈を、脱フュージョン、アクセプタンス、そして価値に導かれた行動の文脈に変えることを目指します。この新しい文脈では、クライエントはそうした情動に対して柔軟に対応する（情動から自分をはずして進（すすむ）ムーブを行う）ことができるため、それらの情動はもはや「問題」ではないのです。

このワークの助けとしてしばしば有用なのは、問題のある文脈を３つの要素に分解することです。そうすれば、一度に１つずつ扱うことができます。ただし、このやり方にはとくに決まった順番はありません――その瞬間その瞬間でクライエントにとって一番関連しそうなこと、役に立ちそうなこと、有効であると思われることに応じて、柔軟に進めていきます。さて、ある情動が問題となっている文脈では、以下の３つの要素すべてが見つかると考えてまず間違いないでしょう。

1. フュージョン
2. 体験の回避
3. 有効でない行動

この３つが実際にどう関係するのか、恥の例で見ていきましょう。

フュージョンと恥

恥に取り組むときは、おそらく以下のような内容とのフュージョンが見つかるでしょう。

- **過去**――とくに、反すうやつらい記憶の追体験
- **未来**――とくに、他者からのネガティブな評価／敵意／拒絶の可能性に関する不安（とりわけ、そうした他者がクライエントの「恥ずべき過去」にまつわる「真実」を知ることになったら）

- **自己概念**——ネガティブで厳しい自己評価：私はダメだ／欠陥がある／気持ち悪い／価値がない／絶望的だ／幸せになる資格がない
- **理由づけ**——なぜ自分は変わることができないか、変わろうとすることさえいけないのかについてのあらゆる理由：過去にこうした恥ずべきことがあったから、私は変われない／欠陥がある／人との関係を築けない／良い人生に値しない

もちろん別のタイプのフュージョンがたくさん見つかることもありますが、恥において支配的なのはいま挙げた４種です。他の情動、たとえば怒りや悲しみでは、認知の内容は異なりますが、フュージョンの６つのコアカテゴリー（過去、未来、自己概念、理由、ルール、評価判断）のすべてではないにしてもそのほとんどが関わっている可能性が高いでしょう。

体験の回避と恥

恥に取り組んでいるときは、ほとんどのクライエントが以下のようなことを必死に避けようと、あるいは排除しようとしていることに注意しましょう。

- **身体に感じる不快な／恥の感覚**　これは多くの場合、不安や恐れの感覚／感情と非常に似ているか、組み合わさっている（例：胸が詰まって息苦しい、胃がむかむかする、解離のあるクライエントの「麻痺」）
- **不快な認知**　とくに、厳しい自己評価、恥を呼び起こす記憶、他者からのネガティブな評価や拒絶に関する不安
- **自己破滅的な行動をすることへの不快な衝動**（例：ドラッグを使いたい、飲酒したい、自傷したい、引きこもりたい）
- **他のタイプのフュージョンに関連する認知、感情、感覚**　たとえば無価値感とフュージョンしていたら、無気力感、身体が重い感じ、疲労感があるかもしれない

繰り返しになりますが、他のどんな「問題となる情動」でもそうであるように、クライエントが感覚、感情、認知、衝動を避けようとしていることが判明する可能性が高いと言えるでしょう。

有効でない行動と恥

恥によって引き起こされる有効でない行動は、非常にさまざまです。とくによく見られるのは、

- 恥の引き金となる、重要もしくは有意義な人、場所、イベント、活動、状況を避けるか、そこから身を引く
- 「おなじみの顔触れ」：苦痛を避ける、排除する、あるいはそこから逃げるために人間がよく行う行動（例：ドラッグ、お酒、タバコ、食べ物を使うといった嗜癖行動や気逸らし）
- 他者と衝突する、他者に対して批判的になる、攻撃的になる、他者を辱める
- 意図しないボディランゲージの変化（うつむきがちになる、アイコンタクトを避ける）
- 反すうする、思い悩む、心が離れてうわの空になるといった潜在的行動

セラピストとしては、どんな「問題となる」情動についても、有効でない行動の顕在的パターンと潜在的パターンの両方を引き出したいところです。そのパターンは、さまざまな情動ごとに大きく異なるかもしれません。たとえば怒りであれば、一般的にはたくさんの攻撃行動が見られますが、罪悪感であれば過剰な謝罪を目にすることが多いでしょう。

重要な注意事項：ACTにおいてある行動が「有効でない」とみなされるのは、それが豊かで有意義な人生を築く妨げになっている文脈においてのみです。適度に、柔軟に、そして賢く使われるのであれば、上記のほとんどの方略は有効でないというわけではありません。ですが、過剰に、非柔軟に、不適切に使われれば、それらはすぐさま問題となるでしょう。

恥 vs. 罪悪感

罪悪感とは、一般的には、自分が何か悪いことを「してしまった」と感じたとき――自分の中核的価値から離れてしまった、ありたい自分らしからぬ行為をしたと感じたとき――に体験する、不快な情動を指します。恥とは、一般的には、自分が何か悪いことをしただけでなく、自分は悪いと感じたときに体験する不快な情動を指します。ですから恥には、ネガティブで厳しい自己評価――「私は悪い人間だ」――とのフュージョンが多分に含まれます。

単純化して言うと、

- 罪悪感 = 私は悪いことを**してしまった**
- 恥 = 私**は**悪い

私たちの多くはトレーニングのなかで、罪悪感は人を動機づける――つまり罪悪感は、自分の間違った行いを明らかにし、罪を償い、品行を改め、価値にもう一度触れて、それとより一致する行動をとることの助けになる――ということを学びます。同時に、恥はやる気をくじく――つまり恥は、人を「シャットダウン」させ、問題への効果的な対応から回避させる――ということを学びます。

しかし、この考え方には多少の根拠がありつつも、全体的には単純化しすぎています。結局、ACT における重要な洞察のひとつは、どんな情動もそれ自体が良いとか悪いということはないということです。その良し悪しは常に文脈に依存するのです。フュージョン／回避の文脈では、どんな情動も役に立たない、有害な、有毒な、人生を歪めるものになる可能性があります。そしてマインドフルネスと価値の文脈では、いかなる情動も役に立ち、人生をより良くするものになりうるのです。

罪悪感と恥も例外ではありません。罪悪感がやる気をくじくこともあるし、恥がやる気を出させることもありうるでしょう。情動がどう機能するかは、文脈次第なのです（すぐこの機能的文脈主義に戻ってきてしまいますね）。恥に対してマインドフルに反応し、その下に埋もれた価値を掘り下げることができれば、それは大きな動機づけとなるかもしれません。

学習歴と恥

脱フュージョン、アクセプタンス、そしてセルフ・コンパッションを促すためには、その恥につながったクライエントの学習歴に目を向けることが役立ちます。たとえば、クライエントの養育者――あるいは虐待者、加害者――は、恥を煽る、火に油を注ぐようなこと（例：「自業自得だ」「だらしない奴だ」「自分で蒔いた種だ」「恥を知れ」）を言ったでしょうか？

クライエントが幼少期に養育者から虐待されていた場合、こんな話を伝える必要もあるかもしれません。子どもにとって養育者は、自分の生命維持システムです。そのため、養育者がどんなに間違ったことをしていても、子どもはその人たちを肯定的に捉えることを無意識に必要としています。自分の「ライフサポート」が脅威や危険の種であると意識的に認めるのは、子どもにとって恐ろしいことです。だから養育者が虐待的であった場合、子どものマインドは自動的に、そして知らず知らずのうちに、「おまえのせいだ」というように自身を責めることが多いのです。それが、養育者に関する怖くてつらい現実から子どもを守る助けとなります。

そのようなワークを行った後は、「私が悪い」というナラティブを「古いプログラミング」と呼び、「また古いプログラミングが現れてきましたね」といった言葉がけで脱フュージョンを促すことができるでしょう。

恥の過去の機能

過去に、少なくとも多少はクライエントにとって役立つ形で、あるいはクライエントを守る形で、どのように恥が機能していたかを考えることが（もう少し専門的に言うなら、恥の強化的結果事象を探ってみることが）有用なこともあります。たとえば、

- **懲罰や敵意を減らす**：もし周りの人の目にあなたが恥じているように映ったら、文脈によってはその人たちからの懲罰、敵意、攻撃、批判、評価判断が減るかもしれない。
- **サポートや親切心を引き出す**：もし周りの人が、あなたが恥じていることを知ったら、文脈によってはその人たちから同情、親切心、サポート、許しを得られるかもしれない。
- **苦痛の回避**：人は苦痛に囚われていると、苦しい思考、感情、記憶の引き金となる人、場所、状況、イベント、活動を避けることが多い。だから短期的には、恥によって苦痛から逃げたり苦痛を回避したりできる。一般的な例を挙げると、恥によって伏し目がちになることで、多くのクライエントは他者と目が合うという不安――たいていはネガティブな評価、拒絶、敵意への恐怖によって煽られる不安――から逃げることができる。
- **つじつまが合う**：人は恥によって、「ああなったのは、私が悪いからだ」というように自身の経験の「つじつまを合わせる」ことができる。これによって一部の子どもは、自分の養育者に関するつらい現実に向き合うことなく虐待に説明をつけることができる。

このような心理教育は、恥をノーマライズし承認するうえで非常に役に立つことがあります。そして、それが今度はアクセプタンスを促し、セルフ・コンパッションを養う助けとなるのです（注意：恥の過去の機能を掘り下げなければならないわけではありません。重要なのは現在の機能です。ですが、アクセプタンスとセルフ・コンパッションのためには、過去の機能に目を向けることが役立つことがあります）。

恥の現在の機能

もし恥の過去の機能を（その経験をノーマライズし承認するために）確認したのなら、その後に現在の機能を強調することが重要です。恥は過去にそれが有していた見返りのいくらかを未だに維持していることも多いのですが、同時に重大なコストがかかっていることも確かです。わかりやすいもの——とても不快な感情——を除くと、それ以外の恥の有害な機能は、たいてい逸(それる)ムーブに関する質問をすることで容易に引き出すことができます。

その情報が手に入ったら、次のように言うことができるでしょう。「では、恥は過去に○○さんを XYZ というように助けてくれていた面もありますが、今は○○さんがありたい自分らしく振る舞うことや、ABC といったやりたいことをするのを邪魔しているんですね。だとすれば、恥に今よりもうまく対応できるようになって、それが生活に与える影響を減らし、そのパワーを取り去って、また ABC をやり始めることができるよう、ここでいくつか新しいスキルを学んでみようと思えそうでしょうか？」

ACT のスキルを学ぶ理論的背景とモチベーションを確立しておけば、この先何度でも、とくにワークが壁にぶち当たったりクライエントが動機づけを欠いたりしたときに、この点に戻ってくることができます。

恥（およびその他の「問題となる」情動）に取り組む

恥（あるいは怒り、悲しみ、恐れ、罪悪感、不安など）に取り組むためのアプローチは数え切れないほどです。以下ではそのなかの多くに簡単に触れておきましょう。

姿勢と恥

恥は（いつもではないですが）多くの場合、姿勢の特徴的な変化を伴います（姿勢について扱う際のヒントは、Extra Bits を参照）。一例を挙げると、

- うなだれる
- 限定的なアイコンタクト（例：セラピストを見ずに床や窓の外を見る）
- 伏し目がち／「おどおどした」表情
- 肩を落とした姿勢：肩や腕がだらりと下がり、背筋が前かがみになる
- 恥に関連することを話したり考えたりすると、居心地悪そうにそわそわ

する

- 手で目を覆ったり、頭を抱えたりする

注意：クライエントによっては、恥がときに攻撃行動の引き金となります。そうしたケースでは、一般的には攻撃に伴う姿勢の変化が見られる可能性が高いでしょう。

脱フュージョンと恥

クライエントが自己評価、自己非難、つらい記憶、他者からのネガティブな評価や拒絶に対する恐れなどから脱フュージョンするのを助けるためには、ほとんどの脱フュージョンにおいて最初のステップとなる、2つのシンプルな方法を思い出しましょう。それは、「気づく」と「名前をつける」です。マインドが言っていること、どのように自分を打ちのめしてくるのか、どのように自分を評価して責めているのか、いかに手早く「他者は自分を評価判断し、批判し、拒絶する」と想定するのかをクライエントに尋ねることができるでしょう。

また、自分の思考や感情に対して、評価判断を下さずに名前をつけてもらうこともできます（例：「恥があります」「例の『私はダメだ』スキーマです」「私はダメだ、という考えを持っています」「自己評価していることに気づいています」「周りから評価判断を下されるだろう、という考えを持っています」「マインドが私を怖がらせようとしています」「恥じる気持ちを持っています」「恥の感情に気づいています」「恥ずかしい記憶を持っています」）。

恥の過去の機能と現在の機能を確認した後なら、その情報を脱フュージョンに使うこともできます。クライエントは、たとえば次のように恥に気づき、名前をつけようとするかもしれません。「ああ、また会ったね、恥くん。君が過去にそうしてくれたように、私を助けよう、守ろうとしてくれているのはわかってる。でももうそういう助けは必要ないんだ。今は価値が助けてくれる」。あるいは、「ああ、また会ったね、恥くん。セルフ・コンパッションを実践するよう思い出させてくれてありがとう」。

その後、そうした思考／記憶から脱フュージョンし、恥の感情／感覚へのアクセプタンスをしながら、同時にマインドフルに自分の価値とつながり直すことができると理想的です。

もし気づいて名前をつけるワークからアクセプタンスへ移行するのであれば、強調すべきことは、気づいて名前をつけたものがどんな感情や感覚であれ、それを許し、置いておくスペースを作ることです。ですが、もし脱フュージョンへさらに踏み込むのであれば、強調すべきことは認知についてであって、目指すのはクライエントが認知の正体を「よりはっきり捉える」——つまり、言葉や画像の連なりであると認識することです。

注意：恥に取り組んでいるときは、「マインドに感謝する」「思考を歌う」といったユーモアのある脱フュージョン・テクニックは逆効果になりやすく、承認されていないとクライエントに感じさせてしまうため、（少なくとも初期のセッションでは）避けるほうが賢明でしょう。

「インナーチャイルド」のイメージと恥

ACTにおける「インナーチャイルド」のワークは、往々にして双方向的な体験的エクササイズの形式をとります。一般的には、つらい思いをしている子どもの自分を慰め、慈しむために、今の自分が時間を遡(さかのぼ)ったところをありありとイメージするようセラピストがクライエントをガイドします。多くの場合、これは幼少期のトラウマ、虐待、ネグレクトの顕在的記憶と結びついています。セラピストはクライエント——大人の自分——に、子どもの自分に対してコンパッションをもって接し、慰め、癒やし、優しさ、サポート、知恵を与えるよう、また、その子が自分は何も悪いことをしていない、悪いのは大人たちであることを理解するために、子どもの自分に自身の置かれた状況の真実（例：虐待されている状況）を伝えるようコーチします。クライエントは、子どもの自分がその状況を理解して納得するために必要なこと、そして起きたことの責任が自分にないと理解するために必要なすべてのことを伝えます。

このエクササイズは通常、大人の自分が思いやりを込めて子どもの自分をハグするか抱きしめる、そして／もしくは、その子を安全な場所に連れていって終わります（ところで、私はクライエントに対して「インナーチャイルド・ワーク」という表現を絶対に使いません。インナーチャイルドという言葉は多くのクライエント、とくに長年セラピーを受けてきた人にとっては、ネガティブな意味を含んでいるからです。だから私の場合は、単純に、「この問題の助けとなるような、あるエクササイズを一緒に試してみませんか？」と言います)。このタイプのエクササイズのスクリプトはExtra Bitsに掲載してあります。

アクセプタンスと恥

ご存じのとおり、アクセプタンスは多くの場合、承認とノーマライゼーションから始まります。恥の場合、まずその感情は（とくにトラウマのサバイバーにとっては）一般的で自然な反応であること、「私が悪い」ナラティブは普遍的なものであることを認めます。そこからは簡単に、恥を構成するさまざまな思考、感情、感覚、記憶に「気づき、名前をつけ、許す」ワークへ移ることができるでしょう。その後は好きなアクセプタンスのテクニックを好きなように組み合わせて使えます。「碇を下ろす」も役に立つことが多いでしょう――恥から気を逸らすためでなく、「今、この瞬間」には恥以外にもさまざまな物事が生じていることに気づくために。

協力者としての恥

もしマインドフルに反応するのであれば、恥もうまく活用することが可能です。第23章で紹介した介入や原則はどれも、恥を協力者にするために使うことができます。

「今、この瞬間」との接触と恥

恥に取り組むときは、「今、この瞬間」との接触が大きな役割を果たします。たとえば、

- グラウンディングと「碇を下ろす」——恥やその他の情動に圧倒され飲み込まれているクライエントに、初期の段階で身につけてもらうべき重要なスキルである
- 意識を向けた関与、つながり、意識の広がりを育む
- 姿勢とその効果に気づき、姿勢をさまざまに実験的に変化させてみる。それによって、意識を向けた関与、センタリング、グラウンディング、つながり、コミュニケーション、活力を促進する
- まず思考、感情、記憶に気づき、認める。それが脱フュージョンとアクセプタンスへの道を拓く

セルフ・コンパッションと恥

どんなつらい情動でもそうであるように、恥に対しても第18章で紹介したセルフ・コンパッションを構成する6つのブロックのいずれか、あるいはすべてを使って反応することが可能です。

1. 傷を認識する（＝苦痛に気づく）
2. 人間でいる（＝苦痛を承認する）
3. 批判家の武装を解く（＝厳しい自己批判から脱フュージョンする）
4. 自分を優しく抱きしめる（思考で、言葉で、そして行動上で）
5. 苦痛のためのスペースを作る（＝苦痛をアクセプトする）
6. 他者の内に自分を見る（＝共通の人間性）

その後、もし必要であれば、セルフ・コンパッション実践のリマインダー

として「恥」をリフレームしてもよいでしょう。

文脈としての自己と恥

「気づく自分の要素」を、一歩下がって距離をとり、思考や感情、感覚、記憶といったさまざまな恥の構成要素を観察するために使うこともできます。そうすることで、恥は自分という人間の本質ではないことに気づくことができます。自分にはそういった思考、感情、感覚、記憶以上のものがあるのです。

セラピストは、恥を構成する思考、感情、感覚、記憶は絶え間なく変わり続けること、そしてその一方で「気づく自分の要素」は変わらないことをクライエントが意識できるよう手助けすることができます。

価値と恥

クライエントが、恥が存在しているときでも——脱フュージョン、アクセプタンス、セルフ・コンパッションなどを通して——より柔軟でいられるようになると、その恥を価値の探求に利用することができるようになりますし、多くの場合にそれはとても有益です。たとえば次のように尋ねることができます。

- もし大切な人が自分と同じような出来事を経験し、同じような思いをしていたら、その人にどのように接しますか？　どんなアドバイスをしますか？
- その恥は、自分にとってどんなことが対応すべき／立ち向かうべき／行動を起こすべき本当に大切なことであると教えてくれますか？
- 恥は、理想的には自分自身／他者に対してどのように接したいのだと思い出させてくれますか？
- 恥は、自分は何を失くした／何に関して慎重になる必要がある／何を守りたい／何に対して立ち向かいたい／何を心から大切に思っている／何に対応する必要があると教えてくれますか？

- 恥は、自分は世界／自分自身／他者／人生にどうあってほしいのだと教えてくれますか？　そうなるように、どのようなことができるでしょうか？

価値からは、容易にコミットされた行為へと移行することができます。

コミットされた行為と恥

コミットされた行為には、「恥に駆りたてられた」古い行動レパートリー（逸ムーブ）の代わりとして、価値と一致する新しい行動レパートリー（進ムーブ）を触発して強化することが含まれます。そこには以下のいくつか、あるいはすべてが含まれる可能性があります。

- 価値に導かれた問題解決
- 価値に導かれたゴール設定と行動計画
- 具体的な価値と価値に沿ったゴールのための、マインドフルネス・スキル（例：脱フュージョン、アクセプタンス、気づき、セルフ・コンパッション、文脈としての自己のスキル）のトレーニング、実践、活用
- 具体的な価値と価値に沿ったゴールのための、他の関連するスキル、とくに対人関係スキル（例：コミュニケーション、アサーティブネス、親密性、共感スキル）のトレーニング

エクスポージャーと恥

恥の存在下では、多くのクライエントが問題となるような行動レパートリーの縮小を経験します。とくに、クライエントの行動の多くは、次のことを目指して組織化されます。

A. 恥を構成する思考、感情、記憶を避ける（体験の回避）

B. 恥の引き金となる状況、人、場所、イベント、活動を避ける（顕在的回避）

ここまで記載してきた介入のほぼすべてにエクスポージャーが関わっていることに気づいてもらえたことを願うばかりです（もしよくわからなかったら、第26章に戻って、もう一度読んでください）。

恥とともに柔軟に振る舞う

どんな思考、感情、感覚、情動、衝動、イメージ、記憶があっても、価値に導かれて柔軟に振る舞えることをクライエントがつかむことは重要です。それが過ぎ去るのを待つ必要はないし、それに自分の行動をコントロールさせる必要もないのです。

この気づきは通常、体験的ワークを通じてなされたときがもっとも強力で、知的な、あるいは講義的な会話のなかでなされたときはもっとも効果が薄いものです（そうした会話はだいたい、クライエントがそんなの無理だと主張して終わるか、知的にはその考え方に賛成するものの、実際どうやるかはまったくわからないまま終わるでしょう）。

シンプルな体験的エクササイズのひとつは、セッション中にクライエントが恥を体験しているとき、物理的な行動をとってもらうことです（例：自分の腕や脚をコントロールする――マインドフルにストレッチする、マインドフルに姿勢や体勢を変える、マインドフルに歩く、マインドフルに食べる、マインドフルに飲む、優しく自分を触る）。そうすればクライエントは、恥が存在していても自身の行動をコントロールできることを実際に体験できます。

恥についての衝動サーフィン（urge surfing）

恥に対処しているクライエントは、よく以下のような行動への衝動に駆られます。

- ドラッグを使う、飲酒する
- 自傷行為をする
- 社会的に引きこもる
- 重要だが大変な状況から手を引く
- 短期的には痛みを忘れさせてくれるさまざまな自己破滅的行動をとる

「衝動サーフィン」として知られる、(アクセプタンス、脱フュージョン、「今、この瞬間」との接触を取り入れた) マインドフルネス・エクササイズは、この種のワークに非常に有効です。これを教えることで、クライエントが衝動を行動に移さないで「その波を乗りこなす」助けとなるでしょう。クライエントは、衝動に流されることなく、波が上がったり下がったりするままにさせておく方法を学ぶのです (Extra Bits から衝動サーフィンのスクリプトをダウンロードできます〔英語〕)。

＊＊＊

罪悪感、怒り、不安、恐怖、悲しみ、羨望、嫉妬、嫌悪、孤独などにも、恥と同じ方法で取り組むことが可能です。それぞれのケースで、フュージョン、回避、そして有効でない行動を明らかにし、関連する治療プロセスでそれらを標的としていきます。具体的な思考、感情、記憶、感覚、衝動、イメージ、姿勢、有効でない行動は情動ごとに異なりますが、それらを扱うために使う ACT のコアプロセスは常に同じなのです。

Extra Bits (おまけ)

ACT Made Simple : The Extra Bits (http://www.actmindfully.com.au) の第 28 章に、次の内容を掲載した。①衝動サーフィンのスクリプト、②怒りに取り組む際のヒント、③インナーチャイルド・イメージ・エクササイズのスクリプト、④「解離への取り組み方」、そして、⑤姿勢のワークを行う際のヒント。(英語)

スキルアップのために

強い情動を扱うためには、もちろん練習が必要です。

- 恥や怒りといった強い情動に悩みもがいているクライエントを2、3人思い浮かべよう。
- 本章に記載したアイデアを使い、思い浮かべたクライエントが情動によりうまく対応できるようになるための方法を、少なくとも4つか5つ考えてみよう。

第28章のまとめ

ACTでの目的は、情動そのものを直接変えることではなく、その情動が生じる文脈を変えることです。フュージョンと回避の文脈からマインドフルネスと価値の文脈に変わることで、その情動の機能が変わります。もちろん、その情動はとても不快でつらいままですが、今や有毒で、人生を歪めるような、あるいは自己破滅的な形で機能することはないはずです。

第29章

柔軟な人間関係

他者と上手に生きる

「地獄とは他者のことだ」とは、偉大な哲学者、ジャン＝ポール・サルトルの有名な言葉です。ですが、彼が正しいのは半分だけです。他者は天国でもあるのです。つまり、他者との関係は玉石混交です。それは驚嘆も恐怖も、喜びも不安も、幸せも惨めさももたらすのです。うまくいっているときはありとあらゆる形で私たちの人生を豊かに、より良いものにしてくれます。そしてうまくいっていないときは、その苦痛は計り知れないものになるのです。

そのため、ACTの大部分が人間関係――関係をより豊かに、より良いものにすること、関係に伴う困難に対応すること、豊かで有意義なつながりを築くのに役立つことをすること――に焦点を当てているのも驚くことではありません。そして覚えておいてほしいのは、ACTは受け身的なアクセプタンス・セラピーではないということです。もしクライエントが誰かとの関係を終わらせ、そこから離れることが人生をより良くするための最良の道だと考えるなら、私たちセラピストはその手助けをします。

私がこれまでに見てきたほぼすべてのケースで、抱えているのがどんなタイプの課題、問題、障害――トラウマや依存症から、うつや不安まで――でも、人間関係の問題は重大な役割を果たしていました。当然そうでしょうね。なぜか？　それは、どんな障害も重要な近しい関係にネガティブな影響を与える可能性が高く、結果として生じた問題は概して元の苦しみを増幅するからです。そして同時に、どんなクライエントでもほぼ全員が、支持的で思いやりのある他者とつながることで、自分自身を大いに助けることができます。

こうした点を考慮すると、すべてのコーチやセラピストは、基本的な対人スキルの教え方を知っておくことが不可欠であると強く思います。そこには最低でも、アサーティブネス・スキル、コミュニケーション・スキル、交渉スキル、そして葛藤解決スキルが含まれるでしょう。もしクライエントにこうした必須の対人スキルが欠けていたら、ACT セラピストとしてはセッション内でそれらを教えることが理想的です（個人的には、ロールプレイを通じて教えるのが好みです）。ヘキサフレックス上では、そうしたスキルトレーニングはコミットされた行為に分類されるでしょう（ですから、もしこうしたコーチングやセラピーの基礎のどれか、あるいはすべてに追いつけていなければ、できるだけ早く学び直してください。クライエントにとって必要なように、あなたにとっても本当に必要なことです）。

本章では、広範で一般的な対人関係の問題に ACT を適用する際のヒントを紹介したいと思います。便宜上、親密なパートナーとの関係に焦点を当てますが、本章でカバーする原則はどんな関係——友人、家族、同僚、チームメイト、同級生、仕事仲間、雇用者と被雇用者、親と子、従業員と上司など——にも当てはまります（当然ながら、本章で紹介する質問やエクササイズのいくつかは、対象となる関係に応じて変更・修正が必要です）。

人間関係を掘り下げる

では、クライエントの人間関係の改善を助けるには、どのような情報を集める必要があるのでしょうか？　基本的な質問の種類をいくつか見ていきましょう。

大切なのは誰？

だいぶ前に扱った話題ですが、第 6 章でヒストリーの聴き取りを扱った際、以下のようなルーティン・クエスチョンを紹介しました。「人生でもっとも大切な人たちは誰ですか？」「そういった人たちとの関係はどのようなものですか？」「どんな社会生活を送っていますか？」「つらい状況にあるとき誰が力になってくれますか？」「もしここでの取り組みによって、たった一人の相手との関係だけを変えられるとしたら、それは誰との関係であってほしいですか？　そして結果として、○○さん［クライエント名］の行動はどう変わるでしょう？」。こうした質問をすることで、クライエントにとってもっとも重要な人間関係とその質について素早く感覚をつかむことができます。これは良いスタート地点と言えるでしょう。

良いこと、悪いことは？

もしクライエントが特定の関係に取り組みたいのであれば、その関係についての良い点と悪い点を把握したいところです。ここで役立つ質問は、たとえば、

〈良い点〉

パートナーのどんなところが好きですか？

パートナーの強みや長所はどんなところだと思いますか？

パートナーの言動のポジティブな点はどんなところですか――○○さんとの関係においては？　そして二人の関係外では？

二人の関係がうまくいく（あるいはそこまで悪くない）ことはありますか？　それはいつですか？　どこでですか？　何をしているときですか？

パートナーと一緒に何をするのが好きですか？

もっと仲良くやっていくために、どんなことが役立ちますか？

もしそうした場面で私が○○さんとパートナーの様子を見ることができたら、私が目にする○○さんの言動でもっとも有益なのはどんなものでしょう？

〈悪い点〉

パートナーのどんなところが嫌いですか？

パートナーの弱みや短所はどんなところだと思いますか？

パートナーの言動のネガティブな点はどんなところですか――○○さんとの関係においては？　そして二人の関係外では？

二人の関係がもっとも困難なのはどんなときですか？　何が起きますか？　何がその引き金になりますか？

もしそうした場面で私が○○さんとパートナーの様子を見ることができたら、私が目にする○○さんの言動でもっとも有益でないのはどんなものでしょう？

何を求めていますか？

どんな関係に焦点を当てるときでも、考えるべき重要な内容が２つあります。

A. 何をもたらしたいですか？
B. 何を得たいですか？

最初の質問は価値につながります。クライエントは自分のパートナーに対してどう振る舞い、どう接したいのでしょう？　そして二人の関係にどう貢献したいのでしょう？　２つ目の質問は欲求やニーズにつながります。クライエントはパートナーから何を得たいのでしょう？　自分をどう扱ってほしいのでしょう？

また、クライエントがどのような種類の関係を築きたいと思っているのか、そしてそのためにこれまでどんなことを試してきたのかも把握したいところです。そこで役に立つ質問は、たとえば、

- ここでの取り組みがうまくいったら、お二人の関係はどう変わるでしょうか？

- 自分の行動はどのように変わるでしょうか？
- パートナーの行動はどのように変わるでしょうか？
- 自分のどんな行動が減り、どんな行動が増えるでしょうか？
- パートナーのどんな行動が減り、どんな行動が増えるでしょうか？
- あなたに対するパートナーの接し方はどう変わるでしょうか？
- パートナーに対するあなたの接し方はどう変わるでしょうか？

クライエントのなかには、その関係に自分が何をもたらしたいか、そして自分がどう変わりたいかに強く意識を向けている人もいます。そうした人は、自分の価値に沿って生きるために、そしてこうありたいと思うパートナーとしての理想像に沿って行動するために努力することにウィリングです。一方で、自分が手に入れたい物事により意識が向いているクライエントもいます。多くの場合、そうした人はその関係に不満を感じており、主たる問題はパートナーにあると考えて、いま生じているさまざまな問題における自身の役割に目を向けたがりません。言うまでもなく、人間関係に関するワークは後者よりも前者のシナリオのほうがずっとシンプルで簡単です。

何を試してきましたか？　結果はどうでしたか？

さらに、クライエントがその関係を改善するために、あるいは問題に対処にするためにすでに試した方略のあれこれをすべて探り、何がうまくいき何がうまくいかなかったかを明らかにしたいと思います。多くの場合、「ケンカする、怒鳴る、不満を言う、批判する、要求する、責める、非難する、悪口を言う、脅すといったことを試してきましたか？　引きこもったり、冷たくしたり、黙ったりすることは試しましたか？」といった、足がかりとなる質問で、その答えを引き出すことが必要です。

もし有効な方略——つまり、長期的により健全な関係を築くのに役立つクライエントの言動——が明らかになったら、次はどうしたらそれを継続できるか、そして場合によっては、どうしたらもっとそうした言動を増やせるかを探っていきたいところです。

残念なことに、ほとんどのケースでは有効な方略よりも有効でない方略のほうがはるかに多く見つかります。ですから、創造的絶望のときとだいたい同じやり方で、この点を引き出したいと思います。つまり、短期的には自分のニーズを満たすのにうまく働くさまざまな方略が、長期的に健全な関係を築くためにはうまく働かないことに気づいてもらうのです。たとえば次のように言えるでしょう。「パートナーに腹を立てて怒鳴り、自分の望むとおりにするよう要求すると、短期的には相手がそうしてくれるかもしれませんが、長期的には反感や不満を助長するだけです」

もちろん、こうした掘り下げは最大級の敬意、共感、思いやりをもって、クライエントの方略をノーマライズし、つらい思考や感情を承認しながら行います。そしてクライエントが、関係を改善するために努力してきたのに、多くの方略は単に長期的に関係を悪化させるだけだったと気づき始めたら、これまでとはまったく違う新しい方略を試すことにオープンになってくれることを願いましょう。

挑戦の方程式

この時点で、挑戦の方程式（第21章）を導入することが通常は有効です。問題となっている関係に対応するための選択肢は、基本的に3つあります。

1. 立ち去る
2. 留まって自分の価値に沿って生きる：変えられることは何でも変えて状況を改善し、それに伴う苦痛を置いておくスペースを作る
3. 留まって効果的に行動するのを諦める：変化につながらないことや状況を悪化させることをする

クライエントと、これらの選択肢を掘り下げていきましょう。ときにはその関係から「立ち去る」、つまり離れることが最良の選択肢です。たとえばパートナーが虐待的だったりナルシスト的だったりする場合はそうでしょう。そのときは、セラピーでは関係から離れるために必要な行動と、行動す

るうえでの内的、外的なバリアの乗り越え方に焦点を当てることになるでしょう。

ですがクライエントがその関係から離れられないとき、離れようとしないとき、あるいは離れることについて両価的であるときは、選択肢２か３しか残されていません。ほとんどのクライエントはここまで来ると、自分がすでに選択肢３をずっと行ってきたことをすぐに理解して、選択肢２を選びたいと言うでしょう。

有効性

もしクライエントが「全部相手のせいです。相手が問題なんです。変わるべきは相手であって、私ではありません」といった発言をしたら、クライエントのつらい気持ちを承認し、その思考をノーマライズし、それから思いやりを込めながら有効性の概念を持ち込みましょう。「もしそうした考えを強く握りしめていたら、その考えは○○さんをどんな方向に運んでいくと思いますか？　それは、関係の改善につながるかもしれない、今までとは違った新しいことを試すのを助けてくれるでしょうか？　それとも、うまくいかない同じことを続けさせるでしょうか？」

影響 vs. コントロール

もしクライエントが選択肢２に対してオープンだったら、影響 vs. コントロールの問題に触れておくことは良いアイデアです。

セラピスト：ところで、私たちの誰もが人間関係のトラブルに陥るのは、影響とコントロールの大きな違いを忘れてしまうからなんです。

クライエント：どういうことでしょうか。

セラピスト：つまり、私たちは他者に影響を与えることはできますが、実際にコントロールすることはできません。たとえば、もし○○さんが誰かの頭に銃を突きつけたとしても、その人を完全にコントロールすることはできません。歴史をひもとけば、敵に秘密を漏らすよりも死を選んだ戦争の英雄がたくさん見つかります。

クライエント：なるほど。

セラピスト：そして基本的には、私たちは言葉と行動を通じて他者に影響を与えます。嘘と偽りを通じて、あるいは脅しといじめを通じて、また親切さ、公平さ、アサーティブネス、正直さを通じて影響を与えます。このように、他者に影響を与える方法は本当にたくさんあります。ここでの問題は、他者と良い関係を築きたいかということです。もしそうなら、その人との関係にとって健全な影響の与え方に焦点を当てる必要があります。

クライエント：つまり、すべて私次第ということですか？

セラピスト：望ましいのは、つまりあらゆる可能性のなかで最善なのは、パートナー双方が積極的に関係改善の努力をすることです。ただ、まさに今の時点では、ここには○○さんしかいません。ですから、もし○○さんのパートナーがここにいらして、私と――あるいは他のセラピストと――のセッションを受けたいと思ったら、それは素晴らしいことです。ですがそれまでは、私たちに実際にできるのは、○○さんがパートナーに影響を与えるために、これまでと違うどんなことができるかを考えることだけです。

クライエント：でも私のせいではありません！

セラピスト：おっしゃるとおり、○○さんのせいではありません。そして、もし私が○○さんを責めていると感じさせるようなことを言ってしまったら、どうかすぐに教えてください。私がいま言おうとしているのは、もしこの関係を改善したいと思うなら、もっとも効果的で強力な方法は、○○さんが一番よくコントロールできること、つまり、○○さん自身の言動、何を言って何をするかに焦点を当てることだ、ということです。

クライエント：（釈然としない様子で）つまりどうしたらいいんでしょうか？

セラピスト：○○さんのパートナーに影響を与える、より効果的な方法を探ってみるのはどうかと考えています。○○さんにとってもパートナーにとっても、よりうまく働くかもしれない、新しいものの言い方や行動の仕方です。

この時点で、変わることができない、変わるべきでない、そもそも変わる必要などない理由を山ほど持ち出してくるクライエントもいるでしょう。「自分のせいじゃない」「相手のせいだ」「相手が変わるべきだ」「きっとうまくいかない」「もう前に試した」「めんどくさい」「エネルギーがない」など。その場合は、第12章で紹介したセラピーへのバリアから脱フュージョンする手法がここでも使えます。

さらに掘り下げる

クライエントがその関係に留まる選択をしたと仮定した場合、尋ねるべき重要な問いには、①クライエントが自分のパートナーをどのように見ているか、そして、②クライエント自身はどんなパートナーでありたいかの2つが含まれます。

パートナーをどのように見ていますか？

遅かれ早かれどこかの時点で、クライエントが他者を繰り返し批判し、非難し、責めていたらどうなるかを探っていきたいと思います。そうするのはノーマルで自然なこと――誰にもそういう傾向がある――と承認したうえで、その行動を有効性の観点から考えたいところです。

セラピスト：○○さんは、パートナーのことを虹として見ていますか？　それとも障害物として見ていますか？

クライエント：どういう意味ですか？

セラピスト：つまり、ほとんどの場合、○○さんはパートナーを虹のようなもの――つまり、自然による唯一無二の見事な作品で、その良さを味わえるもの、人生を豊かにしてくれるもの――として見ているでしょうか？　それとも、どちらかというと障害物――自分の邪魔をして、人生に望むものを手に入れることを妨げるもの――として見ているでしょうか？

クライエント：たぶん、障害物と見ていることが多いです。でもそれは、相手がいつも本当にものすごく自己中心的だからです！

セラピスト：いや、私はその点について議論しようとしているわけではありません。ただ、パートナーを障害物として見ることがどんな効果を持ちうるかを考えていただきたいんです。誰かから障害物として見られるのは、気分の良いものではありません。○○さんも誰かにそのように見られたことがあるでしょうか？　おまえは厄介者、障害、邪魔者で、誰かの妨げになっている、というような？

クライエント：間違いなくあります。

セラピスト：どんな感じでしたか？

クライエント：いいものではありません。

セラピスト：では、○○さんは健全な関係を築きたいとおっしゃっていました――ですが、もしトニーさん［パートナーの名］を障害物のようなものと見続けていたら、それはどんな結果につながるでしょうか？

クライエント：じゃあなんですか、私は相手の過ちを全部無視して崇拝するべきだと？

セラピスト：まったくそんなことはありません。○○さんは、そうした問題すべてに向き合って対応したいと考えておられます――ただそのとき、新しいスキルを使って相手に影響を与えることで、なるべくより良い結果を得られるようにしたいんです。それから、トニーさんに対する評価や批判のいくつかから自分をはずす方法を身につけることが役立つかもしれないとも考えています。そうすると、常にトニーさんを障害物として見なくて済むかもしれません。

クライエント：でも私の批判や評価は事実です！

セラピスト：はい、よくわかります。そして思い出していただきたいのは、ここで私たちが関心を持っているのは、有効性だということです。もしそういった思考に釣られてしまったら、何が起こるでしょうか？　○○さんを進（すすむ）ムーブの方向に引っ張ってくれて、より良い関係を築く助けと――

クライエント：いいえ、逸（それる）ムーブの方に引っ張られると思います。

この後は、非難、評価判断、批判からの脱フュージョンへ移行することになるでしょう。

どんなパートナーでありたいですか？

セラピストとしては、できるだけ早く価値に関するワークを行い、クライエントの「どんなパートナーでありたいか」を掘り下げたいと思います。そのためには、どんなタイプの価値の明確化エクササイズも利用可能です。私は「繋がりと振り返り（Connect and Reflect）」エクササイズ（Harris, 2018）[訳注1)] がとくに有効だと感じています。このエクササイズでは、関係がうまくいっていて、自分とパートナーが楽しく、快適で、意義のあることをしていたときを具体的に思い出してもらいます。それから、その記憶のなかの自分自身に注目して、自分がその関係にどんな質をもたらしていたかを明らかにしてもらいます。

クライエントがパートナーとして抱く価値がわかったら、それを行動変容への動機づけとして使うことができますし、より良い関係を築くためのスキル習得、ゴール設定、行動計画立案への出発点として使うこともできます。

「行動に影響を与える」入門編：愛をもってACT（行動）する

ここまで来ると、毎回のセッションはコミットされた行為にかなり深く踏み込むことになり、交渉スキル、コミュニケーション・スキル、アサーティブネス・スキル――自分の権利を守る方法、要望をはっきり伝える方法、嫌

訳注1）『教えて！ ラスハリス先生 ACTがわかるQ＆A』（ラス・ハリス著，星和書店，pp. 138-141）に「繋がりと振り返りエクササイズ」が掲載されている。

なときにノーという方法、境界線を引く方法、効果的に交渉する方法など——を身につけ、実践することに重点が置かれるでしょう。クライエントが自宅でパートナーに対してそれらのスキルを試す前に、セッションでのロールプレイを通じてセラピストと一緒に練習できるのが理想的です。

また、他者の行動に影響を与える効果的な方法に関して、必要不可欠な心理教育も行います。正しい方向への一歩一歩（たとえそれが自分の望むことと完全に一致していなかったとしても）に対して正の強化を提示して、時間をかけて徐々に行動を形成する方法を伝えます。たとえば、もし第18章で紹介した「ロバとニンジンと棒」のメタファーを使っていたら、 次のように言えるでしょう。

セラピスト：○○さんがトニーさんの行動に影響を与えようとするときは、どのくらい棒を使って、どのくらいニンジンを使っていますか？

クライエント：だいたい棒です。でも自業自得ですから。

セラピスト：ここではその点について議論はしません。ただ、今のその考えを意識してみていただけますか？　そして、その考えを強くつかんでいると、どこへ連れていかれるかを考えてみていただけますか？

この後、もし健全な関係を求めるのであれば、棒とニンジンの割合を少なくとも1対5にする必要がある、という説明を続けることができるでしょう。この「ニンジン」には、その関係にとって健全な形で他者の行動に建設的な影響を与えるのであれば、どんな言動でも該当します。ときには、それはただ要求する代わりに「お願い」と言う、してもらって当然と思わずに「ありがとう」と伝えるというような、ごくシンプルで基本的なことかもしれません。

Extra Bits（おまけ）

> *ACT Made Simple : The Extra Bits*（http://www.actmindfully.com.au）の第 29 章に、よく見られる人間関係上の問題を特定して、ACT の枠組みのなかでそれに取り組む方法を概念化するのに役立つ、便利なワークシートをいくつか掲載した。（英語）

スキルアップのために

人間関係の問題はあらゆるクライエントに影響を与えますが、彼らを手助けするために ACT を活用する方法はたくさんあり、そこには心理教育とスキルトレーニングも含まれます。セラピストが自分のレパートリーに備えるべき重要なスキルをいくつか挙げると、

- もし 4 つの古典的対人スキル——アサーティブネス、コミュニケーション、交渉、葛藤解決——を知らなければ、その学習を最優先課題にしてほしい。今すぐに、だ。
- 他に磨いておきたい人間関係スキルは、「フェアに戦う」方法、衝突後の効果的に「修復を試みる」方法、パートナーの視点から物事を見る方法、親密さの深め方、建設的なフィードバック（ネガティブなものも、ポジティブなものも）を与え合う方法、セルフ・コンパッションとパートナーへのコンパッションの育み方だ。

本書の範囲は超えてしまいますが、どれも重要なトピックです。詳しくは、よく見られる人間関係の問題について書いたセルフヘルプ本、『相手は変えられない ならば自分が変わればいい』（*ACT with Love* ; Harris, 2009b）を参照してください。

第29章のまとめ

ACTを使ってセッションを行っていると、しょっちゅう人間関係の問題に遭遇します。とくに、価値の掘り下げを始めるとそうなりがちです。そんな人間関係に関する取り組みにおいて、6つのコアプロセスはどれも重要な役割を果たします。またクライエントによっては、より健全な関係を築くために対人スキルの積極的なトレーニングを必要とするでしょう。

第4部

まとめ

第30章

我と汝

治療関係

私たちがセラピストやコーチとして目指すのは、セッションにおいてACTモデル全体を体現することです。マインドフルで、評価判断をせず、敬意に満ちており、思いやりにあふれ、集中し、オープンで、感受性に富み、意識を向けて関与し、温かく、そして誠実でありたいのです。私たちはクライエントを対等な存在と考えます。私たち自身と同じように、自分の思考や感情に釣られやすく、結果として人生でもがき苦しむことになってしまう同胞なのです。本章では、最適な治療関係を築くために鍵となるポイントを扱います。

マインドフルでいる

私たちが他者に贈ることのできるギフトのなかでとくに素晴らしいもののひとつが、心を開き、好奇心と思いやりに満ちた雰囲気で、相手にすべての意識を向けることです。ですから私たちは、クライエントの話に注意深く、親身に、そして誠実に耳を傾けます——そう、心とマインドをオープンにして。私たちはその苦悩に寄り添う気持ちをもって耳を傾けるのです。その苦痛に気づき、承認します。これまでの苦しみを正しく認識します。進んで無防備である（be willingly vulnerable）よう誘（いざな）います。そして、それらすべてが可能になるよう、評価判断とは無縁の、思いやりにあふれる場を作り出します。こうしたマインドフルで心のこもったやりとりを通して、信頼によって結ばれた、強固でオープンな関係を築くのです。

私たちは毎回のセッションで、おそらくそれ以前には誰も行ったことのない形で、クライエントの苦痛と苦悩の証人となる機会を得ます。つまり、私たちは時間をかけて、注意深くオープンに、最後まで余すところなくクライエントの話に耳を傾けます。そのボディランゲージと表情を意識します。誠実に、共感的に反応します。そしてその過程でクライエントの体験を承認します。もし「意識が逸れた」、注意を完全には払っていない、自分の思考に囚われてしまったことに気づいたら、気づいた瞬間にそれを穏やかに認め、目の前の同胞へと注意を向け直します。こうして、毎回のセッション自体がマインドフルネスの実践となるのです。

許可を求める

「～してもいいですか？」「～していただけますか？」「～してみようと思えそうですか？」――どれもクライエントの許可を求めるのに有用な表現です。これはラポールの構築と維持において、とくにつらい思考や感情をもたらすであろうエクササイズをクライエントにしてもらおうとするときに重要な要素です。その際に予期される体験がつらければつらいほど、心からの許可が得られている――単なる自動的な「はい」ではない――ことの識別が不可欠です。

「すみません」と謝る

セッションで失敗したら、間違いを犯したら、クライエントを怒らせたり、動揺させたり、承認しない態度をとったりしてしまったら、気づいたそのときに行動を起こしましょう。それを認め、受け入れて、心から誠実に謝りましょう。そのようにするたびに、クライエントに対してある非常に有用な行動モデルを示していることになります。つまり、多くの親密な人間関係では、謝罪が著しく不足しているのです！

たとえばこんな言い方ができるでしょう。「本当にすみませんでした。自分がしていたことに、いま気づきました。○○さん［クライエント名］を説得しようとしていましたね。ですが、私の信念体系を押しつけられるためにここにいらしたわけではないですよね。ここでセッションを巻き戻して――○○さんを説得し始める前の地点に戻って――そこからまた始めてもよろしいですか？」

遊び心を忘れない

こんな禅の古い格言があります。「心の健康の第一のサインは、自分を笑えることだ」。ですからいくらかの遊び心をセッションに持ち込みましょう。遊び心、くだけた言動、そしてユーモアは多くの場合ラポールを強化してくれますし、セッション中に自然と笑いが起こるのは概して良い兆候です（もちろん無神経な言動や不承認的な言動には注意が必要です。クライエントが危機的状況にあるとき、あるいはつらく苦しい、心が痛むような話をしてくれているときに遊び心を持ち込むのは、まったくもって不適切です）。

自己開示する、適切かつ思慮深く

クライエントに自己開示しなければならないわけではありませんが、ACTでは自己開示に大いに賛成します。ACTでは、クライエントの利益になると思われたときは、適切で思慮深い自己開示を推奨しています。それはクライエントの体験をノーマライズして承認するため、セルフ・アクセプタンスを促すため、クライエントにACTのモデルを示すため、あるいは治療関係を強化するためになされます。クライエントがセラピーに訪れたとき、彼らはとても弱い立場にあるため、非常に不平等な関係がもたらされます。しかし、セラピストとしての私たちが、自分自身の価値や弱みを意識的に、そしてオープンに共有することは、クライエントとの強い絆を築く助けとなります。

もちろん、それはクライエントに「すべてをぶちまける」という意味ではありませんし、「ちょっと、あなたは自分が問題を抱えていると思っているようですが——私の問題も聞いてください！」と言うわけでもありません。私たちは自己開示を思慮深く——それによってクライエントの体験をノーマライズし承認することができそうなとき、治療同盟を深められそうなとき、あるいは何らかの有用なモデルを示すことができそうなときに——使うのです。以下に、適切な文脈において役立つであろう自己開示のいくつかの型を示します。

「正直に言うと、動揺してしまいました……」 クライエントが何か言ったことで狼狽（ろうばい）してしまったら、唖然（あぜん）としてしまったら、あるいは打ちのめされてしまったら、多くの場合それを認めることが役に立ちます。認めた後は、短い「碇を下ろす」エクササイズを提案して、自分自身がグラウンディングして、集中できるようにするのもよいでしょう。

「○○さんとのつながりが断たれているように感じます」「○○さんを見失っているように感じます」「○○さんが『今、ここ』にしっかりいらっしゃらないように見受けられます」 クライエントが解離している、つながりが断たれつつある、内に閉じこもりつつある、セッションから自分を切り離しつつある、意識を向けて関与できなくなっている、マインドに迷い込みつつあると感じたら、多くの場合、そのことに注意を向けてもらうことが有用です——そして、その間の自分とクライエントとの関係に生じたことを強調するのがよいでしょう。

「今、私たちはチームになれていない気がします」 クライエントとの関係に不和や緊張が生じたら、敬意と思いやりをもってその点に注意を引き、それからお互いが気づき意識していることを明確にしていきましょう。その緊張がどのようなものかによりますが、たとえば次のように言えるでしょう。「なんとなく、私はいま障害物になってしまっていて、○○さんが私を避けようとしているように感じます」「なんというか、私は今○○さんに無理強いをしていて、○○さんはそれに抵抗しているような感じがします」「間違っているかもしれないのですが、私が○○

さんを動揺させてしまったか、気分を害してしまったか、あるいは何か怒らせてしまったような印象を受けています」。その後、不和や緊張の原因を探り、問題を解消して関係を修復するための行動をとることができるでしょう。

「今、私のマインドが2つの別方向に引っ張ろうとしているのに気づいています。一方では、マインドがABCと言ってきます。もう一方では、DEFと言ってきます。これらの考えそれぞれについて、どう思われますか？」 私たちはときに、ある問題や状況について矛盾する意見を抱きます。そういう場合も、適切な文脈であればクライエントと共有するのが有益です。

問題行動が起こったときに、それに気づき、コメントする

ときには私たちの誰もが、セッション中に「問題のある」行動をとるクライエントを担当します――たとえば、いつもの話を際限なく繰り返したり、自分の果たしている役割には決して目を向けることなく周囲の人を責め続けたりするクライエントです。そのようなとき、ほとんどのセラピストはそれにオープンに対応するのではなく、歯を食いしばって耐えようとする傾向にあります。

なぜそのようにしてしまうのでしょう？　たいていは、「さえぎったら失礼じゃないか」とか「私に腹を立てるだろうな」というような思考とフュージョンしているから――あるいは、感じたくない不安な気持ちが姿を現すから――です。そのようなときは、明示的にACTのモデルを体現することが非常に効果的です。たとえば次のようなことが言えるでしょう。「いま私は、ここで起こっていることに気づいていて、○○さんにもそれに目を向けていただきたいと思いました。でも私のマインドは、これから私の言うことは○○さんを動揺させたり、嫌な気持ちにさせたりしてしまうだろうと言っています。そして、身体の中にものすごい不安があって、ただここに座って口を閉じておきたいという強い衝動があることにも気づいています。ですが、私

は○○さんができる限り最良の人生を築けるようお手伝いすると決意しています。それなのにただ黙って座っていたら、そうした自分の価値を無視することになります。ですから、心臓はバクバクしていますが、私はここでの重要なことをしようと思います――○○さんに、私が気づいていることをお伝えしたいと思います」

この一連の流れのなかで、セラピストがACTの6つのコアプロセスのうち、5つを明示的に体現していることに気づいてください。その5つとは、脱フュージョン、アクセプタンス、価値、コミットされた行為、そして「今、この瞬間」との接触です。そして今はもう、クライエントの注意を完全に引くことができているでしょう！　そうしたら、オープンさと好奇心を備えた態度で、あらゆる評価判断や批判から脱フュージョンし、いま気づいているクライエントの行動を述べて、それがセッションでの効果的な取り組みの妨げとなっている点を指摘します。そこから、クライエントの行動の目的を探ることもできますし、その行動が他の人間関係でも現れるかどうかを探り、現れる場合はその結果を探ることもできます。また、セラピストの観察に対するクライエントの思考や感情を尋ねることもできます――そこで必要であれば、アクセプタンスや脱フュージョンと関連するワークも少しやっておきましょう。

短縮バージョンはこんな感じです。「今、『こんなことが起きてるな』と考えていることがあって、それについてお話ししたいと思うのですが、私のマインドは、それをしたら○○さんに失礼とか無神経とか思われてしまう、と言ってきます……ですが、これは本当に大切なことだと思うので、マインドの言うとおりに従いたくはありません……ですから、ここで起きているかもしれないと考えていることをお伝えしてもよろしいですか？」

自分の価値を宣言する

ACTでは、セラピストがクライエントに対して自分の価値を宣言することを支持しています。たとえば「この部屋にいるとき、私にはある重要な目的があります。それは、来てくださった方がより良い人生を築くお手伝いをすることです」「ここでの考え方は、○○さんと私はチームであり、一緒に取り組む、というものです。そして私の目的は、○○さんが人生を好転させ、より良いものにするために、できる限りのお手伝いをすることです」というようなことが言えるでしょう。自身の価値を純粋な気持ちで宣言するとき、それは力強いメッセージとなり、共通の理念のもとにセラピストとクライエントを団結させてくれるのです。

速度を落として、身を乗り出す

「速度を落として、身を乗り出す（slow down and lean in)」とは、心理学者であるロビン・ウォルサーのワークショップで覚えたフレーズです。セッション中の出来事に反応してストレスや不安を感じると、多くのセラピストは速度を上げる——たとえば言葉数が増える、声が大きくなる、アドバイスをする、説教を始めるなど——もしくは、のけぞる——不関与状態になる、無関心になる、心を閉じる——傾向にあります。もちろん、これは治療関係にとって役立つものではありません。ですから、その正反対を目指しましょう。速度を落として、身を乗り出すのです！　自分の思考や感情に気づき、速度を上げてのけぞる傾向にも気づきましょう。自分の価値とつながり、（文字通りに、そして比喩的にも）身を前に乗り出して、速度を落としましょう。言葉数を減らし、話す速度を落とし、質問を増やし、耳を傾ける時間を増やし、頻繁に間を置くのです。

自分自身の評価判断から脱フュージョンする

もちろん、私たちセラピストは誰もが非評価判断的（non-judgmental)、中立的であろうとしますし、実際に達成できることもあるでしょう——しばらくの間は。ですが遅かれ早かれ、いつかは評価判断をしてしまいます。私たちのマインドは、オイルをたっぷり差された評価判断マシーンです。長くは黙っていられません。ですからクライエントに対する評価判断がひょっこり顔をのぞかせたら、それを正しく認識し、そこから脱フュージョンし、それに囚われることなく自由に行き来させておくことが課題となります。評価判断に釣られたと気づいたら、心の中で名前をつけて――「あ、評価判断だ！」――そして落ち着いてクライエントに注意を戻しましょう。

初心者であることを打ち明ける

ACTを行おうとして、心臓がドキドキしたり、胃が重く感じたりしたことはないですか？　「自分にできるかわからない」「クライエントが取り乱したらどうしよう」と考えたことは？　あるいは、「どもってしまうかも」「大失敗するかも」「難しすぎる」「きっと間違える」と思ったことがあるのでは？　もしそうなら、いいですね。あなたがノーマルな人間である証拠です。ノーマルな人間は一般的に、快適ゾーンから出ようとすれば不安を感じます。ですが、「最初からこれを完璧にこなさなくては。さもなくばクライエントはネガティブに反応するだろう」という考えとフュージョンしてしまうと、人生はハードモードになってしまいます。だからもしあなたがまったくのACT初心者だったら、自分にプレッシャーをかけるのをやめて、初心者であること認めてしまったらどうでしょう？

私がACTを始めたばかりの頃は、どのクライエントにもこう伝えていました。「本当に正直に言ってもよろしいでしょうか？　これをお伝えするのはちょっと緊張します。私のマインドは、これを話せば○○さんの私への信頼が下がると言っているんですが、実のところ、私はこのACTというものについては、まだ初心者なんです。このモデルをとても気に入っていますし、私自身の人生にも役立っていると感じています。そしてもちろん、○○さんの役にも立つだろうと考えています。そうでなければお勧めはしません。ですが、まだ初心者なので、ときにはつまずいたり、口ごもったりするかもしれません。長めのエクササイズをするときは、本を引っ張り出してスクリプトを読むこともあるかもしれません。それでもよろしいでしょうか？」

覚えている限り、こう伝えてネガティブな反応を示したクライエントはいませんでした。もちろん、このように開示する必要があるというわけではありませんが、多くのセラピストは開示が有効だと感じます。このとき私たちは、不完全であること、少しつまずくこと、必要があればスクリプトを読むことを、自分自身に許可しているのです。さらには、そうすることで、オープンであること、偽りなく自分らしくあること、ウィリングネス、セルフ・アクセプタンス、そして自己一致のモデルを示しているのです。

第 30 章のまとめ

本章に書いたことは、セラピストやコーチとして自分自身に ACT を適用すれば自然と生じることばかりですが、その点に気づいてもらえたことを願っています。また当然のことですが、本章の内容は人生のあらゆる人間関係に当てはまります。マインドフルネスと価値の場所から行動すればするほど、その関係はより健全になっていくでしょう。だからどうか、ACT をセラピールームにとどめないでください。ここで少し時間をとって、あなたにとってもっとも重要な関係を振り返り、ACT の原理がその関係をどう豊かに深めてくれるかを考えてみましょう。そして考えたことを実行して、どのように作用するかを確認してください。きっと驚くことになるでしょう！

第31章

行き詰まり解消のためのクイックガイド

行き詰まりは起こるもの

ここに保証しましょう。ACTを使ったワークを始めると、あなたもクライエントもきっと行き詰まります。何度も何度もです。行き詰まること請け合いです！　ありがたいことに、ACTには行き詰まり解消のためのとても強力なツールが用意されています。それが有効性（workability）です。ACTの先駆者の一人であるカーク・ストローサルは、この点について次のように表現しています。「ACTをしているとき、有効性がベストフレンドである（When we're doing ACT, workability is our best friend)」

有効性という立場からは、クライエントの自己破滅的行動を評価判断（judge）する必要も、批判する必要も、非難する必要も決してありません。やめるよう説得したり納得させたりする必要もありません。代わりに、自分の行動を正直にオープンに見つめて、それが進（すすむ）ムーブであるか逸（それる）ムーブであるかを評価（アセスメント）するよう励まします。つまり、その行動はこうありたいと思う自分らしくあるのを助けてくれているでしょうか？　望む人生を築くために、効果的に行動するのを助けてくれているでしょうか？

クライエントの行動に対する強化的結果事象は、いつも承認したいものです。たとえば次のように言えるでしょう。「今やっておられることには、間違いなく見返りがあります。たとえば、ABCやGHI、PQRをする助けになります、ですから、短期的には○○さん［クライエント名］のされていることは有用です。実際の利益があります」。その後は以下のような質問を、思いやりと敬意をもって投げかけていくことになるでしょう。

- 長期的な視点から考えると、その行動は人生をより豊かにするために役立っていますか？
- その行動は、本当に望む人生の方へ近づけてくれていますか？
- その行動は、ありたいと思う自分らしくあるのを助けてくれているでしょうか？
- それは進（すすむ）ムーブでしょうか、逸（それる）ムーブでしょうか？
- それは価値の的の中心へ運んでくれますか、それともそこから遠ざけますか？

言うまでもないことですが、私たちはここで慎重にならなくてはいけません。いじめっ子のようにクライエントに「強制」し始めるのは簡単です。ここでの「強制」とは基本的に、クライエントにとって何が有効で何が有効でないかをすでに決めてしまっている状態を指します（Strosahl, 2004）。セラピストが自分の抱く「クライエントにとって何が最善か／正しいか」という考えとフュージョンすれば、自身のアジェンダを押しつけることになるでしょう。そうすればクライエントは、セラピストを喜ばせたりなだめたりするために、セラピストの聞きたい言葉を口にするようになるかもしれません。そうなったらこのエクササイズの中身は空っぽです。クライエントは心から自分の人生に対する責任を負っているとは言えないのですから。

行き詰まりの解消に有効性を使う

ストローサルは次のように警告しています。「有効性という方略を用いるためには、徹底的にプラグマティックかつ非評価判断的（non-judgmental）でいなければならず、また、本気でそのつもりでなくてはならない。これはゲームでも、トリックでも、治療手技の一形態でもない」（Strosahl, 2004, p.226）。このことを念頭に置きながら、有効性がどのように私たちを助けてくれるか、数多くある可能性のなかからいくつかを見ていきましょう。

脱フュージョンの手助け

有効性は迅速な脱フュージョンを可能にしてくれます。そしてこれは、クライエントが自分の思考は正しいと主張しているときにとくに有効です。まず、「私が一番避けたいのは、この考えが真実であるかどうかを議論することです。代わりに、この考えに釣られると何が起こるかを一緒に考えてみてもよろしいでしょうか？」と伝え、それから次のように尋ねていくことができるでしょう。「この考えが○○さんを釣り上げて、引きずり回すとしたら、どこに連れていかれるでしょうか？　長期的に見ると、人生に何が起こるでしょうか？」「この考えに釣られると、ありたい自分らしく行動できますか？」「この考えのアドバイスを受け入れると、やりたいことを実行する助けになりますか？」

また、クライエントが変化は不可能だと主張し始めたときにも有効です。たとえば、依存症のクライエントは次のように言うかもしれません。「これは私には効きません。前にも試しました。全然コントロールできませんでした」。そんなときは、「なるほど、○○さんのマインドが、『これには効果がない。全然コントロールできない』と言うんですね。もっともなことだと思います。マインドはまさにそうした類のことを言ってきます。その点に異存はありません。私としてはただ、○○さんにひとつ考えてみていただきたいんです。もし私たちがこの考えに従ったら――もし私たちが、この部屋で起こることをすべてマインドに決めさせたら――その場合、私たちはここからどこへ進むでしょうか？　セッションをやめてギブアップしますか？」と答えられるでしょう。それからたとえばこう続けられるでしょう。「○○さんのマインドはこれからも、『このセラピーはうまくいかない』『おまえにはコントロールできない』と言い続けるであろうことが十分予想されます。脳の大手術でもしない限り、それを止める方法を私は知りません。ですから、マインドには好きに言わせておいて、とにかく試してみませんか？」

この方略は、クライエントが、たちの悪いネガティブな自己評価が真実である（「でも本当です。私は太っている／不細工／愚か者／負け犬なんです」）と主張するときにもうまく機能します。たとえば次のように言えるでしょう。「私は、○○さんのマインドがそういうことを言うのを止める方法を知りません。私のマインドも、私について同じような批判的なことを言ってきます。問題は、もしこうした考えを強く握りしめて、それにすっかり囚われてしまったら、それは○○さんの助けになるか、という点です。それはありたい自分らしくあるのを助けてくれるでしょうか？　やりたいことをするのを助けてくれるでしょうか？　もし助けにならないのだとしたら、こうした考えから自分をはずす方法を練習してみませんか？」

前進しているクライエントの手助け

ときにクライエントは、自分の行動を変えてはみたものの、その新しい行動の見返りが十分でないために続けられない、という理由で行き詰まります。このリスクを減らすために、クライエントが「有効な」ことを始めたら、新しい行動に伴う強化的結果事象の増強を、まさにその有効性を強調することで目指します。たとえば以下のような質問ができるでしょう。

- そのように行動すると、どんな感じがしますか？
- そうすると、人生にどんなことが起こりますか？
- そうするとき、どんな価値を実践しているでしょうか？
- それは進（すすむ）ムーブでしょうか、逸（それる）ムーブでしょうか？
- 価値の的の中心に向かっていますか、それとも中心から離れていますか？
- そうしたとき、活力の感覚はいかがですか？　より生き生きしているように感じますか、それとも活力が低下しますか？
- それはABCとつながっている感じがしますか？（ABC＝セラピーにおけるクライエントの行動のゴール）
- ではこれは、DEFへの新しい対応策ですね。以前の対処法と比べて、こちらはマシでしょうか、それとももっと悪いでしょうか？（DEF＝クライエントの抱える課題、困難、問題、ジレンマ）

また、次のように聞くのも有効です。「どうやったんですか？　どうやって実行に移したんですか？　何を変えましたか？　どんな苦しい考えや気持ちが出てきて、置いておくスペースを作る必要がありましたか？　マインドは邪魔しようとしてきましたか？　どうやって自分をはずしましたか？　ではこの体験は、人生でどんなことがうまく働きそうだと教えてくれますか？」

セラピストが自身の状態に気づく手助け

私たちは誤りを犯す人間であるため、ときにはクライエントを説得や納得させようとしてしまったり、議論や反論をしてしまったりもするでしょう。そうしたときは、明らかにACTを実践できていません。ですから私は、自分がそのような状態になっていることに気づいたときは、いつも即座に謝罪します。「本当にすみません。自分が何をしていたか、いま気づきました。私は○○さんを説得しようと／○○さんに何かをやらせようとしていましたが、それはここでの私の役割ではありません。私は○○さんに自分の考えを押しつける／○○さんの人生についてああしろこうしろと言う立場にはありません。私たちは協力して○○さんの人生でうまく機能することを見つけるためのチームであるはずです。ですから、議論を始めてしまう前まで巻き戻してもよろしいでしょうか？」と言います。こうしたオープンな姿勢に対しては、クライエントはまず例外なくとてもポジティブな反応を返してくれます。

その後は、続けてこのように尋ねることができるでしょう。「私の考えではなく、○○さんとご自身の体験に話を戻してもよろしいでしょうか？　次のことについて考えてみていただきたいのですが――私を含めて、他人がどう考えるかにかかわらず、もし○○さんが今されていることを続けたら、それは長期的に○○さんの人生をより良くするために有効でしょうか？　もし有効であれば、ぜひとも続けていただいて、○○さんにとって問題となっている別のことに焦点を当てましょう。もし有効でなければ、もう一度その行動について一緒に考えてみるのはいかがでしょう？――もちろん今度は、私が〇〇さんを説得しようとするのはなしです」

セラピストが足場を見つける手助け

セッション中に「迷子」になってしまったとき、次はどの方向へセラピーを進めようか迷っているとき、常に立ち戻れるのが有効性です。こんな質問ができるでしょう。「0から10の尺度で言うと、〇〇さんの人生は今どのくらいうまくいっていますか？　10が毎日ありたいと思う自分らしく振る舞えていて、人生が有意義になることをできている状態、0が毎日こうはありたくないと思う人のように振る舞っており、人生を良くするどころか悪化させるようなことをしている状態だとしたら、〇〇さんは今、どのあたりにいますか？」

クライエントが高い得点――8か9――をつけたら、セラピーの終結について話をする頃合いです。得点が低かったら――たとえば3か4だったら――さらにこう尋ねられるでしょう。「5に達するには、どんなことが起こる必要がありますか？　どんな行動を変える必要があるでしょうか？　何がそうするのを邪魔していますか？」。クライエントの答えは、新しいゴールに関する情報をくれるか、クライエントの心理的バリアに関する何かを明らかにしてくれるはずです。

「仕方ないんです！」への対応の手助け

多くの場合、私たちの抱える一番手ごわいクライエントは、他に選択肢がないから仕方ない、自分の行動をコントロールできない、と言います。彼らは、強い衝動――自殺、飲酒、ドラッグ使用などへの――に襲われると「折れて受け入れる」しか選択肢がないのだと主張します。あるいは、自分は無力だ、どうにもならない、変化を起こす力がない、と主張したり、「人生をどうにかしようと努力するたびに、いつも悪い結果になるんです。いつも失敗するか傷つくんです」と言ったりする人もいるでしょう。まずは彼らがこれまでどれだけ苦しんできたかを承認します。「明らかにこの問題は〇〇さんをすごく傷つけて苦しめてきましたね。そしてすごく努力されてきたのに、これまで何もうまくいかなかったんですね」。さらにこう続けられるでしょう。「今、○○さんには選択肢があります。ひとつは、新しいことを試すのを諦めて、今の生活を続けることです。もうひとつは、マインドは無意味で望みはないと言うと思いますが、それでも新しい、今までと違うことを試すことです。1つ目の選択肢には保証がついてきます。こちらを選ぶと、○○さんの生活は100%今と変わりません。2つ目の選択肢には、保証はありません。こちらは実験です。何が起こるか、確かなことはわかりません。ですが少なくとも、新しい、今までと違ったことを試します。少なくとも人生が良くなるチャンスを与えてくれます。では、どちらを選びますか？」

「でもうまくいっているんです！」への対応の手助け

クライエントのなかには、自己破滅的行動が長期的に有効であると主張する人もいます。典型的な例が次の2つです。それは「心配することで、最悪に備えることができるんです」というものと、「ハイになるのが好きなんです。リラックスできる唯一の方法です」というものです。私たちには、そう、こうした方略には確かにいくらかの現実的な利益があることを承認する必要がありますが、同時に、同じ利益を得るのにもっとずっと有効な他の方法もあることを伝えなければなりません。そのために、私は次のメタファーを使っています。

▩おんぼろ自転車（Rickety Bicycle）のメタファー

セラピスト：たとえば、サスペンションはひどくてシートは擦り切れているおんぼろ自転車で、ニューヨークからメキシコへと旅をすることは可能です。いつか目的地に着くでしょう。ですが、着いた頃にはどんな状態になっていると思いますか？　同じ旅をより効果的にする方法は、他にもたくさんあります。車、バス、電車、飛行機――しっかり整備された自転車だっていいでしょう。そして○○さんが～（ハイになる、心配ばかりしているなど、クライエントの行動を挙げる）とき

> は、おんぼろ自転車に乗っているのによく似ています。目的地にもっと良い状態で連れていってくれる、代わりの方法を学びたいと思いませんか？

おんぼろ自転車のメタファーを使った後は、必要なスキルを教えます（あるいは、スキルの学習に必要なリソースへのアクセスを助けます）。たとえば、クライエントが「最悪に備える」ことを望んでいるなら、戦略的計画立案や問題解決を教えることができます。クライエントはリラックスしたいのにマリファナ以外の手段を知らないのであれば、リラクセーション・スキルを教えることも可能です（その際は、そうしたスキルがマインドフルネス・スキルとは根本的に異なることをはっきりさせます）。

ですが待ってください……行き詰まりには、もうひとつ大きなカテゴリーがあるはずです。そう、**抵抗**です。

抵抗を乗り越える

適切な文脈においては、誰でもセラピーに抵抗を示す可能性があります。たとえば、どこか外国で、伝統的なヒーラーの治療を受けているとしましょう。そこでもし、あなたの身体には悪霊がついていて、取り払う唯一の方法は1日3回ひと握りの生きたカブトムシを食べることだと言われたら、抵抗するでしょうか？

セラピーにおける抵抗は、多くの場合いくつかの重要な要因に集約されます。治療のミスマッチ、強化的結果事象、治療関係、そしてHARD（ハード）の頭字語で表される内的バリアです。では、それぞれをどのように予防できるのか、あるいはどう乗り越えることができるのかを見ていきましょう。

治療のミスマッチ

自分のクライエントから、ACTに対するインフォームドコンセントを適切に得ましたか？　ACTにはどんな内容が含まれるかを説明したでしょうか？　クライエントは「楽な旅」を期待していたでしょうか？　クライエントは努力や苦労をするつもりはなく、ただ誰かに話を聞いてほしかっただけということはありませんか？　たとえば長期の精神分析のような、まったく違うことを期待していませんでしたか？　セラピーのための行動のゴールを明確に設定しましたか？　誰もがACTに対してオープンというわけではないので、別のセラピーモデルのセラピストへ紹介するか、一緒に別のモデルで取り組む必要があるかもしれません。この問題は主に、①インフォームドコンセントの一環としてACTに関する十分な情報を提供すること（第5章）、そして、②セラピーのための行動のゴールを明確に設定すること（第6章）で防ぐことが可能です。

強化的結果事象

あらゆる問題行動には、それを維持する強化的結果事象が伴います（そしてご存じのとおり、クライエントに対してはこれを一般に「見返り」と呼びます）。では、「行き詰まっている」状態を続けると（つまり、問題行動を続けると）、そのクライエントにとって（意識的であれ無意識的であれ、意図的であれ非意図的であれ）どんな得や利益があるのでしょう？　たとえば、病人の役割を担っている間は、法的和解による収入や障害者手当、他者からの気遣い、サポート、注目を得られるのでしょうか？　問題に対応することや、問題に必然的につきまとう不安から逃れられるのでしょうか？

強化的結果事象にまつわる問題に対応するためには、第24章で触れたように、思いやりをもってその問題をクライエントに意識してもらい、穏やかに、敬意を忘れずに掘り下げていく必要があります（このとき、往々にしてチョイスポイントが非常に役に立ちます）。たとえば次のように言えるでしょう。「もしこの行動を続けたら、○○さんにはX、Y、Zのような利益があります。ですが、長期的に見たときに、これは○○さんの望む人生を築くために有効でしょうか？　これを続けることで、どんなコストを払っているでしょうか？」。あるいは「もしかしたらすごく間違っているかもしれないのですが、私の理解をお伝えしてもよろしいですか？　どうやら、ここで何も変えないとしたら、それは○○さんにとって確かに短期的な利益があるようです――たとえばA、B、Cですね。同時に、長期的には現実的なコストを払うことになるようです。たとえばX、Y、Zです。では、伺いたいことは、この利益とコストを天秤にかけるとしたらということなんですが――どちらに傾いているでしょうか？」というように問いかけることもできます。

治療関係

効果的なセラピーには、強固な治療関係が不可欠です。だとすれば、そこに向上の余地はあるでしょうか？　治療関係を築き、強化するための最善の方法は、セッションにおいて私たち自身がACTを体現することです（第30章参照）――そして、クライエントを障害物ではなく虹として見ることです。

変化へのHARDなバリア

第24章で、変化に対するHARD（ハード）なバリアについて考えました。釣られる（Hooked）、不快感の回避（Avoiding discomfort）、価値との隔たり（Remoteness from values）、不確かなゴール（Doubtful goals）の4つでしたね。このいずれか、あるいはすべてが抵抗において主要な役割を果たします。ここで重要なのは、バリアを特定して、関連するACTプロセス――脱フュージョン、アクセプタンス、価値、そしてSMART（スマート）なゴール――の標的にすることです。

そしてもちろん、これはセラピストとしての私たち自身にも当てはまります。自身のHARDなバリアが原因となって、ACTの重要な側面や要素の実行をしばしば避けてしまいます。私たちは、「できない」「うまくいかない」「クライエントはネガティブに反応するだろう」「重要じゃない」などの考えに**釣られます**。新しいツール、テクニック、手続き、プロセスを使って実験してみることに伴う**不快感を回避**します。セラピストとしての**自分の価値から離れて**しまい、それゆえ快適ゾーンを出て新しいことを試すのをしぶってしまいます。そして、自分の仕事にいつ、どこで、どのくらいACTを取り入れるかという点で、自分自身に対して**不確かなゴール**を設定してしまいます。だからいま一度の注意です。他者に対してACTを上手に実践したいのであれば、自分自身に対してACTを適用しなくてはなりません。

抵抗とは肥沃な土壌である

クライエントが行動を変えることに抵抗すると、フラストレーションやいらだちを感じ、自分の能力を疑い、クライエントを責め、自分自身を非難し、ACTモデルのせいにしたくなる人がほとんどでしょう。それはノーマルなことですが、とくに役に立ちはしません。より良い代替反応は、単純に、この問題そのものにACTを適用することです。

つまり、クライエントが行き詰まっているように思われたら、最初のステップは常に、起こっていることをマインドフルに、オープンさと好奇心をもって眺め、浮かんでくる思考や感情を意識することです。たとえば次のようなことが言えるでしょう。「少しの間、一時停止ボタンを押してもよろしいでしょうか？　一歩下がって距離をとり、今ここで何が起こっているかを意識していただけますか？」。その後、非評価判断的な態度で、関連するHARDなバリアを掘り下げていくことができるでしょう。

Extra Bits（おまけ）

ACT Made Simple : The Extra Bits（http://www.actmindfully.com.au）の第31章に、「行き詰まり解消（Getting Unstuck）」ワークシートを掲載した。（英語）

スキルアップのために

さあ、練習の時間です。

- 有効性の発想のもとに試行錯誤してみよう。いつも有効性を頭の片隅に置いて、あなたの仕事におけるイノベーションの源として使おう。有効性のさまざまな伝え方を実験してみよう。
- 自分自身の行動を有効性というレンズを通して眺めることを始めよう。そして、どのような効果があるかを意識してみよう。とくに、自分がもっとも親密な関係においてどんなことをするかを見てみよう。（誰もがときにそうなってしまうように）「正／誤」「すべき／すべきでない」に囚われるのではなく、脱フュージョン的、アクセプタンス的なやり方で自分の行動の有効性に目を向け、改善できる部分はないかを考えるようにしてみよう。
- 行き詰まっているように見えるクライエント、抵抗しているように見えるクライエントを1人か2人思い浮かべよう。その状態を助長しているかもしれない要因を見つけ、対応できそうな方法についてブレインストーミングしてみよう。補助としてExtra Bitsの行き詰まり解消（Getting Unstuck）ワークシートを使おう。

第31章のまとめ

クライエントが行き詰まっている、抵抗している、動機づけされていないように見えたら、いつも変化に対するHARD（ハード）なバリアと問題行動を維持している強化的結果事象を探しましょう。そしてACTのコアプロセスを用いて対応しましょう。また、治療のミスマッチや治療関係における緊張が起こっている可能性も考えましょう。そして覚えておいてほしいのは、ACTはそのモデル全体が有効性の概念を基礎としていることです。動機づけのために有効性を頼るとき、クライエントに変化を強制したり、説得したり、納得させたりする必要はありません。ただ、クライエントに自分の行動の結果に目を向けてもらい、自身の進む方向を決めてもらうだけなのです。

第32章

ACTセラピストの旅

「ぶつ切りで不器用（chunky and clunky）」から「流麗で柔軟（fluid and flexible）」へ[訳注1)]

ACTを始めたばかりの頃は、誰もがほぼ例外なく「ぶつ切りACT（chunky ACT）」になります。ACTを6つの独立したプロセスに切り分けて、いずれかの「カタマリ（chunk）」を中心に据えて毎回のセッションを展開するわけです。たとえばあるセッションでは主に脱フュージョンに焦点を当てて、別のセッションでは価値に焦点を当てて……という感じです。これはまったく自然で、ACTの旅の始まりとしては完全に無理からぬことです。ですが、だんだんこのモデルに慣れて、6つのコアプロセスがいかにして相互につながり合い補完し合っているかを実感すると、その人のセラピーは「ぶつ切り」感が薄まり、より「混ざり合った」ものになっていきます。そして「ヘキサフレックスの上でダンスする」ことを学びます。つまり、それぞれのセッションで明示的に複数、あるいはすべてのプロセスを扱えるようになるのです。セラピーはさらに流動的になり、柔軟になり、創造的になります。手元のツール、テクニック、メタファーを改良したり適応させたりすることを学び、自分で新しいものを作る（あるいはクライエントから借りる）ことを学ぶのです。

訳注1）原題では韻を踏んでおり、ACTの遊び心を体現している。訳題でもそれにならって韻を踏むよう意識した。なお、「不器用」はセラピーの流れがぎこちない様子を表すものであり、セラピストの資質や能力を指しているわけではない。

願わくは、あなたもすでに、このモデルの相互関連性を正しく理解し始めてくれていますように。より理解を深めるには、ACTのヘキサフレックスの図（第1章参照）の勉強に時間を割いて、6つの要素それぞれが他の要素とどのように相互作用し合っているかを確認しましょう。また、本書を再読するか別のACTテキストへと移るときは、事実上すべての介入が複数の互いに重なり合うコアプロセスを含んでいる点を意識してください。たとえば、クライエントにこう質問したとしましょう。「○○さん［クライエント名］のマインドは嫌だと言っていますが、ひとつ実験をしてみていただけますか？　ごく短い時間でもいいので、その気持ちと共にいられるか試してみてください……その気持ちがどこにあるか、どんな感じかを意識してみてください……そして、その気持ちから一歩下がって距離をとり、好奇心をもって眺めるために気づく自分の要素を使えるか、試してみてください」。この短い介入には、4つのプロセスが明示的に含まれています。①脱フュージョン、②文脈としての自己、③柔軟な注意、④アクセプタンスです。そしてさらによく見てみれば、明示的でなく暗示的ではあるものの、価値とコミットされた行為も含まれています。見つけられましたか？　答え合わせをすると、まず、ACTにおいてアクセプタンスは常に、価値に基づく生き方のためのものです。ですからこのエクササイズも何らかの形でクライエントの価値と結びついています。次に、（それがどんなものであっても）エクササイズをすることは、コミットされた行為の一形態なのです。

「ぶつ切りで不器用」なACTから「流麗で柔軟」なACTへ至る旅には、時間、練習、忍耐、粘り強さが求められます。そして、本当にたくさんの不快な思考や感情――とくに失敗への不安と恐怖――のためにスペースを作ることへのウィリングネスが求められます。現実には、誰もが失敗をするものです。それも頻繁に、何度も何度も。だからウィンストン・チャーチル卿の言葉を思い出しましょう。「成功とは、情熱を失わずに失敗から失敗へと進んでいく力である」。みんな必ず間違えます。必ずヘマをします。私たちはそうやって学ぶのです。

今日あなたが当たり前に使っているスキル――読む、書く、歩く、話す、ドアを開ける、ナイフとフォークを使う――について考えてください。どんなスキルであれ、実際には習得までに本当にたくさんの失敗をしなければならなかったはずです。ACT もまったく同じです。失敗をするのは既定の事実なのだから、それに熱中しましょう。失敗を学習の機会に変えるのです。「私はひどいセラピストだ」物語についてマインドに感謝し、セルフ・コンパッションを実践し、オープンに、そうして好奇心をもってセッションを振り返ってください。自分自身に尋ねてください。うまくいったことは何だろう？　うまくいかなかったことは何だろう？　何を見逃しただろう？　何とフュージョンしてしまっただろう？　今度は何を増やせる、減らせる、変えられるだろう？　私たちはそうやって ACT を学ぶのです。

次はどこへ？

ACT を始めるのは早ければ早いほどよいでしょう。結局、習得するには実践あるのみです。そしてあなたもすぐに、私がそうであったように、ACT が自分の仕事に良い結果をもたらすことに気づくでしょう。同時に、あなたには現実的であってほしいと思います。ACT は大きなモデルです。いや、言い直させてもらいます。ACT はでーーーーーっかいモデルです。このアプローチには層の中の層の中にまた層があって、たいていのセラピストは「ACT の理論を完全に理解して、クライエントに対して流麗かつ柔軟に実行できるようになるには、少なくとも一年は身を入れて練習し、テキストを読み込み、学習しなければならない」と思うものです。だから必要な時間をかけましょう――旅を楽しんでください。焦ることはありません。そしてイソップの名言を思い出してください。「少しずつ、少しずつが秘訣」

この先の学習については、できるだけ早くライブの ACT ワークショップかオンライントレーニングに参加することをお勧めします。本を読み、録音教材に耳を傾けることも非常に有益ですが、ライブのワークショップやオンライントレーニングに参加するのとは比較になりません。だから付録のAとCでは、あなたをさらに先へと導いてくれるさまざまなリソースを紹介します。そして付録Bでは、トレーニングやスーパービジョンの見つけ先について記しておきましょう。

最後に

とっても名残惜しいのですが、ここに結びの言葉をいくつか添えて本書を終えたいと思います。

自分らしくあれ

もし本書の一言一句をマネてACTを行おうとしたら、おそらくとても堅苦しく聞こえるでしょう。ですからスクリプトに固執しないでください。変更・修正して、応用してください。即興的にやりましょう。自分の言葉と自分のスタイルを使ってください。もし望むなら、創造的に、革新的でいてください。**そしてとても大切なことですが、**本書での提案であなたの仕事のやり方に合わないものがあったら、どうか変更・修正するか省略してください。異なる著者によるACTの本を何冊か読んでみれば、あるいは異なるトレーナーによるワークショップにいくつか参加してみれば、ACTのやり方は驚くほど多彩で、多種多様なツール、テクニック、手法が存在することがわかるでしょう。繰り返しになりますが、それはACTがテクニックベースではなく、プロセスベースのモデルだからです。だからあなたのACTのやり方はおそらく、他者のACTのやり方とはいくらか違ったものになるはずです（みんながそれぞれ独自でいられるのって素晴らしいことでしょ？）。

練習、練習、また練習

誰が言ったかは知りませんが、「練習すれば完璧になる」は嘘です！　ですが、練習すれば上達するのは間違いありません。だからもし本書の宿題をまだ一つもやっていないなら、何があなたを引き留めているのか考えてみてください。「大変すぎる」「忙しくて時間がない」「後でやろう」といった思考とフュージョンしていますか？　リスクを負うとき、課題に向き合うとき、新しい行動を試してみるときに必然的に生じる不安を避けようとしているのでしょうか？　自分の抱える HARD（ハード）なバリアに目を向けて――関連するACTプロセスで対応しましょう。思い出してください。自分に対してACTを使えば使うほど、他者に対してもうまくできるようになるのです（逆もまた然りです。自分に対して使っていなければ、他者に対してうまく行うことはできないでしょう）。

失敗しよう

前にも言いましたが、もう一度言っておきます。あなたは失敗するし、ヘマをするでしょう。それは学習の避けられない一部です。だから失敗したときは、自分に対してACTを実践してください。手厳しい自己評価の釣り針から自分をはずしてください。いらだち、不安、落胆に心を開いてオープンになり、置いておくスペースを作ってください。自分を優しく抱きしめてください。そして自分が何をして、そこから何を学んだかを振り返ってください――その体験を、自分と他者、双方のために生かせるように。

自分の価値に立ち戻ろう

何度でも何度でも何度でも、自分の価値に立ち戻ってきましょう。そもそも自分がこの専門職に就いた理由とつながってください。他者を助けたいという願望、変化をもたらしたいという気持ち、世界をより良い場所にしたいという望みでしょうか。時間を割いて、この仕事の栄誉を噛みしめてください。他者の心や魂の奥深くまでを理解し、彼らが自らの内にある癒やしの力とつながるのを助けるという、他に類のない機会を得ていることを。

付録

謝　辞

まず、わがパートナー、ナターシャへ、ゴジラ級の感謝を述べることから始めたい。彼女の愛とサポートに、そして私が「こんなのゴミだ」「大変すぎる」「私にはできない」と（繰り返し）フュージョンしたとき、進み続けられるよう励ましてくれたことに。

そしていつもどおり、トラック何兆億台分もの感謝を、ACTの創始者、スティーブ・ヘイズに——その感謝は、ケリー・ウィルソン、カーク・ストローサル、ロビン・ウォルサー、そしてハンク・ロブにも広げたい。全員が私にとって莫大なインスピレーション源である。また、非常に支持的でインスピレーションを与えてくれるACTコミュニティ全体にもとても感謝している。本書のアイデアの多くは、世界的規模のACT Listservでのディスカッションや私の各種オンラインコースのフォーラムから生まれたものである。

次に、私のエージェントであるサミー・ジャストセンに、その素晴らしい仕事に対して感謝を。さらに山盛りの感謝を、クランシー・ドレイク、キャサリン・マイヤー、ジェシー・バーソン、マイケル・ウォーターズ、そしてマット・マッケイを含む、New Harbingerのチーム全員へ。彼らが本書に注いでくれたすべてのハードワークとケア、配慮に。

編集者とは、書籍の成功の陰にいる歌われることなきヒーローであり、だから私は、私の編集者たちが本書の両版に傾けてくれた英雄的努力に対する感謝をここで歌いたい。ジーン・ブロムクイストは本当に、初版のためにまさにうってつけの仕事をしてくれた。ロナ・バーンスタインは、第2版の形成と整理において素晴らしい仕事をしてくれた。

本書初版の力となってくれたすべての友人や同僚にも感謝したい。ジュリアン・マクナリー、ジョージ・アイファート、ハンク・ロブ、ロス・レスブリッジ、そしてカーメル・ハリスに。また、チョイスポイントの最初期バージョンの共同制作者である、ジョー・チャロッキとアン・ベイリーにも多大な感謝を。さらに何といっても、まさに文字通り山盛りの感謝を、マイケル・ブレケルマンズに。この4年間、私が新しい方向へ進むのを強く後押ししてもらった。そしてその道中では、山ほどの貴重な助言をもらった。

最後になったが、わが息子、マックスにも感謝したい。まだ小さくて、直接この本を手伝ってくれたわけではないが、ただ私の人生の一部としてそこにいて、たくさんの愛で満たすことで、間接的に途方もないほどに助けてくれた。

付録 A

参考情報

無料教材

ACT Made Simple : The Extra Bits 以外にも、私のウェブサイト、ACT Mindfully（http://www.actmindfully.com.au）の「Free Stuff」ページは、皆さんにお使いいただける無料教材――録音教材、電子書籍、資料やワークシート、YouTube ビデオ、本からの抜粋、記事、ブログ、出版論文など――の宝庫である。そこでサインアップしてもらうと、四半期ごとの会報を通じて最新の無料教材の情報を受け取ることが可能だ。（英語）

ラス・ハリスの著書

『幸福になりたいなら幸福になろうとしてはいけない：マインドフルネスから生まれた心理療法 ACT 入門』筑摩書房，2015.（*The Happiness Trap,* Wollombi, NSW, Australia : Exisle Publishing, 2007）

あらゆる読者に向けて書かれた、ACT セルフヘルプ本のベストセラーである。50 万部以上を売り上げ、30 の言語に翻訳されている。

『自分自身にやさしくすれば悩みの出口が見えてくる：マインドフルネスと心理療法 ACT で人生のどん底からはい上がる』筑摩書房，2021.（*The Reality Slap,* Wollombi, NSW, Australia : Exisle Publishing, 2012）

悲嘆、喪失、危機、トラウマのための ACT に基づくセルフヘルプ本。とくにセルフ・コンパッションに重点を置いている。

『自信がなくても行動すれば自信はあとからついてくる：マインドフルネスと心理療法 ACT で人生が変わる』筑摩書房, 2021.（*The Confidence Gap,* Sydney, NSW, Australia : Exisle Publishing, 2011）

自信、成功、パフォーマンスについて、ACT の視点から考えたセルフヘルプ本。とくにライフコーチング、エグゼクティブコーチング、スポーツパフォーマンス、ビジネスパフォーマンス向けである。

『相手は変えられない ならば自分が変わればいい：マインドフルネスと心理療法 ACT でひらく人間関係』筑摩書房, 2019.（*ACT with Love,* Oakland, CA ; New Harbinger, 2009）

よくある人間関係の問題に対する ACT の活用法を書いた、人気のセルフヘルプ本（ところで、上記３冊のタイトルが韻を踏んでいることにお気づきだろうか――The Happiness Trap〔トラップ〕、The Reality Slap〔スラップ〕、The Confidence Gap〔ギャップ〕――だがこの本は法則から外れている。本当は The Relation Crap〔クラップ〕とつけたかったのだが、出版社が許してくれなかった[訳注 1)]。

『使いこなす ACT：セラピーの行き詰まりからの抜け出しかた』星和書店, 2017.（*Getting Unstuck in ACT,* Oakland, CA ; New Harbinger, 2013）

初の上級レベルの ACT テキスト。この本ではすでに読者が ACT を理解している前提で、基礎はカバーしていない。代わりに、クライエントとセラピストによく見られる行き詰まりポイントに焦点を当てている。

『教えて！ ラス・ハリス先生 ACT がわかる Q & A：セラピストのためのつまずきポイントガイド』星和書店, 2020.（*ACT Question & Answers,* Oakland, CA ; New Harbinger, 2018）

「聞きたいけれど怖くて聞けない、ACT に関するあらゆる疑問の答えがここに！」。これも上級レベルのテキストで、読みやすい Q&A 方式をとって

訳注 1）Crap はあまり品がよい言葉ではないため。

いる。他のテキストでは触れられていない、あらゆるトリッキーでスティッキー（厄介）な質問をカバーしている。

ラス・ハリスの共著書

The Illustrated Happiness Trap（Boston, MA ; Shambhala Publications, 2014）——ラス・ハリス、ベヴ・エイズベット著

楽しいコミック版の *Happiness Trap* である。とくに、読書が好きではないティーンエイジャーや大人向け（イギリスとオーストラリアでは、*The Happiness Trap Pocketbook* というタイトルで出版されている）。

The Weight Escape（Boston, MA; Shambhala Publications, 2014）——ジョー・チャロッキ、アン・ベイリー、ラス・ハリス著

フィットネスとダイエットに対する ACT アプローチについて書いたセルフヘルプ本。

オンライントレーニング—— 一般および専門家向け

The Happiness Trap Online：8-Week Program

The Happiness Trap にインスパイアされ、それを原案とした、ウェルビーイングと活力のための個人的成長を目指すプログラムである。映像が美しく、とても楽しいオンラインプログラムで、一般の方向けに作られている——だからだいたいどんな人にでも適しているはずだ。また、セラピーセッションの補助として、セラピストがクライエントと一緒に使えるバージョンも用意した。詳細はこちらから：http://www.TheHappinessTrap.com.

I'm Learning ACT：Online Courses

あなたが付録Bまでたどり着けなかった場合に備えて、ここでこのコースについて触れておきたい。トラウマから思春期までありとあらゆる内容をカバーし、レベルも初級から上級まで揃った、幅広い ACT のオンラインต

レーニングコースを作成した。ご利用はこちらから：http://www.ImLearningACT.com.

MP3 音源

Mindfulness Skills Volume 1、Mindfulness Skills Volume 2、そして Exercises and Meditations from *The Reality Slap*（同タイトルの著書の付録音源）という 3 枚の MP3 アルバムがあり、すべて http://www.actmindfully.com.au から購入できる。申し訳ないが、最近は使う人がめっきり減ったので、もう CD は販売していない。これぞ現代のテクノロジーだ！

ACT Companion：スマートフォン用アプリ

オーストラリアの心理学者、アンソニー・ベリックが、セラピーの補助として使えるようこのアプリを作ってくれた。チョイスポイントを含むクールな ACT ツールが山ほど詰め込まれており、2 時間を超える録音教材も収録されている（いくつかは私の声、いくつはアンソニーの声である）。

価値カード（Values Cards）

さまざまな価値のシンプルな説明が書かれたカードセットを作った。フルカラーで、楽しいイラストもついている。より正確には、「価値、ゴール、およびバリア」カードである。ゴール設定、行動計画、そして価値の対立やフュージョンなどのバリアへの対応に関するカードも入っている。価値カードは http://www.actmindfully.com.au から購入できる（英語）。

Facebook グループ

ACT Made Simple Facebook グループは、リソースを共有したり、質問をしたり、互いの苦闘や成功について語ったり、私からの最新情報や最新無料教材を受け取ったり、その他さまざまなことができる、オンラインコミュニティである。Facebookにログインしたら、「ACT Made Simple」で検索してほしい。

付録 B

もっとトレーニングを受けたい人へ

ライブワークショップ

私は一年を通して、オーストラリア各地でたくさんのライブワークショップを行っている（残念ながら、長い移動時間とひどい時差ぼけが原因で、海外で開催できることはほとんどない。だが、後述のオンライントレーニングに参加していただくことは可能だ）。ワークショップの種類としては、ACT for Beginner（初心者のための ACT）、ACT for Depression and Anxiety Disorders（うつと不安症のための ACT）、ACT for Trauma（トラウマのための ACT）、ACT for Relationships（人間関係のための ACT）がある。詳細はこちら：http://www.actmindfully.com.au.

オンラインコース

ACT のさまざまなオンライントレーニングも提供しており、そこではフォーラムを通じて私とやりとりすることもできるし、セラピーセッションのビデオを見ることも、トレーニングのために特別にデザインされた視覚教材、聴覚教材、そしてテキスト教材を利用することもできる。オンラインコースの守備範囲はどんどん広がっている。これを書いている時点では以下の 4 種類がある（それぞれ 6 週間コース）。

ACT for Beginner（初心者のための ACT）
ACT for Depression and Anxiety Disorders（うつと不安症のための ACT）

ACT for Trauma（トラウマのための ACT）
ACT for Relationships（人間関係のための ACT）

詳細はこちら：http://www.ImLearningACT.com.

ACBS ウェブサイト

ACT と RFT（relational frame theory）母体組織は ACBS（Association for Contextual Behavioral Science）である。同組織のウェブサイトは本当に情報量が豊富で、多くの無料リソースの他、世界各地の ACT トレーニング、ワークショップ、コース、カンファレンスの情報も見つかる。また、さまざまなフォーラムや分科会に参加したり、ACT のスーパーバイザーを見つけたり、ACT セラピストを見つけたりと、できることは他にも盛りだくさんだ。ACBS のウェブサイトはこちらから：https://www.contextualscience.org.

付録C

ACTとRFTについてもっと読みたい人へ

今や数えきれないほどのACTのテキストやセルフヘルプ本が世に出ており、その大半はNew Harbingerから出版されている。New Harbingerのウェブサイト（http://www.newharbinger.com）を訪れ、その守備範囲の広さを感じていただきたい。ACTのテキストは、慢性疼痛や精神病からうつや不安症まで、幅広い問題や疾患へのACTの応用をカバーしている。私自身の著書はすでに付録Aに挙げたので、ここには載せない。代わりに、臨床スキルの構築という点で際立った2冊を紹介しよう。

『アクセプタンス&コミットメント・セラピー（ACT）第2版：マインドフルネスな変化のためのプロセスと実践』星和書店，2014.（*Acceptance and Commitment Therapy : The Process and Practice of Mindful Change 2nd ed.*, New York, NY : Guilford Press, 2012）――スティーブン・ヘイズ、カーク・ストローサル、ケリー・ウィルソン著[訳注2)]

本書は、初めてACTを世に紹介した、革新的な理論および哲学テキストである。他のどのACTテキストにも広く引用されていることがわかるだろう。

『ACTをまなぶ：セラピストのための機能的な臨床スキル・トレーニング・マニュアル』星和書店，2009.（*Learning ACT,* Oakland, CA : New Harbinger, 2007）――ジェイソン・ルオマ、スティーブン・ヘイズ、ロビ

訳注2）原書に掲載されているものは、*Acceptance and Commitment Therapy : An Experiential Approach to Behavior Change,* New York, NY : Guilford Press, 1999（第1版）であったが、ここでは既刊の訳書（第2版の訳書）を挙げた。

ン・ウォルサー著[訳注3)]

このステップ・バイ・ステップで書かれたACTセラピスト向けスキル・トレーニング・マニュアルは、「臨床実践でACTを活用するための、もっとも包括的なガイド」という謳い文句に恥じない内容だ。

また、次に挙げる2冊は、関係フレーム理論（RFT）やその他のACTの理論的基盤についてさらに学ぶのにとくに役立つ。

『臨床行動分析のABC』日本評論社，2009.（*The ABCs of Human Behavior : Behavioral Principals for the Practicing Clinician,* Oakland, CA : New Harbinger, 2008）——ユーナス・ランメロ、ニコラス・トールネケ著

機能的文脈主義、行動分析学、RFTの科学、理論、哲学に関する非常に優れた書籍である。

『関係フレーム理論（RFT）をまなぶ：言語行動理論・ACT入門』星和書店，2013.（*Learning RFT,* Oakland, CA : New Harbinger, 2010）——ニコラス・トールネケ著

RFTの基礎や、それがどうACTの土台となっているかを学びたければ、本書こそ素晴らしいスタート地点である。

訳注3）原書に掲載されているものは、*Learning ACT,* Oakland, CA : Context Press-New Harbinger, 2017.（第2版）であったが、ここでは既刊の訳書（第1版の訳書）を挙げた。

文 献

American Psychiatric Association. (2013). Diagnostic and statistical manual of mental disorders (5th ed.). Washington, DC: Author.

Arch, J. J., & Craske, M. G. (2011). Addressing relapse in cognitive behavioral therapy for panic disorder: Methods for optimizing long-term treatment outcomes. *Cognitive and Behavioral Practice*, *18*, 306–315.

Bach, P., & Hayes, S. C. (2002). The use of acceptance and commitment therapy to prevent the rehospitalization of psychotic patients: A randomized controlled trial. *Journal of Consulting and Clinical Psychology*, *70*, 1129–1139.

Bach, P., & Moran, D. J. (2008). *ACT in practice*. Oakland, CA: New Harbinger.

Bond, F. W., & Bunce, D. (2000). Mediators of change in emotion-focused and problem-focused worksite stress management interventions. *Journal of Occupational Health Psychology*, *5*(1), 156–163.

Bond, F. W., Hayes, S. C., Baer, R. A., Carpenter, K. M., Guenole, N., Orcutt, H. K.,...Zettle, R. D. (2011). Preliminary psychometric properties of the Acceptance and Action Questionnaire—II: A revised measure of psychological flexibility and experiential avoidance. *Behavior Therapy*, *42*, 676–688.

Brann, P., Gopold, M., Guymer, E., Morton, J., & Snowdon, S. (2007–09). Forty-session acceptance and commitment therapy group for public-sector mental health service clients with four or more criteria of borderline personality disorder. A program of Spectrum: The Borderline Personality Disorder Service for Victoria (Melbourne, Victoria, Australia).

Branstetter, A. D., Wilson, K. G., Hildebrandt, M., & Mutch, D. (2004, November). Improving psychological adjustment among cancer patients: ACT and CBT. Paper presented at the meeting of the Association for Advancement of Behavior Therapy, New Orleans, LA.

Brown, R. A., Palm, K. M., Strong, D. R., Lejuez, C. W., Kahler, C. W., Zvolensky, M. J.,...Gifford, E. V. (2008). Distress tolerance treatment for early-lapse smokers: Rationale, program description, and preliminary findings. *Behavior Modification*, *32*(3), 302–332.

Ciarrochi, J., Bailey, A., & Harris, R. (2014). *The weight escape: How to stop dieting and start living*. Boston, MA: Shambhala Publications.

Craske, M, G., Kircanski, K. Zelikowsky, M., Mystkowski, J., Chowdhury, N., & Baker, A. (2008). Optimizing inhibitory learning during exposure therapy. *Behaviour Research and Therapy*, *46*, 5–27.

Craske, M. G., Treanor, M., Conway, C. C., Zbozinek, T., & Vervliet, B. (2014). Maximizing exposure therapy: An inhibitory learning approach. *Behaviour Research and Therapy*, *58*, 10–23.

Dahl, J., Wilson, K. G., & Nilsson, A. (2004). Acceptance and commitment therapy and the treatment of persons at risk for long-term disability resulting from stress and pain symptoms: A preliminary randomized trial. *Behavior Therapy*, *35*(4), 785–801.

Dalrymple, K. L., & Herbert, J. D. (2007). Acceptance and commitment therapy for generalized social anxiety disorder: A pilot study. *Behavior Modification*, *31*, 543–568.

Eifert, G., & Forsyth, J. P. (2005). *Acceptance and commitment therapy for anxiety disorders*. Oakland, CA: New Harbinger.

Epping-Jordan, J. E., Harris, R., Brown, F., Carswell, K., Foley, C., García-Moreno, C.,...van Ommeren, M. (2016). Self-Help Plus (SH+): A new WHO stress management package. *World Psychiatry*, *15*(3), 295–296.

Feldner, M., Zvolensky, M., Eifert, G., & Spira, A. (2003). Emotional avoidance: An experimental test of individual differences and response suppression using biological challenge. *Behaviour Research and Therapy*, *41*(4), 403–411.

Gaudiano, B. A., & Herbert, J. D. (2006). Acute treatment of inpatients with psychotic symptoms using acceptance and commitment therapy: Pilot results. *Behaviour Research and Therapy*, *44*(3), 415–437.

Gifford, E. V., Kohlenberg, B. S., Hayes, S. C., Antonuccio, D. O., Piasecki, M. M., Rasmussen-Hall, M. L., & Palm, K. M. (2004). Acceptance theory–based treatment for smoking cessation: An initial trial of acceptance and commitment therapy. *Behavior Therapy*, *35*, 689–706.

Gratz, K. L., & Gunderson, J. G. (2006). Preliminary data on an acceptance-based emotion regulation group intervention for deliberate self-harm among women with borderline personality disorder. *Behavior Therapy, 37*(1), 25–35.

Gregg, J. A., Callaghan, G. M., Hayes, S. C., & Glenn-Lawson, J. L. (2007). Improving diabetes self-management through acceptance, mindfulness, and values: A randomized controlled trial. *Journal of Consulting and Clinical Psychology, 75*(2), 336–343.

Harris, R. (2007). *The happiness trap: Stop struggling, start living.* Wollombi, NSW, Australia: Exisle Publishing.

Harris, R. (2009a). ACT made simple*: An easy-to-read primer on acceptance and commitment therapy*. Oakland, CA: New Harbinger.

Harris, R. (2009b). *ACT with love: Stop struggling, reconcile differences, and strengthen your relationship with acceptance and commitment therapy*. Oakland, CA: New Harbinger.

Harris, R. (2011). *The confidence gap: A guide to overcoming fear and self-doubt*. Sydney, NSW, Australia: Penguin Books Australia.

Harris, R. (2012). *The reality slap: Finding peace and fulfillment when life hurts*. Wollombi, NSW, Australia: Exisle Publishing.

Harris, R. (2013). *Getting unstuck in ACT: A clinician's guide to overcoming common obstacles in acceptance and commitment therapy*. Oakland, CA: New Harbinger.

Harris, R. (2018). *ACT questions and answers: A practitioner's guide to 150 common sticking points in acceptance and commitment therapy*. Oakland, CA: New Harbinger.

Harris, R., & Aisbett, B. (2014). *The illustrated happiness trap: How to stop struggling and start living*. Boston, MA: Shambhala Publications.

Hayes, S. C., Bissett, R., Roget, N., Padilla, M., Kohlenberg, B. S., Fisher, G.,...Niccolls, R.. (2004). The impact of acceptance and commitment training and multicultural training on the stigmatizing attitudes and professional burnout of substance abuse counselors. *Behavior Therapy, 35*(4), 821–835.

Hayes, S. C., Bond, F. W., Barnes-Holmes, D., & Austin, J. (2006). *Acceptance and mindfulness at work*. New York, NY: The Haworth Press.

Hayes, S. C., Masuda, A., Bissett, R., Luoma, J., & Guerrero, L. F. (2004). DBT, FAP, and ACT: How empirically oriented are the new behavior therapy technologies? *Behavior Therapy*, 35, 35–54.

Hayes, S. C., Strosahl, K. D., & Wilson, K. G. (1999). *Acceptance and commitment therapy: An experiential approach to behavior change*. New York, NY: Guilford Press.

Lindsley, O. R. (1968). Training parents and teachers to precisely manage children's behavior. Paper presented at the C. S. Mott Foundation Children's Health Center, Flint, MI.

Lundgren, T., Dahl, J., Yardi, N., & Melin, J. (2008). Acceptance and commitment therapy and yoga for drug refractory epilepsy: A randomized controlled trial. *Epilepsy and Behavior, 13*(1), 102–108.

Luoma, J., Hayes, S., & Walser, R. (2017). *Learning ACT: An acceptance and commitment therapy training skills manual for therapists*. Oakland, CA: Context Press–New Harbinger.

Neff, K. (2003). The development and validation of a scale to measure self-compassion. *Journal of Self and Identity, 2*(3), 223–250.

Ossman, W. A., Wilson, K. G., Storaasli, R. D., & McNeill, J. W. (2006). A preliminary investigation of the use of acceptance and commitment therapy in group treatment for social phobia. *International Journal of Psychology and Psychological Therapy*, 6, 397–416.

Polk, K. L., & Schoendorff, B. (Eds.). (2014). *The ACT matrix: A new approach to building psychological flexibility across settings and populations*. Oakland, CA: New Harbinger.

Ramnerö, J., & N. Törneke. (2008). *The ABCs of human behavior: Behavioral principles for the practicing clinician*. Oakland, CA: New Harbinger.

Robinson, P. (2008). Integrating acceptance and commitment therapy into primary pediatric care. In L. A. Greco & S. C. Hayes (Eds.), *Acceptance and mindfulness treatments for children and adolescents* (pp. 237–261). Oakland, CA: New Harbinger.

Strosahl, K. D. (2004). ACT with the multi-problem client. In S. C. Hayes & K. D. Strosahl (Eds.), *A practical guide to acceptance and commitment therapy* (pp. 209–244). Oakland, CA: New Harbinger.

Strosahl, K. D. (2005, July). Workshop on ACT as a brief therapy. Presented at the ACT Summer Institute, Philadelphia, PA.

Strosahl, K. D., Hayes, S. C., Wilson, K. G., & Gifford, E.V. (2004). An ACT primer. In S. C. Hayes & K. D. Strosahl (Eds.), *A practical guide to acceptance and commitment therapy* (pp. 31–58). Oakland, CA: New Harbinger.

Tapper, K., Shaw, C., Ilsley, J., Hill, A. J., Bond, F. W., & Moore, L. (2009). Exploratory randomised controlled trial of a mindfulness-based weight loss intervention for women. *Appetite, 52*, 396–404.

Tirch, D., Schoendorff, B., & Silberstein, L. R. (2014). *The ACT practitioner's guide to the science of compassion: Tools for fostering psychological flexibility.* Oakland, CA: New Harbinger.

Törneke, N. (2010). *Learning RFT: An introduction to relational frame theory and its clinical application.* Oakland, CA: New Harbinger.

Twohig, M. P., Hayes, S. C., & Masuda, A. (2006). Increasing willingness to experience obsessions: Acceptance and commitment therapy as a treatment for obsessive-compulsive disorder. *Behavior Therapy, 37*(1), 3–13.

Wegner, D. M., Erber, R., & Zanakos, S. (1993). Ironic processes in the mental control of mood and mood-related thought. *Journal of Personality and Social Psychology, 65*(6), 1093–1104.

Wenzlaff, R. M., & Wegner, D. M. (2000). Thought suppression. *Annual Review of Psychology, 51*, 59–91.

Zettle, R. D. (2003). Acceptance and commitment therapy vs. systematic desensitization in treatment of mathematics anxiety. *The Psychological Record, 53*(2), 197–215.

Zettle, R. D. (2007). *ACT for depression.* Oakland, CA: New Harbinger.

監訳者あとがき

本書は、『よくわかるACT（アクセプタンス＆コミットメント・セラピー）：明日からつかえるACT入門』（星和書店，2012）の「改訂第2版」です。しかし、改訂版というよりも、むしろ新作と言ってもよいような本です。というのも、本書は、旧版から60％以上も書き換えられ、ページ数も大幅に増えているからです（そのため、今回は「上下巻（2冊！）」となりました）。内容的には、旧版よりも「より実践的な」ものになっています。とくに、初学者が、つまずきやすいあるいは誤解しやすいポイントについて、丁寧な解説や配慮がさらに増えています。つまり、旧版以上に「明日から使える」要素が増えたと言えるでしょう。

ACTをきちんと実践しようとする場合は、①『ACT：不安・ストレスとうまくやるメンタルエクササイズ』（主婦の友社，2023）で、まずはACTの概要を把握し、②『ACTをはじめる：セルフヘルプのためのワークブック』（星和書店，2010）で、セラピスト自身がACTを体験的に学び、③本書『よくわかるACT〈改訂第2版〉：明日から使えるACT入門』をガイドとして実践を始め、④『ACTを実践する：機能的なケース・フォーミュレーションにもとづく臨床行動分析的アプローチ』（星和書店，2009）や『ACTをまなぶ：セラピストのための機能的な臨床スキル・トレーニング・マニュアル』（星和書店，2009）で継続的に学びながら、⑤実践でつまずいたり疑問が湧いたりした場合には、『使いこなすACT：セラピーの行き詰まりからの抜け出しかた』（星和書店，2017）や『教えて！ラス・ハリス先生ACTがわかるQ&A：セラピストのためのつまずきポイントガイド』（星和書店，2020）にあたる、という流れがよいでしょう。あわせて、⑥『アクセプタンス＆コミットメント・セラピー（ACT）第2版：マインドフルネスな変化のためのプロセスと実践』（星和書店，2014）、『関係フレーム理論（RFT）をまなぶ：言語行動理論・ACT入門』（星和書店，2013）、そして『メタファー：心理療法に「ことばの科学」を取り入れる』（星和書店，2021）をお読みいただくと、ACTの理解度が高まり、その結果、ご自身の実践にも良い影響が生じるはずです。また、独学でACTを学ぶことには限界があります。その場合には、⑦国際文脈的行動科学会の日本支部であるACT Japan（https://www.act-japan-acbs.jp/）の年次ミーティングなどに参加するのがよいかもしれません。

今回も、星和書店の桜岡さおり氏には丁寧な編集をしていただきました。また、訳文の精査については、蔵敷あやの、有木京志郎、伊藤綾音、松川昌憲、雨宮優花、青木彩惠、小堀泰加、斉田唯、佐藤綾音、横山華月（敬称略)、以上の方々にご協力いただきました。この場をお借りしまして感謝申し上げます。

2023年7月初旬

武藤　崇

索　引

た行

な行

は行

ま行

や行

ら行

■著者

ラス・ハリス（Russ Harris）

国際的に高い評価を得ているアクセプタンス&コミットメント・セラピー（ACT）のトレーナーであり，30の言語に翻訳されて60万部以上を売り上げた，ACTベースのベストセラー・セルフヘルプ本，『幸福になりたいなら幸福になろうとしてはいけない：マインドフルネスから生まれた心理療法ACT入門（原題：*The Happiness Trap*）』の著者でもある。ハリスの指導は，シンプルでわかりやすく，そして楽しい――しかし同時にきわめて実用的なことで広く知られている。

〈序文〉

スティーブン・C・ヘイズ（Steven C. Hayes, PhD）

ネバダ大学リノ校の心理学Foundation Professorであり，ACTの創始者である。また，成功を収めたACTワークブック，『ACTをはじめる：セルフヘルプのためのワークブック（原題：*Get Out of Your Mind and Into Your Life*）』を含む，多数の書籍および科学論文の著者でもある。

■監訳者・訳者

武藤 崇（むとう　たかし）

同志社大学心理学部教授。公認心理師，臨床心理士。1992年に筑波大学第二学群人間学類を卒業，1998年に筑波大学大学院心身障害学研究科修了（博士〔心身障害学〕；筑波大学）。筑波大学心身障害学系技官・助手（1998～2001年），立命館大学文学部助教授・准教授（2001～2010年）を経て，2010年より現職。ACBS（The Association for Contextual Behavioral Science）の日本支部である「ACT Japan」の初代代表（2010～2014年）を務めた。また，ネバダ大学リノ校客員研究教授として，S・C・ヘイズ博士の研究室に所属（2007～2008年）。2016年にACBSのフェロー（特別会員）となる。『アクセプタンス＆コミットメント・セラピー（ACT）第2版』（共監訳，星和書店，2014），『ACTをはじめる：セルフヘルプのためのワークブック』（共訳，星和書店，2010）などアクセプタンス＆コミットメント・セラピー（ACT）に関する著訳書多数。

嶋 大樹（しま　たいき）

追手門学院大学心理学部講師。公認心理師，臨床心理士。2013年に早稲田大学人間科学部卒業，2018年に早稲田大学大学院人間科学研究科修了（博士〔人間科学〕；早稲田大学）。日本学術振興会特別研究員，綾瀬駅前診療所非常勤臨床心理士，同志社大学心理学部助教（2019～2022年）等を経て，2022年より現職。訳書に『精神科医のためのアクセプタンス＆コミットメント・セラピー（ACT）実践ガイド』（共監訳，星和書店，2022），『教えて！ ラス・ハリス先生 ACTがわかるQ＆A』（共監訳，星和書店，2020），『ACTにおける価値とは』（共監訳，星和書店，2020）などがある。

坂野 朝子（さかの　あさこ）

同志社大学実証に基づく心理・社会的トリートメント研究センター嘱託研究員。公認心理師，臨床心理士。2011年に立命館大学文学部人文学科卒業，2017年に同志社大学大学院心理学研究科修了（博士〔心理学〕；同志社大学）。2013年より滋賀医科大学医学部附属病院ペインクリニック科非常勤カウンセラー（2013～2017年）。2017年より宮崎県スクールカウンセラー，九州保健福祉大学非常勤講師（2017～2019年）。2018年，宮崎県被害者支援事業，教職員復職支援事業嘱託カウンセラー。2019年より都内の産業保健領域にて心理相談・予防教育に従事。訳書に『メタファー：心理療法に「ことばの科学」を取り入れる』（共監訳，星和書店，2021）がある。

川島 寛子（かわしま　ひろこ）

翻訳家。ラ・トローブ大学博士課程修了。

よくわかるACT（アクセプタンス&コミットメント・セラピー）
〈改訂第2版〉下
明日から使えるACT入門

2024年1月16日　初版第1刷発行

著　者　ラス・ハリス
監訳者　武藤 崇，嶋 大樹，坂野 朝子
訳　者　武藤 崇，嶋 大樹，川島 寛子
発行者　石 澤 雄 司
発行所　株式会社 星 和 書 店
〒168-0074　東京都杉並区上高井戸1-2-5
電話　03（3329）0031（営業部）／03（3329）0033（編集部）
FAX　03（5374）7186（営業部）／03（5374）7185（編集部）
http://www.seiwa-pb.co.jp

印刷・製本　中央精版印刷株式会社

Printed in Japan　ISBN978-4-7911-1125-1